Janusz Piekalkiewicz

Rommel

und die Geheimdienste in Nordafrika 1941-1943

Janusz Piekalkiewicz

Rommel

und die Geheimdienste in Nordafrika 1941-1943

Lizenzausgabe für Manfred Pawlak Verlagsgesellschaft mbH, Herrsching

Redaktion: H. Rochus v. Zabuesnig
Layout und Herstellung: Franz Nellissen
Umschlaggestaltung: Christel Aumann
Reproduktionen: Gebr. Czech, München
Satz und Typographie: Atelier Hans Numberger, München
Gesetzt aus der 10,5 Punkt Times
Auszeichnung Futura fett
System Linotype Linotronic
Druck und Bindung: Druckerei Ernst Uhl, Radolfzell am Bodensee
ISBN 3-88199-368-1

INHALT

VORWORT

»Meine Herren, Funken ist Landesverrat!« – ermahnte der Chef des deutschen Heeresnachrichtenwesens, General der Nachrichtentruppe Fellgiebel, seine Mitarbeiter zu Beginn des Krieges.

Diese überspitzte Formulierung sollte vor allzu sorgloser Benutzung dieser bequemen Fernmeldemittel warnen. Doch nicht nur General Fellgiebel sondern auch die gesamte deutsche Führung unterlagen einer Illusion: Sie waren fest davon überzeugt, daß ein Entziffern der mit der Schlüsselmaschine »Enigma« vercodeten Funksprüche nicht möglich sei.

Theoretisch wurden sie in ihrer Überzeugung bestätigt, doch in der Praxis sah es völlig anders aus: Bereits ab Frühjahr 1940 las der britische Geheimdienst die verschlüsselten Funksprüche der Deutschen mit. Er bezeichnete diese verschwiegenste aller Geheimoperationen des Zweiten Weltkrieges »Ultra Secret«, ein Codewort, mit dem die höchste Geheimhaltungsstufe gemeint war. »Ultra« wurde zum zentralen Element der westalliierten Aufklärung sowie Auswertung und bildete die Grundlage zahlreicher taktischer und operativer Entscheidungen.

Der Wert erhöhte sich erst durch die Gabe der einzelnen Befehlshaber, die Bedeutung der entzifferten Funksprüche zu erkennen und sich diesen Vorteil im Laufe der Kämpfe zunutze zu machen. Manche von ihnen hielten von den »Ultra«-Berichten nicht viel: Sie erschienen ihnen als Quelle zu mysteriös und besaßen keine Parallele zu ihren bisherigen langjährigen Erfahrungen.

Die wichtigste Bedeutung der »Ultra«-Meldungen: der oft entscheidende Anteil für den Aufbau eines genauen Feindlagebildes, das sich aus unzähligen kurzen Einzelberichten zusammensetzte. »Ultra«-Informationen boten den Westalliierten zugleich unerwartete Möglichkeiten, die deutschen Täuschungsmanöver zu entschärfen und auch in vielen Fällen die aus anderen Quellen stammenden Nachrichten auf deren Stichhaltigkeit zu überprüfen.

»Ultra« lieferte nicht nur wegweisendes Hintergrundmaterial für die strategische Planung der Westalliierten, vielmehr zeigten die daraus gewonnenen Erkenntnisse sowohl Alternativen als auch die jeweiligen Vor- und Nachteile auf.

Trotz allem hatten die »Ultra«-Meldungen ihre Grenzen: die für das Entziffern benötigte Zeit. Von dem Augenblick der Aufnahme eines gegnerischen Funkspruchs durch alliierte Horchstellen bis zur Verfügbarkeit des entzifferten, übersetzten und analysierten Materials bei den zuständigen operativen Führungsstellen vergingen in der Regel ein bis zwei Tage, anfangs sogar einige Wochen. So wiesen die »Ultra«-Informationen oft viel stärker auf Überprüfung und Absicherung des bestehenden Feindlagebildes hin als auf völlig umwerfende neue Erkenntnisse.

Selbst als »Ultra« begann, ein unmißverständlich klares Feindbild zu liefern, wurde das »Intelligence«-Bild nur in Kombination mit zusätzlichen Informationen aus anderen Quellen präsentiert. Dazu gehörten an erster Stelle die Ergebnisse der Luftaufklärung sowie des Funkverkehrs im unteren taktischen Bereich, der mit einfacheren Mitteln verschlüsselt war.

Ihn zu brechen und zu interpretieren, um Verkehrsanalysen und Peilauswertungen unter Feldbedingungen zu nutzen, hatte sich gerade in Nordafrika besonders bewährt. Der Vorteil: Die Funkaufklärung im unteren taktischen Bereich lieferte fast ohne Verzögerung »Intelligence«-Nachrichten über gegnerische Bewegungen und deren taktische Kriegsgliederung.

Oft bildeten die Erkenntnisse der »unteren« Funkaufklärung in Verbindung mit Luft- und Erdaufklärung sowie Gefangenenaussagen eine äußerst wertvolle Grundlage für die Identifizierung der gegnerischen Verbände und machten die knappen »Ultra«-Mitteilungen so manches Mal erst verständlich.

Bereits zu Beginn des Feldzuges in Nordafrika im Herbst 1940 wußte Churchill dank »Ultra«, daß Hitler das Unternehmen »Seelöwe«, die Vorbereitungen für eine Landung in England, abbrechen ließ. Diese Nachricht ermöglichte es ihm, Teile der von der Niederlage in Frankreich verschonten britischen Streitkräfte jetzt in Nordafrika im passenden Augenblick in die Waagschale zu werfen. Und seit Rommel seinen Fuß auf afrikanischen Boden gesetzt hatte, begleitete »Ultra« ihn wie ein Schatten.

Daher waren die beiden ersten Rommel-Offensiven für Churchill eine Überraschung. Die Ursache lag jedoch nicht in der mangelnden Zuverlässigkeit der »Ultra«-

Informationen, sondern an der Starrköpfigkeit des »Wüstenfuchses«, der selbst Hitlers Befehle unbeachtet ließ. Andererseits verfügten die britischen Oberbefehlshaber einfach noch nicht über Mittel und Wege, um das Wissen, das ihnen »Ultra« gab, richtig auszuwerten.
Übrigens, auch Rommel verstand es meisterhaft, sich die abgefangenen gegnerischen Funksprüche zunutze zu machen, eine Erkenntnis, die die Briten viel zu spät und erst nach großen Opfern gewonnen hatten.
Daß zahlreiche, in der Kriegsgeschichte als genial bezeichnete Operationen Rommels nur dank der Informationen seiner Horchkompanie möglich waren, erfuhr die britische Führung erst am 10. Juli 1942: In der vorangegangenen Nacht hatten nämlich Teile der australischen 9. Division bei Tel el Eisa in einem Handstreich die deutsche Nachrichten-Fernaufklärungskompanie 621 (Hptm. Seebohm) ausgehoben.
Sie war Rommels Ohr im gegnerischen Lager. Ihre Ausschaltung kann als tatsächliche Wende im Nordafrika-Feldzug angesehen werden. Und bereits hier bei Tel el Eisa wurde die Schlacht von El Alamein entschieden.

Nüchtern betrachtet war »Ultra« Rommels überlegener Sieger, und kaum ein anderer als Montgomery hatte es so vortrefflich verstanden, diese Informationen in seine Planungen einzubeziehen. Die Schlachten bei Alam el Halfa, El Alamein und Medine beweisen es.
Eines war »Ultra« jedoch mit Sicherheit nicht: der alles entscheidende Faktor des Feldzuges in Nordafrika.

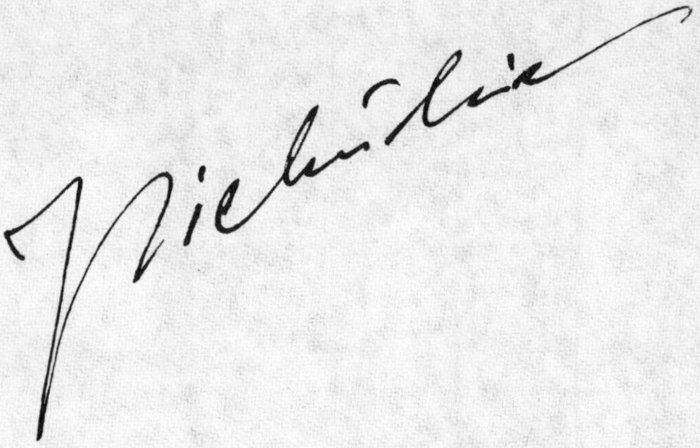

Prolog

WH - 698 194

24. August 1941. Es ist genau 4.00 Uhr morgens, als das Heulen der Sirenen die Nachtruhe der nordafrikanischen Stadt Bardia unterbricht. Fast gleichzeitig eröffnet die italienische Flak das Feuer, und in das schwere Dröhnen der unzähligen feindlichen Maschinen, die am dunklen Himmel über dem Hafengebiet kreisen, mischen sich die ersten Bombenexplosionen. Die ganze Umgebung ist durch die langsam zu Boden schwebenden Leuchtbomben in grelles Licht getaucht.
Schon seit Wochen verfolgen die Offiziere der Panzergruppe Afrika (GenLt. Rommel) das gleiche Spiel: Mit der Präzision eines Uhrwerks erfolgen englische Luftangriffe auf Bardia, diesen wichtigen Umschlaghafen für den Nachschub der in Nordafrika kämpfenden Achsentruppen, und zwar immer dann, wenn die italienische Marine per Funkspruch das Einlaufen eines Versorgungsschiffes oder U-Bootes mit Treibstoff und Munition an Bord angekündigt hat. Auch der Frachter »Bellona« mit wichtigen Nachschubgütern war für 3.00 Uhr morgens per Funkspruch angesagt.

In der engsten Umgebung von Rommel wittert man bei der Supermarina in Rom, dem Obersten Stab der italienischen Marine, einen Verräter. Und es kursieren bereits die wildesten Gerüchte. Nicht nur einmal stellen die Deutschen während der Kämpfe fest, daß der Gegner überraschend gut über die Absichten und Stäbe des DAK informiert ist. Beutepapiere und Aussagen von Gefangenen bestätigen dies zur Genüge, selbst die Engländer haben eine Erklärung zur Hand: Es seien Äußerungen eines italienischen gefangenen Offiziers, dem sie ihr Wissen über den Feind verdanken.
In Wahrheit aber ist es anders und viel fantastischer, als Rommel oder jemand aus seinem Stab es sich jemals hätte vorstellen können.

Im Jahre 1919, einige Monate nach dem Ende des Ersten Weltkrieges, meldet der aus Delft stammende Holländer Hugo Alexander Koch ein Patent für die Konstruktion einer »Geheimschriftmaschine« (Patent Nr. 10700) an. Seine Schlüsselmaschine erweist sich leider als kaum funktionsfähig. Der Ingenieur Dr. Arthur Scherbius aus Berlin kauft 1923 Koch das Patent ab und entwickelt im gleichen Jahr daraus seine erste recht brauchbare Schlüsselmaschine, die er sinnvoll »Enigma« (griechisch: Rätsel) nennt.
Im Juli 1923 beginnt die von Scherbius gegründete »Chiffriermaschinen AG« in Berlin W 35, Steglitzer Str. 2, mit der Produktion der Enigma. Dieses, auf den ersten Blick an eine schwerfällige elektrische Schreibmaschine erinnernde Gerät ist für einen Laien ziemlich kompliziert: Die Tastatur überträgt elektrische Impulse, die beim Anschlag ausgelöst werden, auf die verkabelten Schlüsselwalzen. 26 elektrische Kontakte, auf der inneren Oberfläche jeder Schlüsselwalze angebracht, entsprechen den Buchstaben des Alphabets.

Anlage zu Kdo.d.Pz.Gr.Afrika Abt.Ia/O.Qu.Nr. [illegible]/41 g.Kdos.

1.) In Bardia wurden bis 3o. August folgende U-Boote entladen:
a) 1o.8. "Zoea"
b) 12.8. "Coridoni"
c) 16.8. "Atropo"

a) Einlaufzeit fuer "Zoea" wurde oft verschoben. Ankuendigungen auf deutschem und ital.Funknetz. Laut Mitteilung DAK erfolgten abendliche, englische Luftangriffe genau an dem jeweils vorgesehenen Einlauftag. Oertlich befohlene Entladung am 1o.8. frueh 5 Uhr blieb unbelaestigt bis zum Auslaufen.

b) "Coridoni" lief entsprechend vorheriger Ankuendigung am Abend des 12.8. ein. Von Beginn der Entladung an folgten feindliche Luftangriffe im rollenden Einsatz.

c) Einlaufzeit fuer "Atropo" war fuer 15.8. vorgesehen, wurde aber verschoben. Trotzdem erfolgte am Abend des 15.8. ein heftiger englischer Luftangriff. "Atropo" lief dann ohne Anmeldung am Abend des 16.8. ein und konnte ungestoert entla den werden.

2.) a) Fuer den 5.8. o9.oo Uhr war der Einlauf des Nachschubdampfers "Cicilia" in Bardia angekuendigt worden. Wie sich spaeter herausstellte, beruhte diese Ankuendigung auf einem Irrtum. "Cicilia" war fuer Bengasi vorgesehen. Auch in diesem Falle herrschte waehrend des 5.8. eine besonders rege englische Fliegertaetigkeit ueber Bardia.

b) Lt.Geh.Kdos. von Chef des Deutschen Verb.Stabes zur Italienischen Marine Nr.4 558 sollte D. "Bellona" am 24.8. o3.oo Uhr in Bardia einlaufen. DAK meldet fuer 24.8. genau 4.oo Uhr englischen Luftangriff auf Hafen. Das Seegebiet v[illegible] dem Hafen wurde systematisch abgeleuchtet.

246

- 2 -

3.) Es ist besonders auffallend, dass die englischen Luftangriffe immer zu den Tageszeiten erfolgten, die in den auf dem ital.Funknetz durchgegebenen Ankuendigungen angegeben wurden. (Meldung DAK)

4.) Der italienische Funkverkehr wird von deutschen festen Horchstellen ueberwacht. Nach Angabe von Major S i n g e r, Horch-Auswertestelle Suedost, ist auch nach 3-maligem Wechsel bisher jeder ital.Schluessel entziffert worden.

»... besonders auffallend«: aus den Akten der Panzergruppe Afrika, August 1941

Außer mit der Tastatur ist jeder der Kontakte zugleich mit einem Kontakt der benachbarten Schlüsselwalze verbunden. Das Verbindungskabel mündet in eine Leuchtanzeige. Sie läßt die chiffrierten Buchstaben, die das elektromagnetische System erzeugt, aufleuchten. Das mit drei Walzen ausgestattete und batteriegespeiste erste Enigma-Modell kann bereits etwa 22 Milliarden Codekombinationen erzeugen.
Die Vorstellung, ein Unbefugter könnte den von der Enigma verschlüsselten Text entziffern, erscheint absurd. Dr. Scherbius: »Wenn ein einzelner Mann unaufhörlich Tag und Nacht arbeitet und jede Minute einen anderen Chiffrierschlüssel versucht, würde er 42000 Jahre benötigen, um alle Kombinationsmöglichkeiten herauszufinden.«

Das Enigma-Modell A und B feiert seine Premiere 1923 in Bern, danach auf der Leipziger Messe und im August 1924 beim Weltpostkongreß in Stockholm. Die Deutsche Reichspost kabelt eine verschlüsselte Grußbotschaft an den Kongreß, die Enigma vor den versammelten Teilnehmern entschlüsselt. Sie wird vorgestellt als zuverlässiges Gerät zur Übermittlung von geschäftlichen Mitteilungen und Telegrammen. Preiswert ist sie auch: Das erste Modell kostet ganze 350 Reichsmark. Das meiste Interesse zeigen jedoch keineswegs die Geschäftsleute, sondern die Militärs, genauer gesagt die Chiffrierabteilung der Reichswehr. Dieses 100000-Mann-Heer, das Deutschland unter den Auflagen des Versailler Vertrages zusteht, mit Generaloberst v. Seeckt an der Spitze, hat, um sein Kriegspotential insgeheim zu vergrößern, einiges zu verbergen und legt auf die Sicherung seiner Fernmeldeverbindungen besonders großen Wert. Übrigens wird der Chef der Abteilung »Chi« (Chiffrierwesen), Oberst Fellgiebel, später im Zweiten Weltkrieg – nach Beförderung zum General der Nachrichtentruppe – Chef des deutschen Heeresnachrichtenwesens.
Bereits am 9. Februar 1926 führt die Reichsmarine eine wesentlich kleinere, etwa der Größe einer Reiseschreibmaschine entsprechende Version der »Enigma-C« als Funkschlüssel »C« für den höchstrangigen Funkverkehr ein, der bis Oktober 1934 im Einsatz bleibt. Der »Funkschlüssel C« besteht aus drei Schlüsselwalzen, die aus einem Vorrat von fünf Walzen ausgewählt werden, sowie dem üblichen Tastenfeld mit

Enigma Modell B (mit Schreibvorrichtung)
2. *Wagen-Befestigungsschraube*
4. *Zeilenschalthebel*
5. *Papierauslöser*
6. *Lasche für den Walzenfreilauf (Stechwalze)*
7. *Randsteller*
8. *Fächeranschlag und Arretierknopf für Zeilenbegrenzung bei »Chiffrieren«, »Dechiffrieren« und »Klarschrift«*
9. *Stecker*
10. *Kordelschrauben zum Herausnehmen des Wagens*
11. *Griffe für die Wagenauslösung*
14. *Hebel zum Herausnehmen der Walze*
16. *Tastenfeld*
17. *Weiterschalttaste*
19. *SS Taste*
20. *US Taste*
22. *Zählwerk*
23. *Glatter Knopf links vom Zählwerk*
26. *Kurbel*
35. *Taste »Umschaltung für Zahlen, Zeichen und Zwischenraum«*
36. *Taste »Umschaltung für Buchstaben«*

26 Buchstaben und dem darüberliegenden, ähnlich angeordneten Glühlämpchenfeld.
Am 15. Juli 1928 führt das Reichsheer eine verbesserte Version, die Enigma-G, ein, die bis 1932 im Einsatz bleibt. Sie soll auch sicherer sein: Zusätzlich zu den drei Schlüsselwalzen ist noch ein Feld mit 26 Doppelsteckkontakten, durch kleine Kabel mit Stöpseln paarweise verbunden, eingebaut. Dies gestattet eine zusätzliche Überschlüsselung des mit den Walzen bereits verschlüsselten Textes. Um Verwechslungen zu vermeiden, verzichtet man auf die Umlaute.
Die »Schlüsselmaschinen AG« bemüht sich auch, ihre Handels-Enigma-Version im Ausland zu verkaufen. Einzelne Exemplare werden nach Großbritannien, USA, Japan, Schweiz, Schweden und Polen exportiert oder als Patent angemeldet.
Nach dem Tod von Dr. Scherbius, dem der geschäftliche Erfolg versagt bleibt, erwerben 1934 zwei Berliner Firmen, Konski & Kröger sowie Heimsoeth & Rinke, seine Patentrechte.

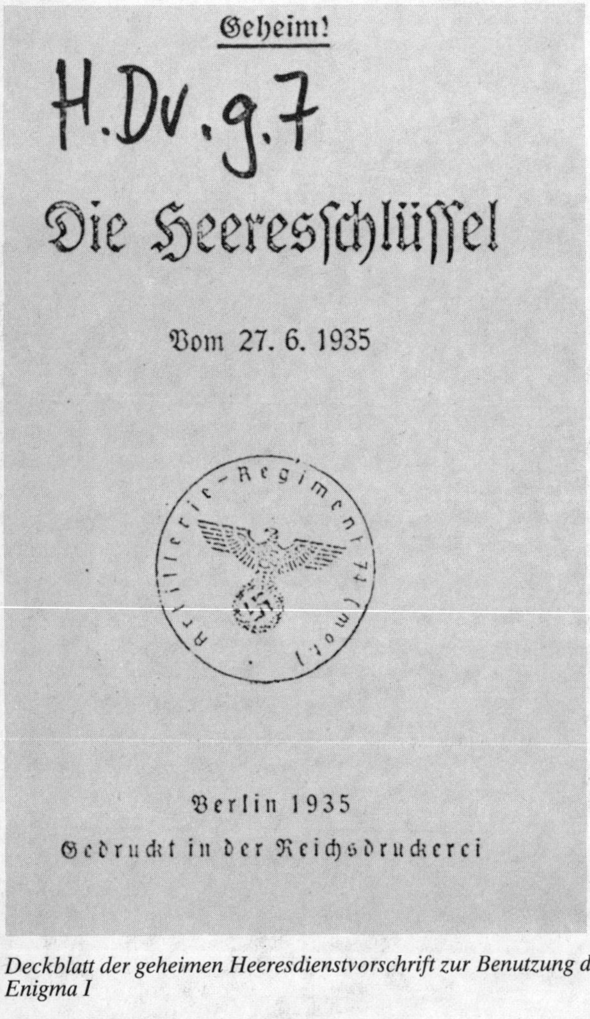
Geheim!

H.Dv.g.7

Die Heeresschlüssel

Vom 27. 6. 1935

Artillerie-Regiment 74 (mot.)

Berlin 1935

Gedruckt in der Reichsdruckerei

Deckblatt der geheimen Heeresdienstvorschrift zur Benutzung der Enigma I

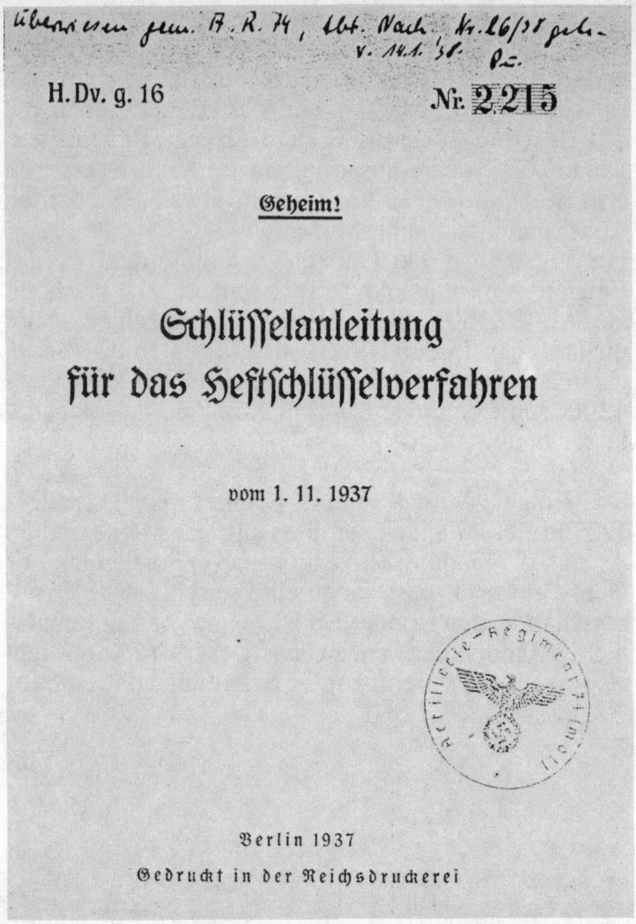
überwiesen gem. A.R. 74, Abt. Nachr. Nr. 26/38 geh. v. 14.1.38.

H. Dv. g. 16 Nr. 2215

Geheim!

Schlüsselanleitung für das Heftschlüsselverfahren

vom 1. 11. 1937

Artillerie-Regiment 74 (mot.)

Berlin 1937

Gedruckt in der Reichsdruckerei

Deckblatt der geheimen Heeresdienstvorschrift für die Funkstellen der deutschen Wehrmacht

Mit Hitlers Machtübernahme 1933 wird auch eine neue Strategie der Kriegführung, der »Blitzkrieg«, entwickelt. Weil der erfolgreiche massive Einsatz von Panzerverbänden, unterstützt durch Luftstreitkräfte, nur mit zuverlässigen Funkverbindungen durchgeführt werden kann, kommt die Enigma endlich zu Ehren.
Am 27. Juni 1935 wird Enigma I als Wehrmachtsschlüsselmaschine eingeführt. Über sie läuft seitdem der geheime Nachrichtenverkehr zwischen Heer, Kriegsmarine sowie Luftwaffe und anderen Bereichen. Enigma I verfügt über 26 Buchstaben, ein Steckbrett und einen Schlüsselwalzenteil für fünf austauschbare Walzen. Die beiden letzten Walzen, die IV und V, bleiben jedoch zur Zeit noch gesperrt. Dagegen benutzt der bereits ein Jahr zuvor bei der Kriegsmarine eingeführte »Funkschlüssel-M«, eine Variante der Enigma I, schon alle fünf Walzen.
So wickelt die Schlüsselmaschine Enigma den überwiegenden Teil des operativen deutschen Funkverkehrs, oberhalb der Divisionsebene beim Heer, der

Geschwaderebene bei der Luftwaffe und der Schiffs- und U-Bootebene bei der Kriegsmarine, ab. Sie wird auch von der SS sowie anderen Parteidienststellen und Reichsbehörden, wie z. B. der Reichsbahn, benutzt. Die Enigma setzt man zugleich sowohl beim Heer im taktischen Bereich, als auch bei der Luftwaffe im Flugfunkverkehr oder bei der Marine vor allem als Reserveverfahren und als Methode für die Verbindung zwischen Hilfsschiffen und Handelsschiffen ein.
Die Enigma I, mit der das Heer und die Luftwaffe ihre Funksprüche ver- sowie entschlüsseln, wiegt 12 Kilo und ist in einen tragbaren Holzkoffer eingebaut. Sie wird mit Strom betrieben, allerdings nur mit einer Spannung von 4,5 Volt. Die Funkschlüsselmaschine M der Kriegsmarine ist noch komplizierter als die Maschine der beiden anderen Wehrmachtteile: Sie hat 336 Walzenlager gegenüber »nur« 120 der Enigma I und kann durch diese nicht entschlüsselt werden.
Die Schlüsselmaschine benötigt eine Zwei-Mann-Bedienung: Während der Funker den Klartext, den er senden soll, in die Enigma tippt, leuchtet bei jedem Tastendruck auf einem über der Tastatur liegenden Lampenfeld ein Buchstabe auf, den der zweite Mann notiert. So besteht der Text, den der Funker schließlich morsen darf, aus einem wirren Durcheinander von Buchstaben.
Bereits ab 1938 werden bei der Enigma I die »innere« und »äußere Einstellung« alle 24 Stunden (Tagesschlüssel), während des Zweiten Weltkrieges in den besonders hochfrequentierten Schlüsselbereichen alle acht Stunden gewechselt. Anfangs wechselte die »innere Einstellung« beim Funkschlüssel C und M in unregelmäßigen Abständen einmal pro Woche.
Seit Ausbruch des Krieges bis etwa Ende 1941 wechselt die »innere Einstellung« alle 48 Stunden. Ab 1942 wird der Wechsel sowohl der »inneren« als auch der »äußeren Einstellung« alle 24 Stunden vorgenommen, und jede Funkstelle erhält nur den für diesen einen Tag gültigen Schlüssel. Eine Ausnahme bilden U-Boote und Schiffe, die für die Dauer ihres Einsatzes mit Tagesschlüsseln auf wasserlöslichem Papier ausgerüstet sind.
Jedesmal, bevor ein Funker mit dem Verschlüsseln beginnt, muß er sich vergewissern, ob der richtige Tagesschlüssel eingestellt ist. Er überprüft dann vier verschiedene Einstellungen am Gerät, von denen jeweils zwei die »äußere Einstellung« und die »innere Einstellung« bilden.
Die »äußere Einstellung« wechselt täglich. Dazu gehört die Einstellung von Buchstaben in drei Deckelfenstern, womit jedesmal eine neue »Grundstellung« der drei bis fünf Schlüsselwalzen fixiert ist. Erst danach werden die elektrischen Steckerverbindungen nach einem vorgeschriebenen Schema gestöpselt.
Um die »innere Einstellung« vornehmen zu können, muß das Gerät aufgeklappt werden: Der Funker nimmt die vorhandenen Schlüsselwalzen (drei bis fünf) und legt sie in einer bestimmten Reihenfolge in die Maschine (Walzenlager). Dann stellt er den inneren Buchstabenring an jeder der drei eingesetzten Schlüsselwalzen (Ringstellung).
Um sicher zu gehen, wird jeder Funkspruch mit ständig wechselnden Codewörtern angereichert, das heißt, mit einem Spruchschlüssel überschlüsselt. Der Empfänger muß zuerst diesen Spruchschlüssel auflösen und kann erst dann mit der Dechiffrierung des Funkspruchs beginnen. Dabei läuft alles umgekehrt als beim Verschlüsseln: Der verschlüsselte Text wird eingetippt und der jeweils aufleuchtende Klartextbuchstabe von dem daneben sitzenden zweiten Mann notiert. Die Möglichkeit, bei gleicher Schlüsseleinstellung ver- und entschlüsseln zu können, wird von der Umkehrwalze verschafft, die den Strom, nachdem er die anderen Walzen durchlaufen hat, nun umgekehrt und zurücklaufen läßt.
Die beliebig zu wählenden Spruchschlüssel für die Chiffrierwalzen der Enigma dienen ausschließlich der Geheimhaltung. Kein gegnerischer Nachrichtendienst kann herausfinden, welche drei Buchstaben ein bestimmter Funker benutzen wird. Dieser hat wiederum strengsten Befehl, niemals dieselben drei Buchstaben ein zweitesmal anzuwenden, und der Schlüsseltext darf in der Regel keinesfalls mehr als achtzig Fünfergruppen umfassen.
Mit der Enigma wird nur der drahtlose Funkverkehr verschlüsselt: So ist in der Regel während des Krieges nur ein Bruchteil der jeweiligen Nachrichtenübermittlung der gegnerischen Funkaufklärung zugänglich, und man bedient sich – in Kenntnis der bestehenden Gefahren eines Funkverkehrs – solange wie möglich der Drahtverbindungen: Die Nachrichten auf dem Drahtwege gehen über Fernschreiber oder Telefon.
Die Funkaufklärung ist auch nur in Ausnahmefällen das einzige Erkenntnismittel der Nachrichtendienste. Sie wird fast immer nur im Zusammenhang mit den aus anderen Quellen gewonnenen Informationen gesehen und beurteilt.
Die Handels-Enigma und die von der Wehrmacht benutzten Versionen haben zwar auf den ersten Blick einige gemeinsame Konstruktionsmerkmale, der wichtigste Unterschied liegt jedoch im Bereich der Steckerverbindung: Nur die Wehrmachtsmodelle, im Gegensatz zur Handels-Enigma, verfügen über diese Steckerverbindungen, auch die inneren Verbindungen der Schlüsselwalzen sind anders.
Die deutsche Führung ist fest davon überzeugt, daß die Enigma sowohl beim operativen als auch beim taktischen Funkverkehr die Gewähr bietet, absolut »knacksicher« zu sein. Das heißt, sollte selbst im Kriegsfall der Gegner eine Enigma-Maschine erbeuten, so würde ihn eine mögliche Entzifferung so viel Zeit kosten, daß der entzifferte Funkspruch dann meist schon überholt ist.
Die Arbeit mit der Enigma ist ein äußerst komplizierter

Vorgang: Empfängt der Funker einen durch Enigma verschlüsselten Funkspruch, benötigt er für die Entschlüsselung die Maschine gleichen Typs mit identisch verdrahteten Walzen. Der Funker muß auch wissen, in welcher Reihenfolge und in welcher Position welche Walzen eingesetzt waren. Sowohl der Sendende als auch der Empfänger müssen eine Liste der Schlüsseleinstellungen zur Hand haben.
Will ein Unbefugter einmal versuchen, durch Kenntnis der Schlüsseleinstellungen die mit Enigma chiffrierte Botschaft zu entziffern, muß er dafür viel Zeit aufwenden: Selbst heute, mit Hilfe von Computern, kann es bis zu 50 Jahre dauern, bis er alle Walzen- und Einstellungskombinationen durchexerziert hat.
So kann man sich gut vorstellen, daß allein die Eventualität der Erbeutung einer oder mehrerer Enigma-Maschinen – von rund 200000 Stück, die im Kriegseinsatz sind – keineswegs das grenzenlose Vertrauen erschüttern kann, das die deutsche Führung hinsichtlich der Sicherheit ihrer zahlreichen Geheimcodes besitzt.

Um 1927 verzeichnen polnische Funkhorchstellen an ihrer westlichen Grenze, sei es in Posen, Stargard oder Krzeslawice bei Krakau, immer wieder rätselhafte Funksprüche. Der polnische Nachrichtendienst beauftragt nun das Code- und Chiffrierbüro BS-4 (Biuro Szyfrow) der »Deutschen Abteilung« des militärischen Geheimdienstes mit den Untersuchungen. Und ihre namhaften Kryptologen, denen Polen 1920 wesentlich die Zerschlagung der Roten Armee im Weichbild von Warschau verdankt, beginnen sich allmählich für diesen geheimnisvollen Funkverkehr ihres westlichen Nachbarn zu interessieren.
Die Kryptologen vom BS-4-Büro haben zwar den Code der deutschen Reichswehr aus dem Handschlüsselverfahren gebrochen, doch als im Jahre 1928 der Schlüssel gewechselt wird, tappen sie im Dunklen. Sie vermuten übrigens ganz richtig, daß der neue Schlüssel mechanisch funktioniert. Sie besitzen zwar den Text des Patents von Dr. Scherbius und sogar ein regulär erworbenes Exemplar der Handels-Enigma, aber dies bedeutet kaum eine Hilfe bei der Entzifferung militärischer Funksprüche.
Im selben Jahr wird in Zusammenarbeit mit der Universität Posen mit Unterstützung des BS-4 ein Kursus für Kryptologen eingerichtet. Etwa 20 Studenten, die bereits an der mathematischen Fakultät studieren, nehmen an diesem geheimen Sonderlehrgang teil. Drei von ihnen zeichnen sich bald aus: Marian Rejewski, Jerzy Rózycki und Henryk Zygalski. Sie sind nicht nur äußerst begabte Mathematiker, sondern sprechen auch, wie viele Polen im Posener Land, fließend deutsch. Rejewski wird sogar auf Kosten des polnischen Geheimdienstes zum weiteren Studium an die Göttinger Universität beordert.
Jetzt kommt der Zufall dem BS-4 zu Hilfe. Anfang Januar 1929 hat – nach unbestätigten Berichten – der polnische Geheimdienst für gut 48 Stunden eine militärische Enigma in Händen: Eine vom Auswärtigen Amt in Berlin an die deutsche Botschaft in Warschau adressierte Enigma-Schlüsselmaschine, »sorgfältig in Stroh verpackt« – so der heute in England lebende Colonel Lisicki, polnischer Funkexperte und Nachrichtenoffizier –, wird eines Freitags aus der Paketabteilung des Warschauer Bahnzollamtes von BS-4-Experten übers Wochenende entnommen. Nach eingehender Untersuchung wird sie in der Nacht zum Montag wieder den Zollbehörden ausgehändigt.
Es ist jedoch kaum denkbar, daß das Auswärtige Amt entgegen allen Sicherheitsvorschriften ein so streng geheimes Gerät per Bahnfracht an seine Botschaft in Warschau verschickt haben soll, besonders da auf der Strecke Berlin-Warschau mehrmals wöchentlich deutsche diplomatische Kuriere verkehren.
Laut Colonel Lisicki verschafft die Überprüfung dieser Enigma dem BS-4 Einblick in die Schaltverbindungen der drei Chiffrierwalzen sowie in die zusätzlichen Steckerverbindungen für eine Doppelverschlüsselung.
Ab 1. September 1932 arbeiten die drei Kommilitonen als Team im BS-4 der »Deutschen Abteilung« der Kryptologischen Sektion des Polnischen Generalstabs. Nach polnischen Berichten soll es ihnen gelungen sein, bis Ende Dezember 1932 – in der überraschend kurzen

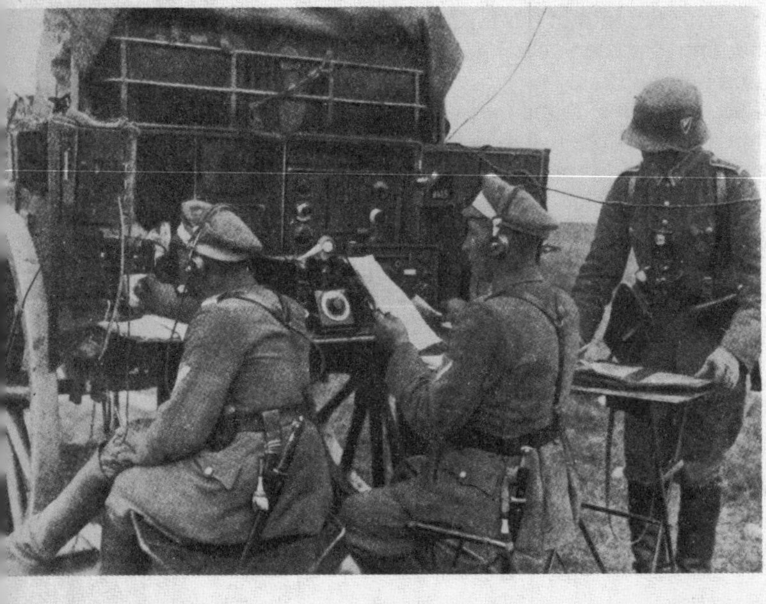

Eine fahrbare Funkstelle der deutschen Reichswehr Ende der 20er Jahre

Oberst Fellgiebel (Mitte) und der Chefideologe der NS-Partei, A. Rosenberg (zweiter von links) während der Eröffnungsrede des Reichspostministers anläßlich der Eröffnung der Funkfernsprechverbindung zwischen Berlin und Tokio (12. 3. 1935)

Zeit von weniger als drei Monaten – den Enigma-Schlüssel zu knacken.
Unterdessen bemüht sich im Oktober 1932 ein Angestellter der Chiffrierstelle der deutschen Reichswehr, der sich Hans-Thilo Schmidt nennt, mit Capitaine Gustave Bertrand, dem Chef des Chiffrierbüros vom Service de Renseignement, Geheimdienst des französischen Generalstabs, Kontakt aufzunehmen.
Unter dem Decknamen »Asche« liefert H.-T. Schmidt dem Franzosen strengvertrauliche Dokumente aus den höheren Stäben der Reichswehr, darunter Schlüsseleinstellungen für einen bestimmten Zeitabschnitt sowie Kopien von Funkkladden, aus denen sich nebeneinandergestellte Klartexte und Schlüsseltexte ergeben. So wechseln im Laufe der Zeit insgesamt 303 der wichtigsten Dokumente den Besitzer.
Im Dezember 1932 setzt sich Captaine Bertrand dann persönlich mit dem BS-4 in Verbindung. Neben dem Austausch aufgefangener Funksprüche und anderer nachrichtendienstlicher Erkenntnisse bietet Bertrand dem polnischen militärischen Geheimdienst etwas unschätzbar Wertvolles an: eine vollständige Liste aller Schlüsseleinstellungen der Enigma für zwei Monate im Herbst 1932, dazu geheime Heeresdienstvorschriften zur Benutzung der Schlüsselmaschine sowie vieles andere mehr. Dies erleichtert den drei jungen polnischen Kryptologen, die äußerst komplizierten Gleichungsserien zu lösen.
Im Jahre 1934 beauftragt BS-4 unter höchster Geheimhaltung die Fernmeldefirma AVA Wytwornia Teletechniczna, Warschau, ul. Stepinska 25, mit dem Nachbau der rekonstruierten militärischen Enigma. Die Geräte sind zunächst recht primitiv, unterscheiden sich aber ab 1938 von der Original-Enigma nur noch durch einige Anordnungen von Teilen. Bis zum September 1939 werden 15 solcher Maschinen bei AVA gebaut.

Im Januar 1935 gelingt es den Polen, die Code-Funkschlüsselmaschine C der Reichsmarine zu brechen. Um die Tageseinstellungen der Schlüsselmaschine schnell zu lösen, benutzen sie zuerst eine Kartei, in der die Zahl und Zykluslänge aller möglichen Walzenlagen verzeichnet sind. Weil dieses Verfahren bei manuellem Betrieb noch viel zu zeitaufwendig ist, entwerfen die polnischen Mathematiker eine Reihe kryptologischer Hilfsgeräte.

Eines dieser Geräte, der sogenannte »Zyklometer«, besteht aus zwei, durch die schaltbaren inneren Verbindungen verbundenen Walzensätze der Enigma, jedoch ohne Tastatur. Beim Herausfinden der einander entsprechenden Perioden leuchten Lämpchen auf und geben die Grundstellung des Tagesschlüssels an.

Doch im Oktober 1936 beginnen die Deutschen mit Änderungen: So wird z. B. die Doppelverschlüsselungsschalttafel erheblich vergrößert und ab 1937 die Verdrahtung der Chiffrierwalzen geändert. Die polnischen Kryptologen arbeiten eine Methode aus, mit der der Spruchschlüssel anhand der Textanfänge gelöst wird, und es gelingt ihnen – nach eigenen Angaben – ab Januar 1938, bei einem Test etwa 75 Prozent der aufgefangenen deutschen Funksprüche mit dem »Zyklometer« zu entziffern. Aber der Zeitaufwand für eine eventuelle operative Nutzung der entzifferten Funksprüche ist immer noch zu groß.

Am 15. September 1938, auf dem Höhepunkt der Münchener Krise, führen die Deutschen beim Heer und bei der Luftwaffe unerwartet ein neues Schlüsselsystem ein: Die bis dahin gesperrten 4. und 5. Schlüsselwalzen in den Schlüsselbereichen dieser Wehrmachtteile werden freigegeben. Von nun an können die drei Enigma-Schlüsselwalzen aus fünf verfügbaren ausgewählt werden. Das erhöht erheblich die Sicherheit des Enigma-Codes. Diese Tatsache wird sowohl in Paris als auch in Warschau als ein Schritt zur Mobilmachung gewertet.

Um die verschlüsselten Enigma-Meldungen zu entziffern, konstruiert Rejewski eine elektromagnetische Maschine, genannt »Bomba«. Im November 1938 wird die erste »Bomba« fertig. Die darin befindlichen Schlüsselwalzen durchlaufen alle möglichen Buchstabenkombinationen für die drei Walzen, bis die richtige Einstellung gefunden ist, mit der eine Meldung auf den polnischen Enigma-Nachbauten entziffert werden kann. Da die Enigma mit drei benutzten Walzen sechs Walzenlagen ermöglicht, benötigt man sechs »Bomba«. Mit ihnen gelingt es, in weniger als zwei Stunden anhand von drei Paaren verschlüsselter Spruchschlüssel, in denen Ein-Buchstaben-Zyklen vorkommen, die Walzenlage und die Ringstellung des Tages herauszufinden. Mit Einführung der Walzen 4 und 5 wächst der Bedarf an »Bombas« von sechs auf sechzig, was auch eine weit größere Anzahl hochspezialisierter Fachleute für deren Bedienung erfordert. Doch BS-4 hat hierfür weder Zeit noch Etatmittel zur Verfügung.

In den Tagen vom 7. bis 9. Januar 1939 kommt es in Paris auf Initiative des energischen Capitaine Bertrand zu einer höchstgeheimen Konferenz der führenden französischen, polnischen sowie britischen Kryptologen und Vertretern der drei Geheimdienste. Aus Großbritannien reist unter anderem Commander Denniston, Leiter der Government Code and Cipher School, an, aus Polen kommen Oberst Langer und Oberst Ciezki, Frankreich ist durch Capitaine Bertrand und einen Kryptologie-Experten vertreten. Oberst Mayer, Chef des polnischen Nachrichtendienstes: »Auf dieser Konferenz wurde kein positives Ergebnis erzielt. Langer und Ciezki hatten den Eindruck, daß ihre Partner zwar offen und ehrlich waren, aber über die Enigma kaum etwas zu sagen wußten.«

Ende des Jahres 1938 gelingt es den polnischen Kryptologen, bei der Entzifferung des Enigma-Codes einen Schritt weiterzukommen: Zygalski entwirft ein System mit 26 Lochkarten – je eine für 26 Buchstaben der Enigma – mit etwa 1000 Löchern vorgesehen, die aufeinandergelegt werden. Bei deren richtiger Anordnung kann man die Ein-Buchstaben-Zyklen herausfinden, die dann ihrerseits den Weg zur richtigen Walzenlage und Ringstellung weisen. Dies wiederum ermöglicht indirekt das Herausfinden der Steckerverbindungen der Enigma. Dieses Verfahren bietet zwar theoretisch die Lösung, ist jedoch wiederum viel zu umständlich und zeitraubend, um irgendwelchen operativen Nutzen aus der Entzifferung zu erbringen.

Es läßt sich heute jedoch nicht mehr eindeutig feststellen, von welchem Zeitpunkt an und in welchem Umfang die polnischen Kryptologen den Enigma-Schlüssel wirklich lesen konnten, und um welchen Schlüssel es sich handelte.

Am 1. Juli 1939 ändern die Deutschen wiederholt die Einstellung der Enigma. Und während sich am politischen Himmel schwarze Wolken zusammenbrauen, beschließt Oberst Mayer, sich an Polens Bundesgenossen Frankreich und England zu wenden. Auf seine und Oberst Langers Einladung hin treffen sich vom 24. bis 27. Juli 1939 im geheimen polnischen Entzifferungszentrum »Wicher« im Wald von Pyry, etwa 20 Kilometer südostwärts Warschau, Major Bertrand und der Kryptologe Captaine Braquenié sowie Commander Denniston, Chef der Government Code and Cipher School in England mit seinem Chefkryptologen Knox und einem Professor aus Oxford.

Knox, einer der brillantesten Kryptologen, arbeitete bereits während des Ersten Weltkrieges im legendären »Room 40« der Admiralität. Der »Professor Sandwich aus Oxford« soll nach polnischen Aussagen der stellvertretende Chef des Secret Intelligence Servie (SIS) und spätere Leiter des MI 6, der »C« Colonel Menzies sein. Bertrand, der ihn persönlich kennt, bestreitet dies

jedoch. Die polnische Seite vertreten Oberst Mayer, Oberst Langer und einige Kryptologen.
Sie berichten jetzt detailliert über ihre Arbeit an der Enigma und legen den verblüfften Gesprächspartnern ein exakt nachgebautes Modell der Schlüsselmaschine, ein AVA-Produkt, vor. Bertrand: »Ce fut un moment de stupeur!« – Ein Augenblick höchster Überraschung! Man arrangiert sich, von nun ab mit gemeinsamen Kräften die Codes der deutschen Schlüsselmaschine zu knacken: Die Polen sollen sich künftig weiterhin auf die Lösung der mathematisch-theoretischen Probleme konzentrieren, die Franzosen ihre äußerst wichtigen Agentenkontakte weiterführen, und die Aufgabe der Engländer ist es, sich mit der Entwicklung verbesserter Techniken und Maschinen für die schnelle Entzifferung der Tagesschlüssel zu befassen.

Das polnische Geschenk für die beiden Besucher-Teams: zwei polnische AVA-Nachbauten der Enigma, Blaupausen der »Bomba« und andere kryptographische Hilfsmittel. In der zweiten Augustwoche 1939 bringt sie ein polnischer Sonderkurier per Flugzeug über Skandinavien und Belgien nach Paris.
Am 16. August 1939 reist Major Bertrand in Begleitung des offiziellen Kuriers der Britischen Botschaft in Paris nach London. Im Diplomatengepäck eine AVA-Enigma. Am Victoria-Bahnhof wird sie von Colonel Menzies höchstpersönlich in Empfang genommen. Kaum drei Wochen später beginnt der Zweite Weltkrieg.
Während deutsche Panzerspitzen in Richtung Warschau vorstoßen, wird in der ersten Septemberwoche das AVA-Werk unauffällig geräumt und das Entzifferungs-

Eine nach polnischen Vorlagen in Frankreich 1939/40 nachgebaute Enigma mit hochgeklapptem Gehäusedeckel: Dem deutschen Original entsprechen außer Tasten- und Glühlampenfeld auch die Fenster der Rändelräder der Schlüsselwalzen

Landsitz Bletchley Park (B.P.), Grafschaft Buckinghamshire: Hauptquartier der Government Code and Cipher School (GC and CS)

zentrum im Pyry-Forst samt der ganzen Einrichtung restlos zerstört. Den polnischen Kryptologen gelingt es zum größten Teil, sich sowohl vor der Wehrmacht als auch der Roten Armee in das damals noch neutrale Rumänien oder nach Ungarn zu retten. Der gesamte Stab von BS-4, darunter die Mathematiker Rejewski, Rozycki und Zygalski, meldet sich Ende September 1939, wie bereits früher mit Major Bertrand verabredet, in der französischen Botschaft in Bukarest.
Bis zum 1. Oktober 1939 treffen mit Oberst Langer 15 polnische Enigma-Experten, teils mit dem Orient-Expreß, teils mit einer Sondermaschine, in Paris ein. In ihrem Gepäck: Zwei im AVA-Werk nachgebaute Enigma-Schlüsselmaschinen.
Nach dem 3. September 1939 verlegt Denniston die Government Code and Cipher School (GC and CS), die kurz vor Kriegsausbruch den offiziellen Namen »Government Communications Headquarters« erhält, aus dem Londoner Hauptquartier des Secret Service am Broadway No. 54, nahe des Saint James Park (Westminster), in den etwa 80 Kilometer nördlich von London liegenden Außenbezirk eines kleinen Städtchens in der Grafschaft Buckinghamshire, den Bletchley Park, kurz B.P. genannt.[1])
Die Verlegung läuft unter dem Tarnnamen »Captain Ridley's Hunting Party«, Ridley ist nämlich für die Administration verantwortlich. Von Anfang an übernimmt ein RAF-Regiment die Bewachung von B.P. und seiner Umgebung. Commander Denniston hat B.P. als Ort für die spätere Tätigkeit des GC and CS unter ganz besonderen Aspekten ausgesucht: B.P. liegt auf halbem Weg zwischen Oxford und Cambridge und ist gut mit der Bahn zu erreichen. Der auf Expansion bedachte Denniston will sich so den Zustrom der profilierten Wissenschaftler und Mathematiker aus den beiden größten Universitätsstädten Englands sichern.
Der herrschaftliche Landsitz im viktorianischen Stil mit

[1]) siehe Anmerkungen Seite 236/7.

Bletchley Park (B.P.): eine der barackenähnlichen Holzhütten, Hut 3, im Hintergrund der Landsitz

ausgedehntem Park bietet viel Platz für den Bau von improvisierten Unterbringungsmöglichkeiten für die schnell anwachsende Zahl der verschiedenen Sonderdienste im Rahmen der GC and CS. Zur Freude des örtlichen Bauunternehmers, eines gewissen Captain Faulkner, der die unzähligen Holzhütten, sogenannte Huts, im Schnellverfahren erstellt. Die Baracken sind unterschiedlich groß, meistens aber 20 Meter lang und 10 Meter breit. In der Mitte läuft ein Korridor, der zu beiden Seiten je drei kleine Zimmer hat und an beiden Enden einen großen Raum besitzt. Alles ist recht spartanisch eingerichtet: mit Bocktischen und zusammenklappbaren Holzstühlen.

Der Women's Royal Naval Service (WRNS), weiblicher Hilfsdienst der Royal Navy, der kryptologische Hilfsmittel, die sogenannten »Bomben«, und andere Geräte bedient, nennt Bletchley Park (B.P.) – gemäß der Marinetradition – HMS Pembroke. »Bomben« tragen die Namen britischer Städte und werden von den Technikern der RAF gewartet.

Die Arbeit läuft in drei Schichten, Tag und Nacht, ohne jegliche Feiertagsunterbrechung. Die Schichten, »Wachen« genannt, haben einen festen Zyklus über die Dauer von vier Wochen: 8.00 Uhr morgens bis 16.00 Uhr nachmittags die ersten sieben Tage, 16.00 Uhr nachmittags bis Mitternacht in der zweiten Woche, Mitternacht bis 8.00 Uhr morgens in der dritten Woche und dann hektische drei Tage von abwechselnd acht Stunden Arbeit und acht Stunden frei, endend mit den dringend benötigten vier Tagen Urlaub.

Der ständige Arbeitszeitwechsel und die große Verantwortung verursachen Dauerstreß. Jeder im B.P. Beschäftigte muß im voraus den sogenannten Official Secrets Act unterzeichnen, der ihn unter Androhung schwerster Strafen verpflichtet, das Geheimnis für immer für sich zu behalten. Für die nervenaufreibende Arbeit, die die WRNS unter Bedingungen ausführen

Bletchley Park (B.P.): Blick durch das Eingangstor zu den Stallungen

müssen, die kaum ein Betrieb seinen Mitarbeitern anzubieten wagt, bekommen sie 30 Shilling pro Woche. Sie tragen keine Rangabzeichen und auf die Fragen der Familien oder Bekannten, was sie tun, müssen sie antworten, sie seien »Schreiberinnen«. Die Disziplin ist streng. Die einzige Freizeitbeschäftigung, neben äußerst seltenen Fahrten nach London, sind Spaziergänge und Fahrradtouren in der Umgebung.

Im Laufe der Zeit wird B.P. durch die steigende Anzahl von Enigma-Berichten und wegen der Luftangriffsgefahr nach und nach dezentralisiert: Man gründet Nebenstellen, zuerst in den umliegenden Landhäusern, wie z. B. Manor in Adstock oder 15 Kilometer von B.P. entfernt in Wavendorn Manor, Gayhurst Court, Stanmore, Eastcote, später in einem dafür extra errichteten Zentrum in der Umgebung von London.

Im November 1939 wird Colonel Menzies zum Director of Military Intelligence (MI 6) des Secret Intelligence Service (SIS) ernannt. Ihm wird auch formell die Government Code and Cipher School in B.P. unterstellt. Menzies beauftragt nun RAF-Group Captain Winterbotham mit der Organisation der sogenannten Hut 3 sowie der Planung und Verteilung von entzifferten Enigma-Funksprüchen.

Dies ist die Geburtsstunde der Special Liaison Units (SLU), der Sonder-Verbindungseinheit, deren Aufgabe es in Zukunft ist, über ein separates Fernmeldenetz, einen speziellen Schlüssel und mit dem entsprechenden Personal, den Befehlshabern im Felde die entzifferten Enigma-Funksprüche zu übermitteln. Die SLU wird ausschließlich der Operation »Ultra Secret« zugeteilt.

Diese Sonder-Verbindungseinheit (SLU) ist Group Captain Winterbotham unterstellt. Die Männer dieser Einheit, denen das größte Geheimnis des Empire während des Zweiten Weltkrieges anvertraut wird, sind von Winterbotham persönlich ausgewählt worden.

Der SLU gehören ausnahmslos RAF-Offiziere und -Soldaten an, mit einer kleinen Abteilung von Unteroffizieren und Funkern, die im Verschlüsseln ausgebildet sind. Sie befinden sich in den Hauptquartieren der Heeresgruppen, Armeen und der Luftflotten im Felde. Die Funksprüche aus B.P. (Hut 3) an die SLU in Übersee gehen über den leistungsstarken Sender des britischen SIS in Whaddon Hall mit den absolut knacksicheren »one-time-pad«-Codes, einem langsamen und

recht mühseligen Verfahren. Später, etwa 1943, wird der SLU-Verkehr mit der Maschine Typ X, einem in Großbritannien entwickelten Schlüsselsystem nach dem Muster der Enigma, bewältigt.
Nach Umwandlung der über den Whaddon Hall-Sender erhaltenen Texte in den Klartext übergibt sie der SLU-Offizier dem zuständigen und empfangsberechtigten Generalstabsoffizier oder Befehlshaber. Jeder SLU-Mann ist verpflichtet, durch ständige Überwachung darauf zu achten, daß für die Operation »Ultra Secret« völlige Sicherheit gewährleistet ist. Sie müssen ihre Tätigkeit selbst eigenen Truppen gegenüber streng tarnen. Aus diesen Gründen haben sie in der Regel auch RAF-Unteroffiziers-Dienstgrade und fungieren als »Wetterspezialisten«.
Die von SLU an die Befehlshaber übermittelten Funksprüche enthalten in der Regel keine Auswertung dieser Funksprüche, höchstens erläuternde Kommentare, Erklärung technischer Einzelheiten oder Hinweise auf besonders wichtige Inhalte. Die eigentlichen Enigma-Funksprüche sind jedoch streng von diesen Kommentaren getrennt.
Übrigens dürfen Worte wie »Enigma« oder »Ultra« nirgendwo bei der Übermittlung einer Nachricht aus B.P. an Nichteingeweihte fallen. Diese Nachrichten tragen die Überschrift OFFICER ONLY sowie MOST SECRET, und die wahre Quelle wird durch Worte wie »aus verläßlichen Quellen« oder »es wird als verläßlich gemeldet« getarnt. Noch Jahre nach dem Zweiten Weltkrieg verwendet Churchill in seinen Memoiren für Ultra nur den Ausdruck »my most secret source« (meine höchstgeheime Quelle).
Leiter von B.P. ist fast den ganzen Krieg hindurch ein hoher Beamter des Außenministeriums. Bei der Organisation von B.P. wird streng zwischen Ultra- und Nicht-Ultra-Abteilungen unterschieden. Obwohl die Kryptologen in Bletchley Park Schlüssel und Funksprüche aller Art bearbeiten, ist Ultra etwas Besonderes. Es erhält eine außergewöhnliche Sicherheitseinstufung, und nur wenige der Mitarbeiter in B.P. wissen über Ultra Bescheid.
Bei der Nutzung von Ultra-Material müssen eingeweihte Befehlshaber ihre Operationsbefehle stets mit einer glaubwürdigen »cover story« versehen, um die Geheimhaltung der Operation »Ultra Secret« zu gewährleisten. Das Wort »Ultra« darf nie vorkommen. Als Informationsquelle werden Luftaufklärung, Agentenmeldungen, Sichtmeldungen usw. angegeben.
Der Zeitabstand zwischen der Abgabe eines Enigma-Funkspruchs und dem Augenblick der operativen Nutzung von Erkenntnissen aus der Funkentzifferung auf britischer Seite ist für jede Analyse und Bewertung des Inhalts eines der wichtigsten Probleme.
In sechs Kriegsjahren arbeiten in B.P. und in den Außenstellen rund 10000 Männer und Frauen an der Entzifferung der deutschen militärischen Geheim-

Whaddon Hall: Die Sendeanlage des britischen SIS

schlüssel. Deckname der GC and CS: »Auswärtiges Amt – Zimmer No. 47«.
Die Tätigkeit des B.P. ist das bestgehütete Geheimnis des Zweiten Weltkrieges. Die Organisation und Arbeit von B.P. sind alles andere als einfach: Das Netz der Horchstationen (Y-Stationen), in denen Funkhorcher, meistens sind es Frauen, den Funkverkehr der Achsenmächte rund um die Uhr aufnehmen, wird bereits 1940 so erweitert, daß schließlich alle in Frage kommenden Frequenzen von günstig gelegenen geographischen Positionen aus überwacht werden können.
Die von den »X-Stationen« angepeilten und von den »Y-Stationen« aufgenommenen Funksprüche werden zunächst über Fernschreibleitungen den im B.P. für die Funkverkehrsanalyse zuständigen Stellen übermittelt. Dann werden sie aufgrund ihrer äußeren Merkmale nach Verkehrs- und Schlüsselkreisen sortiert, das heißt, nach den Sprüchen des Heeres, der Luftwaffe und denen der Kriegsmarine. Sie erhalten hier jeweils eigene Decknamen, wie z. B. »Chaffinch«, »Red« oder »Brown«.
Die mit der Enigma verschlüsselten, fünfstelligen Funkgruppen, identifizierbar als Heeres- oder Luftwaffensprüche, gehen dann zur Entzifferung an die Abteilung »Hut 6«, die vierstelligen Kriegsmarinesprüche an Abteilung »Hut 8«. Hier versucht man, nach der den einzelnen Schlüsselbereichen zugewiesenen Priorität mit der »Bombe« den gültigen Tagesschlüssel zu finden. Ist dies endlich gelungen, können die Funksprüche mit dem gleichen Tagesschlüssel auf den nachgebauten Enigma-Maschinen jetzt fast reibungslos entschlüsselt werden.
Ab Frühjahr 1940 wird »Hut 6« sofort auf 24-Stundendienst umgestellt und ständig im Drei-Schichten-Wechsel besetzt. Das entzifferte Material geht dann von »Hut 6« an »Hut 3«, der Abteilung Aufklärung, wo die Übersetzung aus dem Deutschen und die nachrichtendienstliche Auswertung der Heeres- und Luftwaffensprüche stattfindet, bzw. von »Hut 8« an »Hut 4«, wo die Übersetzung und Auswertung der Kriegsmarinesprüche vor sich geht.
Nach Übersetzung der Funksprüche gehen sie an die Fachberater der Armee, der Luftwaffe oder auch an die in »Hut 3« anwesenden Marineberater zur Prüfung. Der Inhalt wird mit den Sachregistern und Personalkarteien verglichen sowie ein Kommentar und eine Bewertung aufgesetzt. Danach geht die Meldung zurück zum wachleitenden Offizier und wird noch einmal im Wachgremium geprüft, bevor sie hinausgeht.
Hierbei dreht es sich nur um den Originaltext, denn die Funksprüche werden lediglich »roh«, ohne Auswertung, Anmerkungen oder Kommentare weitergeleitet. Die entschlüsselten und übersetzten Funksprüche kennzeichnet nun in »Hut 3« der diensthabende Wachoffizier mit dem Prioritätsvermerk: Die außerordentliche Dringlichkeitsstufe heißt ZZZZZ, die normale trägt nur ein Z. Erst jetzt wird festgelegt, wer die endgültig bearbeiteten Enigma-Funksprüche erhält.

Im Jahre 1940 sieht das Verteilerschema noch so aus: Der Premierminister, die Chiefs of Staff, die Direktoren der Intelligence-Abteilungen der Teilstreitkräfte, das Fighter Command und der Oberbefehlshaber der Home Forces. An diese übergeordneten Stellen gehen per Fernschreiben auch sämtliche abgefangenen und entzifferten Enigma-Funksprüche im Original.
Churchill, der wichtigste Empfänger der Enigma-Funksprüche, ist entscheidend an der Operation »Ultra Secret« beteiligt: Ohne seine Entschlossenheit hätte das Abhören, Entziffern und Verarbeiten der Enigma-Sprüche in B.P. niemals das Ausmaß, das es hat, erreicht. Churchill hat immer das letzte Wort in allen Angelegenheiten, die »Ultra Secret« betreffen.
Das Material der deutschen Kriegsmarine oder italienischen Marina wird separat direkt an das Operational Intelligence Centre (OIC) geliefert. Es befindet sich im Gebäude der Admiralität Whitehall. Ab 1941 wird das OIC im benachbarten Großbunker Zitadelle untergebracht.

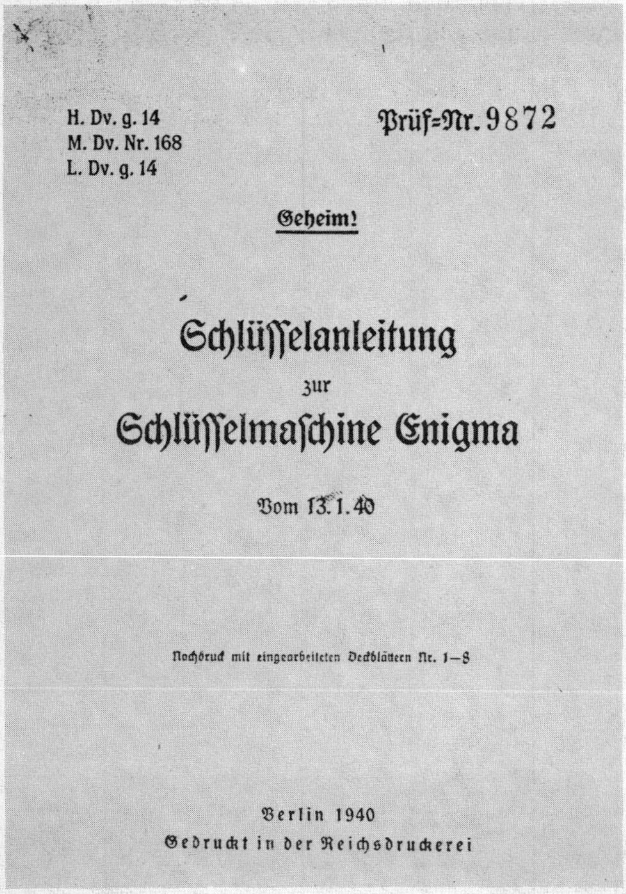
H. Dv. g. 14
M. Dv. Nr. 168
L. Dv. g. 14

Prüf=Nr. 9872

Geheim!

Schlüsselanleitung
zur
Schlüsselmaschine Enigma

Vom 13. 1. 40

Nachdruck mit eingearbeiteten Deckblättern Nr. 1–8

Berlin 1940
Gedruckt in der Reichsdruckerei

Deckblatt der geheimen Heeresdienstvorschriften zur Bedienung der Enigma

Eine Funkstelle der Royal Navy: dem Operational Intelligence Centre (OIC) der Admiralität unterstellt

Die Übermittlung der entzifferten Enigma-Funksprüche von B. P. nach Übersee bringt in der zweiten Hälfte 1940 eine ganze Reihe von Sicherheitsproblemen mit sich. So weicht z. B. das System der Navy von dem der RAF und der Armee ab.

Da die Admiralität neben der Verwaltung auch eine operative Führungsstelle ist, verlangt sie, das gesamte Rohmaterial der entzifferten Funksprüche nur übersetzt, jedoch unbearbeitet zu erhalten. Im OIC, wo alle nachrichtendienstlichen Informationen aus allen Quellen zusammenlaufen, werden die Funksprüche ausgewertet. Dann setzt man sie in engstem Zusammenwirken mit den operativen Führungsstäben in Aktionen um.

Die für die einzelnen Befehlshaber der Navy wichtigen Informationen aus dieser »Special Intelligence« übermittelt man dann ausschließlich an Flaggoffiziere unter der Geheimhaltungsstufe »Ultra«, sei es über Fernschreiber oder mit einem »one time pad«-Code verschlüsselt per Funk.

Ein erheblicher Nachteil der Enigma-Funksprüche: Sie sind niemals vollständig, und es lassen sich auch kaum Erkenntnisse über die Oberste deutsche Führung aus ihnen gewinnen, sie verkehrt nämlich fast ausschließlich über das unknackbare Fernschreiben.

Bei Kriegsausbruch verlegt Major Bertrand, während in Frankreich noch die Generalmobilmachung andauert, das 5. Büro, die Nachrichtenabteilung des Generalstabs, in das Städtchen Gretz-Armainvillers, etwa 60 Kilometer nordostwärts von Paris. Hier, im Château de Vignolles (Deckname P. C. Bruno) bringt Bertrand seine Chiffrierabteilung unter. Polnische Enigma-Experten werden im P. C. Bruno einquartiert und arbeiten für Bertrand als Dechiffrier-Sondergruppe Z (Equipe Z).

Mai 1940, P.C. Bruno, Château de Vignolles, von links: Oberst des polnischen Nachrichtendienstes, Langer (Luc), Oberstleutnant Bertrand und der Vertreter des britischen SIS, Captain McFarlan (Pinky)

Hafen von Tobruk: der italienische 9232-Tonnen-Kreuzer »San Giorgio« in Flammen

▼

Auch der britische Secret Intelligence Service (SIS) beordert seinen Vertreter zum P.C. Bruno. Es ist Captain McFarlan, genannt Pinky, ein erfahrener Funkaufklärungsoffizier, der über eine direkte Fernschreibverbindung zum Londoner War Office und zum Bletchley Park verfügt. Da Captain McFarlan auch in engem Kontakt mit dem Hauptquartier des britischen Expeditionskorps in Frankreich (Lord Gort) steht, wird P.C. Bruno in Wirklichkeit zum ersten alliierten Operational Intelligence Centre (OIC).
Bald baut man in einigen feinmechanischen Werkstätten in Paris – auf Veranlassung von Major Bertrand – unter strengster Verschwiegenheit die AVA-Enigma gleich in einigen Dutzend Exemplaren nach.
Anfang Januar 1940 besucht der Mathematiker Dr. Alan M. Turing, der 28 Jahre zählt und zu den hellsten Köpfen von Bletchley Park gehört, P.C. Bruno. Dieser geniale und nicht minder exzentrische Wissenschaftler ist bereits im September 1939 von GC and CS einberufen worden. Turing bringt etwa 60 Sätze perforierter Lochkartenblätter à 26 Blätter mit 1000 eingestanzten Löchern mit, die das Brechen des Enigma-Schlüssels erleichtern sollen.
Am 17. Januar 1940 gelingt es P.C. Bruno endlich, den Schlüssel der Heeres-Enigma (britischer Codename »Green«) zu brechen: Es handelt sich dabei um Funk-

sprüche vom 28. Oktober 1939, die jetzt einige Einstellungen der Enigma für diesen Tag preisgeben.
Zu Beginn des Norwegen-Feldzuges Anfang April 1940 kann B.P. etwa 50, die »Sektion Z« 25 Tagesschlüssel lösen mit durchschnittlich 30 bis 40 Sprüchen pro Tagesschlüssel. Ihre Entzifferung nimmt jedoch mehrere Wochen in Anspruch, so daß eine operative und gar taktische Nutzung ausgeschlossen ist.
Am 15. April 1940, während der Kämpfe in Norwegen, bricht B.P. zwar in den fünf Tage zuvor neu eingeführten Enigma-Schlüssel Gelb (yellow), der speziell zur Abwicklung des Funkverkehrs zwischen Heer und Luftwaffe benutzt wird und zugleich operativ-taktisches Material enthält. Bis zum Auslaufen dieses Schlüssels können zwar immerhin 27 von 52 Tagesschlüsseln gelöst und 768 Sprüche entziffert werden, doch scheitert die Nutzung dieser Sprüche an der Interpretation unzähliger deutscher Abkürzungen und Code-Begriffen.
Bevor die Deutschen am 10. Mai 1940 den Angriff im Westen beginnen, wird das Schlüsselverfahren der Enigma abermals geändert. Das Resultat: Kein Enigma-Funkverkehr kann selbst bruchstückweise in den entscheidenden ersten zehn Tagen nach der deutschen Offensive entziffert werden.
Dann aber gelingt es, so behauptet später Bertrand, ab 20. Mai 1939 bis 14. Juni 1940, den polnischen Experten im P.C. Bruno insgesamt 3074 Funksprüche zu entziffern und dem alliierten Geheimdienst zuzuleiten. Ihr Nutzeffekt ist jedoch gleich Null: Die Nachrichtenübermittlung an die kämpfende Truppe funktioniert nicht mehr.
Selbst die Übermittlung der aus Enigma-Funksprüchen gewonnenen Erkenntnisse an die britischen Befehlshaber in Norwegen erweisen sich zu dieser Zeit noch als völlig unzulänglich.
Als die deutschen Verbände in Paris einrücken, muß das Château de Vignolles nach Wegschaffen der Enigma-Maschinen sowie aller wichtigen Dokumente und der Lochkartenblätter blitzartig geräumt werden.
Unterdessen arbeitet Turing mit seinem Team im Bletchley Park an einer Maschine, die er »Bomba« nennt. Von der Größe eines Wandschranks, voll elektromagnetischer Relais, ist sie ein Vorläufer des heutigen Computers. Sie soll die Enigma-Funksprüche jetzt maschinell in kürzester Zeit entziffern helfen. Da die größte Zahl von Funksprüchen im Luftwaffen-Schlüsselbereich Rot (red) anfällt, wird die Turing-Maschine auf diesen angesetzt.

Am 22. Mai 1940 gelingt es den Kryptologen in B.P. mit Hilfe von »Bomba« in den ersten, nur zwei Tage alten, Red-Schlüssel einzubrechen. Von diesem Tag an erfolgt die Entzifferung beinahe aller Luftwaffen-Enigma-Schlüssel-Varianten fast regelmäßig, und bis zum Ende des Krieges werden die Verzögerungen immer geringer. Winterbotham: »Bald konnten wir alle

Sprüche regelmäßig mitlesen, normalerweise war der Schlüssel zur Frühstückszeit desselben Tages gelöst.«
Am Montag, dem 10. Juni 1940, ändert die italienische Marine, ebenso die Regia Aeronautica, ihre Code- und Schlüsselsysteme im Mittelmeerraum, danach in Ostafrika.
Am Dienstag, dem 11. Juni 1940, erklärt Mussolini England und Frankreich den Krieg.
Bereits Monate zuvor gelingt es britischen Kryptologen, den größten Teil des italienischen Funkverkehrs zu entziffern. Umgekehrt hat auch die italienische Funkaufklärung Einbrüche in den britischen Funkverkehr erzielt.
Am Montag, dem 24. Juni 1940, kann Major Bertrand in Toulouse drei französische Flugzeuge requirieren und mit dem polnischen sowie spanischen Team nach Algier fliegen. McFarlan entkommt über Bordeaux nach England und wird Bletchley Park zugeteilt.
Am Sonnabend, dem 29. Juni 1940, wird das neueste italienische Codebuch mit der Überschlüsselungstafel durch Kapern des italienischen U-Bootes »Uebi Scebeli« erbeutet. Nachdem die britische Presse Fotos von dem am 19. Juni 1940 aufgebrachten italienischen U-Boot »Galileo Galilei« veröffentlicht, führt die italienische Marina am 5. Juli 1940 ein separates, recht ausgeklügeltes Schlüsselsystem mit neuen Überschlüsselungstafeln für U-Boote ein.
Am Mittwoch, dem 17. Juli 1940, werden auch für die gesamte italienische Flotte neue Schlüsselsysteme und Codebücher eingesetzt. Seitdem kann die Tätigkeit des italienischen »Servizio Cifra«, Schlüsseldienst der Marina, in zwei Phasen unterteilt werden: Im ersten Zeitabschnitt, der von Juli 1940 bis Mitte des Jahres 1941 dauert, wird das Schlüsselverfahren »SM 19 S« benutzt, das nur äußerst selten zu brechen ist.
Die zweite Phase beginnt etwa im Juni 1941. Von jetzt an benutzt die Marina mehrere, grundlegend unterschiedliche Systeme für die Verschlüsselung ihrer Funksprüche. Eines davon beruht z. B. auf der neuen Variante des Codes SM 19 S mit doppelter Überschlüsselung, die für den höherrangigen operativen Funkverkehr verwendet wird, insbesondere zwischen Landführungsstellen und Marineeinheiten.
Zu gleicher Zeit werden in der Marina zwei unterschiedliche Schlüsselmaschinen eingeführt: Das Modell C 38 der Firma Hagelin und die Enigma-Schlüsselmaschine Version D, die Italien bereits seit dem Spanischen Bürgerkrieg kennt. Unabhängig davon werden auch verschiedene Codes mit geringerer Sicherheitsstufe verwendet.
Was man aber in Rom nicht weiß: Schon im April 1937 gelang es dem SIS, während des Spanischen Bürgerkrieges, den Schlüssel der Enigma D zu brechen. Es war eine Schlüsselmaschine, die sowohl von der deutschen Legion Condor als auch von den italienischen, unter General Franco kämpfenden Truppen verwendet wurde. Sie ähnelt der Handels-Enigma.
Im Sommer 1940 befindet sich in den nordafrikanischen

Adolf Hitler und Benito Mussolini: zwei, die Nordafrika in ihren Machtbereich einbeziehen wollen

Die Sphinx begrüßt die in Ägypten eintreffenden Commonwealth-Truppen aus Australien und Neuseeland

italienischen Besitzungen eine Streitmacht von rund 236000 Mann mit 1811 Geschützen, 339 Panzern und 151 Kampfflugzeugen. Durch die Niederlage Frankreichs im Juni 1940 ist eine Bedrohung seitens Französisch-Nordafrika ausgeschaltet. So steht Marschall Balbos Streitkräften lediglich die kleine britische Garnison in Ägypten unter General Wavell gegenüber, zu der die 7. Panzerdivision sowie die indische 4. Division mit einer Gefechtsstärke von zusammen 31000 Mann gehören.

Im westlichen Libyen verfügt Marschall Balbo über die 5. Armee (Gen. Gariboldi) mit dem XXX. und XXIII. Korps, bestehend aus sechs Infanterie- und zwei Schwarzhemdendivisionen, im östlichen Raum über die 10. Armee (Gen. Berti) mit dem XXI. und XXII. Korps, die sich aus drei Infanterie-, einer Schwarzhemden- und zwei Eingeborenen-Divisionen zusammensetzen.

Bereits am Mittwoch, dem 31. Juli 1940, schlägt Generalfeldmarschall v. Brauchitsch, Oberbefehlshaber des Heeres, bei der Lagebesprechung mit Hitler vor, eine deutsche Expeditionstruppe nach Nordafrika zu entsenden, um die italienische Operation gegen Ägypten zu unterstützen.

Im August 1940 sind das britische Kriegsministerium und die Joint Planners der Meinung, es gäbe gewisse Anzeichen, daß Hitler bereit sei, »einen italienischen Angriff – möglicherweise auf Ägypten – mit Panzer- und motorisierten Divisionen zu unterstützen«. Diese Vermutung basiert auf Meldungen des Secret Intelligence Service (SIS), von britischen Attachés und aus Quellen in den USA. Dies trägt zu der Entscheidung bei, von Großbritannien aus eine Panzerbrigade nach Ägypten zu verlegen.

In diesen Tagen sorgt die dem Hauptquartier der Western Desert Force (Gen. Wavell) unterstellte 3. Mobile Section of Army's Field Sigint Organisation (MSOAFSO) dank der Entzifferung des italienischen taktischen Code und Chiffre für einen besonders starken Informationsfluß. Durch Abhören des Enigma-Funkverkehrs der Luftwaffe (Lw) ist der britische Geheimdienst Secret Intelligence Service (SIS) in der Lage, ein plötzliches Auftauchen deutscher Kampfflugzeuge über dem nordafrikanischen Kriegsschauplatz sofort zu erfassen.

Außerdem wird der SIS durch die entzifferten Meldungen der Funkaufklärung in seiner Annahme bestärkt, daß Anfang September 1940 eine deutsche Delegation mit drei Flugzeugen verschiedenen Typs in Libyen gelandet sei. Aus Informationen der Lw-Enigma über Aktivitäten dieser Delegation schließt man in London zu Recht, daß zwar noch keine deutsche Intervention unmittelbar bevorstehe, die Luftwaffe sich aber für Wüstenoperationen interessiert und ihre Flugzeuge unter den besonderen klimatischen Verhältnissen erprobt.

Am Freitag, dem 13. September 1940, beginnt die italienische Armee unter Marschall Graziani ihre Offensive über die libysch-ägyptische Grenze. Mussolini hat

So sieht ein Londoner Karikaturist die italienische Offensive in Nordafrika. Mussolini: »Tatsächlich, dies ist keine Fata Morgana«

Graziani befohlen, in Ägypten einzufallen, weil er seine Offensive parallel mit Hitlers geplanter Invasion Englands laufen lassen will.

Am Sonnabend, dem 14. September 1940, entscheidet Hitler nach Beratung mit den Vertretern des OKH: »Ein Panzerkorps muß für den Einsatz in Afrika bereitgestellt werden.« Daraufhin beauftragt Generaloberst Halder, Chef des Generalstabs des Heeres, den Kommandeur der 3. Panzerdivision, Generalmajor Ritter v. Thoma, mit einer Erkundungsfahrt nach Nordafrika. Seine Aufgabe: Er soll untersuchen, wie man deutsche Truppen nach Afrika transportieren und sie in die Lage versetzen kann, den italienischen Feldzug in diesem Raum zu unterstützen.

Am Montag, dem 16. September 1940, erreicht Marschall Graziani das von englischen Sicherungskräften aufgegebene, 80 Kilometer entfernte Sidi Barrani. Hier bleibt Graziani trotz der Ermahnungen des Duce stehen, um die »Versorgung zu organisieren«. Unterdessen beginnt die Royal Navy, den italienischen Nachschub über See massiv zu stören.

Die komplizierten Einkreisungs- und Umgehungsmanöver erschöpfen die italienischen Truppen beträchtlich. Und die sogenannte »Offensive« zeigt, daß die italienische Armee für Operationen in der Wüste kaum vorbereitet ist, da vor allem die notwendigen Transportmittel fehlen.

Anfang Oktober 1940 wird Churchill vom Foreign Office, dem Auswärtigen Amt, über »gewisse Anzeichen« informiert, daß Hitlers nächster Vorstoß ein Angriff von Libyen aus und nicht die erwartete Operation gegen Gibraltar oder den Balkan sein werde.

Am Donnerstag, dem 3. Oktober 1940, trifft Hitler mit Mussolini am Brenner-Paß zusammen. Während der Unterredung versichert ihm der Duce, die ägyptische Offensive in der Zeit vom 12. bis 15. Oktober 1940 wieder aufzunehmen. Hitler entschließt sich, zur Unterstützung der Operation 100 Panzer, das entspricht etwa einer Panzerbrigade, und so viele Fahrzeuge zusätzlich zu entsenden, wie er entbehren kann.

Am Donnerstag, dem 17. Oktober 1940, erhält Generaloberst Halder einen Bericht von Generalmajor Ritter v. Thoma aus Nordafrika. Thoma betrachtet den Nachschub als das dringendste Problem und betont das Fehlen von Hafeneinrichtungen, die großen Entfernungen, die in Libyen zurückgelegt werden müßten, sowie die wirksame englische Blockade.

Im Oktober 1940 erfährt der italienische militärische Nachrichtendienst, Servizio Informazione Militari (SIM), daß General Wavell eine Offensive plant. Der Duce hatte recht mit seinem Hinweis, daß der lange untätige Aufenthalt in Sidi Barrani nur den Engländern nütze.

In diesem Monat gelingt es der krypto-analytischen Abteilung der britischen Armee in Kairo, eine Reihe von chiffrierten Funksprüchen italienischer Verbände bis zur Brigadeebene zu entziffern. Sie bestätigen, daß Ende Oktober 1940 eine deutsche Heeresmission das Hauptquartier von Marschall Graziani besucht hat. Zu

gleicher Zeit enthüllt eine Meldung der Lw-Enigma den Beginn des deutschen Aufmarsches auf dem Balkan und das Eintreffen von Transportmaschinen der Luftwaffe in Süditalien.
Am Donnerstag, dem 31. Oktober 1940, erfährt Generaloberst Halder von der Meinungsänderung Hitlers: Das Unternehmen Libyen sei verschoben.
Am Montag, dem 11. November 1940, entscheidet Hitler, Luftwaffeneinheiten nach Italien zu beordern. Sie sollen die Royal Air Force (RAF) davon abhalten, rumänische Ölfelder von griechischen Basen aus anzugreifen, und vor den im nächsten Frühjahr geplanten Operationen der Wehrmacht auf dem Balkan die britische Mittelmeerflotte schwächen.

Am Montag, dem 9. Dezember 1940, beginnt die Operation »Compass«, die Offensive der Western Desert Force (Gen. Wavell) in der Cyrenaika, mit insgesamt 31000 Mann, 225 Panzern und 120 Geschützen gegen die völlig überraschte italienische 10. Armee (Gen. Gariboldi) in Westägypten und deren befestigte Stellungen von Sofafi, Nibeiwa, Ost-Tummar, West-Tummar, Maktila und Sidi Barrani. Die britische 7. Panzerdivision (Maj.Gen. Creagh) und die indische 4. Division (Maj.Gen. Beresford-Peirse) stoßen zwischen Nibeiwa und Sofafi durch. Trotz der zahlenmäßig schwachen britischen Panzer- und motorisierten Verbände unter General O'Connor führt der Angriff zu einer Katastrophe ungeahnten Ausmaßes.
Die italienische Niederlage in Nordafrika zwingt Hitler – entgegen seiner Absicht – zur Hilfe im Mittelmeerraum.
Am Dienstag, dem 10. Dezember 1940, wird das X. Fliegerkorps (Gen.d.Fl. Geisler) nach Sizilien und Süditalien verlegt. Seine Aufgabe: Die Ausschaltung der RAF auf Malta, die Bekämpfung der britischen Flotte sowie des Schiffsverkehrs. Das Eintreffen deutscher Luftwaffenkräfte im Mittelmeer verändert die strategische Lage erheblich. Das X. Fliegerkorps wird zwar dem Oberkommando der italienischen Luftstreitkräfte Regia Aeronautica unterstellt, doch seine Befehle erhält es unmittelbar vom Oberbefehlshaber der Luftwaffe.

Sizilien, Dezember 1940: ein Bomberverband des X. Fliegerkorps startet zum Einsatz gegen Malta

Am Mittwoch, dem 11. Dezember 1940, wird in der Cyrenaika die Stadt Sidi Barrani von den Engländern genommen. Teile der britischen 7. Panzerdivision drehen nach Süden ab und verhindern ein Entweichen der Italiener aus Sofafi. Vier italienische Divisionen werden vernichtet, 38300 Soldaten – darunter 4 Generäle – gefangengenommen, 400 Geschütze und 50 Kampfwagen erbeutet. Die britischen Verluste: 133 Gefallene, 8 Vermißte und 387 Verwundete.
Am Sonntag, dem 15. Dezember 1940, nehmen die Engländer im Handstreich den Grenzpaß Halfaja. Damit steht den britischen Panzern der Weg in das Innere der Cyrenaika offen. Die Reste der italienischen 10. Armee ziehen sich jetzt in die Festung Bardia zurück.
Am Dienstag, dem 17. Dezember 1940, erobern britische Truppen das stark befestigte Sollum. Die italienische 10. Armee (Gen. Gariboldi) hört damit praktisch auf zu existieren.
Am Donnerstag, dem 19. Dezember 1940, wendet sich das italienische Comando Supremo an das OKW mit der Bitte, baldmöglichst eine deutsche Panzerdivision nach Nordafrika zu entsenden.
Im Dezember 1940 gelingt es den Kryptologen der Government Code and Cipher School (GC and CS),

▶ *Britischer Löwe und die beiden Diktatoren . . .*

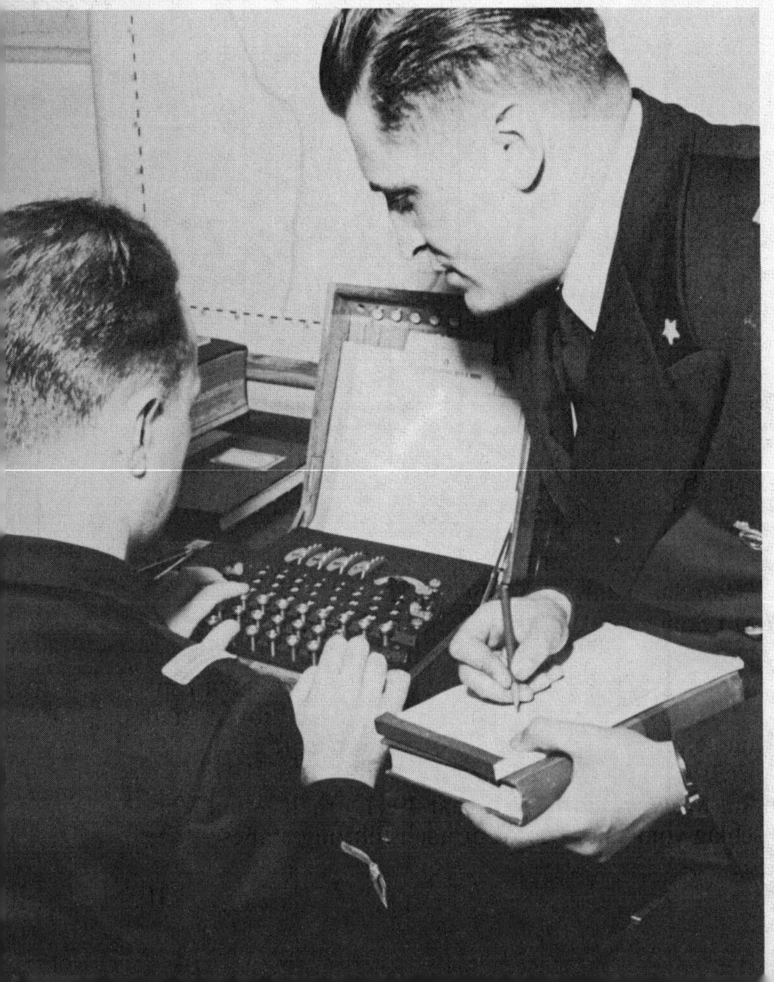

Bletchley Park (B.P.), die zwischen den italienischen Kommandobehörden in Nordafrika und der obersten Führung in Rom ausgetauschten Funksprüche zu entziffern. Ihr Inhalt: Berichte des italienischen militärischen Nachrichtendienstes SIM über Bewegungen der Royal Navy im östlichen Mittelmeerraum. Die Angaben sind erstaunlich exakt. So warnt z. B. Rom am 23. Dezember 1940 um 12.55 Uhr die ihm unterstellten Kommandobehörden in Nordafrika vor einem britischen Konvoi mit Kriegsmaterial und Nachschub, der am nächsten Morgen um 6.00 Uhr im Hafen von Marsa Matruh eintreffen soll.
Trotzdem gelingt es Bletchley Park (B.P.) Ende 1940 nur vereinzelt und lediglich für ganz kurze Zeitintervalle, strategisch oder operativ bedeutsame Einbrüche in den Funkverkehr der italienischen Streitkräfte in Nordafrika zu erzielen. Der Grund: Sowohl das italienische Heer als auch die Regia Aeronautica wechseln zu häufig ihre Schlüssel. Was zu dieser Zeit den deutschen Funkverkehr in Italien oder im Mittelmeerraum betrifft, so kann B.P. vor allem aus dem bereits gebrochenen Schlüsselbereich der Luftwaffe, Codename »Red«, Nutzen ziehen, wenn auch äußerst spärlich, da

◀ *Die Verschlüsselung eines Funkspruches: ein bisher unbekanntes Foto vom Einsatz der Enigma bei der Supermarina, dem Oberkommando der italienischen Seestreitkräfte*

THE DAILY MAIL, Monday, January 6, 1941.

"Mick" is mellow
MICK McQUAID TOBACCO

Daily Mail

FOR KING AND EMPIRE

LATE WAR NEWS SPECIAL

ALWAYS EAT WITH HP SAUCE

NO. 13,946 MONDAY, JANUARY 6, 1941 ONE PENNY

BRITISH FLAG OVER BARDIA

Italian Commander, 4 Generals Surrender

Stalin Sends for 4 Envoys

Balkans Tension

Stalin has ordered the Russian Ministers to Yugoslavia, Hungary, Rumania, and Bulgaria to return at once to Moscow "for consultations," state Balkan reports. Belgrade believes latest developments in South-East Europe are the cause of this summons to the Kremlin.

From CEDRIC SALTER, Daily Mail Special Correspondent

25,000 PRISONERS IN OUR HANDS

From ALEXANDER CLIFFORD, Daily Mail Correspondent

CAIRO, Sunday.

BARDIA has fallen and the entire garrison of more than 25,000 men, including the Italian commander, General Berganzoli, are prisoners. This great victory, won in the amazing time of 55 hours, was announced in the following special communiqué issued from General Wavell's headquarters to-night:

"All resistance at Bardia ceased at 1.30 p.m. to-day. The town, with total forces defending it and all stores and equipment, is now in our hands.

'Woe, Woe!' —Ansaldo

Rain of Fire by the Fleet

Eye-witness on Bombardment

From W. F. HARTIN

WITH THE MEDITERRANEAN FLEET, Sunday.

FIRE from sea, land, and air has rained down on Bardia with scriptural vengeance during the past three days.

On board the flagship of

LONDON WAS READY

No Fire Blitz THIS Time

By Daily Mail Raid Reporter

LONDON'S new fire watchers and the people—men, women, and boys even—were ready last night when hundreds of incendiaries showered down on three outer districts of the capital soon after the Alert sounded. There seemed to be as many fire watchers as fire bombs.

In one district, after all the incendiaries dropped by two waves of raiders had been put out without a single fire starting, the watchers stood in doorways singing: "We want some more."

They had not long to wait. A third wave of raiders dropped more incendiaries. These, too, were quickly put out.

In another district, because of

Our Five New Battleships

MEAT: THE SHORTAGE TO END

THE meat shortage made yesterday Meatless Sunday for thousands of people, but there is better news now—

Home-killed meat is becoming more plentiful and within a week or two both the shortage and the temporary "extra rationing" many butchers have introduced will be ended.

Pork, which has been scarce and is rationed from to-day, will be more plentiful this week.

The reduced meat ration—1s 6d. per person instead of 1s. 10d. comes into force to-day, first day of the new couponless general rationing period.

Meatless Sunday — but supplies on the way — Page THREE.

6. Januar 1941: Union Jack über Bardia

die Luftwaffenstellen sich noch meist der unknackbaren, sicheren Fernschreiben bedienen.

Bis Ende 1940 haben britische Schiffe und Flugzeuge von den nach Nordafrika gehenden italienischen Nachschubtransportern 28 Schiffe mit fast 190000 BRT versenkt und so die Niederlage eingeleitet.

Am Sonnabend, dem 4. Januar 1941, befiehlt General Wavell, in der Cyrenaika weiter vorzustoßen. Während die britische 7. Panzerdivision (Maj.Gen. Creagh) Bardia umgeht und in Richtung Tobruk marschiert, drängt die australische 6. Infanteriedivision (Maj.Gen. Mackey) gegen Bardia vor.

Am gleichen Tag beschließt Hitler, die deutsche Unterstützung in Nordafrika »beschleunigt in Gang zu setzen«.

Am Sonntag, dem 5. Januar 1941, streckt die italienische Garnison von Bardia die Waffen. Den Engländern fallen 40000 Gefangene und 462 Geschütze in die Hände. Jetzt zählt die italienische Heeresgruppe Libyen (Marschall Graziani) in der Cyrenaika lediglich noch fünf kampfschwache Divisionen.

Am Donnerstag, dem 9. Januar 1941, entscheidet Hitler während einer Konferenz auf dem Berghof/Obersalzberg, innerhalb von drei Wochen einen kleinen deutschen Kampfverband nach Libyen zu entsenden.

In den ersten Januartagen 1941 erfährt das War Office aus diplomatischen Kreisen, über italienische Kriegsgefangene und vom SIS, daß deutsche Truppeneinheiten vereinzelt durch Italien transportiert werden und Übungseinschiffungen auf Sizilien stattfinden. In den Meldungen heißt es sogar, daß die Ankunft deutscher Truppen in Libyen bevorsteht.

Eine SIS-Quelle berichtet von riesigen Mengen an Tropenausrüstungen und Verpflegung, die die Deutschen in Richtung Italien befördern. Interessanterweise werden alle diese Informationen nicht an den C-in-C Mediterranean oder an die Force H, die zu dieser Zeit auf See operiert, weitergeleitet.

Am Sonnabend, dem 11. Januar 1941, erscheint als Ergebnis der Besprechung auf dem Berghof/Obersalzberg Hitlers Weisung Nr. 22 über die »Mithilfe deutscher Kräfte bei den Kämpfen im Mittelmeerraum«.

Bereits am Montag, dem 13. Januar 1941, weiß man in Kairo durch Lw-Enigma-Meldungen vom Eintreffen der Luftwaffe in Nordafrika.

Am Mittwoch, dem 15. Januar 1941, reist ein deutscher Erkundungsstab nach Libyen ab.

Am Sonnabend, dem 18. Januar 1941, trifft Mussolini zu zweitägigen Gesprächen mit Hitler auf dem Obersalzberg ein. Der Duce billigt den beabsichtigten Einsatz eines deutschen Sperrverbandes in Libyen, und man einigt sich, daß der deutsche Transport am 15. Februar 1941 beginnen kann.

Am Montag, dem 20. Januar 1941, erhält – auf Vorschlag vom Chef des Wehrmachtführungsstabes – der

In Eile werden die deutschen Truppen für die Erfordernisse des nordafrikanischen Kriegsschauplatzes ausgestattet: Tropenhelme für das Deutsche Afrika-Korps

Einsatz deutscher Kräfte in Nordafrika den Decknamen »Sonnenblume«.
Am Dienstag, dem 21. Januar 1941, beginnt die zum britischen XIII. Korps (Lt.Gen. O'Connor) gehörende australische 6. Infanteriedivision den Sturm auf die wichtige italienisch-libysche Hafenstadt und Festung Tobruk.
In den frühen Morgenstunden des 22. Januar 1941 erfolgt durch den italienischen Festungskommandanten, General Pitassi-Manella, sowie Konteradmiral Vietina die Übergabe von Tobruk an das britische XIII. Korps unter Lieutenant General O'Connor. Es werden 25 000 Mann gefangengenommen, 208 Geschütze und 87 Panzer erbeutet. Die Reste der italienischen 10. Armee ziehen sich in die befestigte Linie El Mekili-Derna zurück.
Als jetzt die australische 6. Infanteriedivision entlang der Küste auf diese Linie zurollt und die britische 7. Panzerdivision die italienische 10. Armee von Süden her umgeht, gibt Marschall Graziani den Befehl zum Rückzug. Es ist aber zu spät: Die 7. Panzerdivision steht bereits bei Beda Fomm an der Küste der Großen Syrte und schneidet der 10. Armee den Rückzug ab, die nach kurzem Gefecht kapitulieren muß. 20 000 Mann gehen in Gefangenschaft.
Am Freitag, dem 24. Januar 1941, nähert sich die australische 6. Infanteriedivision Derna, während die 7. Panzerdivision nach Südwesten in die Wüste vordringt und El Mekili angreift. Die Italiener ziehen sich nach Norden in das Bergland zurück, was den Engländern ermöglicht, den gesamten Vorsprung der Cyrenaika abzuschneiden.

Italiens Wüstenfort El Mekili (El Mechili) nach der Einnahme durch die britische 7. Panzerdivision

Reede von Neapel, Februar 1941: vor der Abfahrt in Richtung Nordafrika

Am Donnerstag, dem 30. Januar 1941, wird Derna von britischen Verbänden erobert.
Am Freitag, dem 31. Januar 1941, verlassen die ersten Eisenbahntransporte mit Teilen der 5. leichten Division (GenMaj. Streich) das Reich in Richtung Italien. Nach Ankunft in Neapel erwartet sie bereits der Befehl, sich nicht nach Tripolis einzuschiffen, sondern auf weitere Anweisungen zu warten: Hitler hat seine Entscheidung, deutsche Truppen nach Libyen zu senden, zurückgerufen.

Am Sonnabend, dem 1. Februar 1941, kehrt Generalmajor v. Funck von seiner Erkundungsfahrt nach Berlin zurück. Er berichtet Hitler in Anwesenheit von Generalfeldmarschall v. Brauchitsch, Generaloberst Halder, General Jodl und Generalfeldmarschall Keitel über die kritische Lage der italienischen Verbände in Nordafrika. Funck ist der Ansicht, daß ein Sperrverband zu schwach sei, um den Verlust Libyens zu verhindern.

Am Montag, dem 3. Februar 1941, ändert Hitler seine Meinung: Die Transporte des für Nordafrika vorgesehenen Sperrverbandes sind – um ein Panzerregiment verstärkt – beschleunigt fortzusetzen, gleichzeitig soll die Nachführung einer Panzerdivision vorbereitet werden.
Inzwischen meldet die RAF-Luftaufklärung, daß fast eine halbe Million Tonnen Schiffsraum der Achsenmächte, meist Einheiten von 6000 Tonnen und mehr, auf der Reede von Neapel konzentriert sind.
Am Donnerstag, dem 6. Februar 1941, marschieren britische Verbände in die Hauptstadt der Cyrenaika, Bengasi, ein.

18 THE ILLUSTRATED LONDON NEWS JAN. 4, 1941

AFTER WAVELL'S "BRILLIANT STROKE":
PRISONERS AND WAR MATERIAL.

TWO MEMBERS OF THE AUSTRALIAN IMPERIAL FORCE IN THE MIDDLE EAST EXAMINING ABANDONED ITALIAN TANKS AFTER THE BATTLE FOR SIDI BARRANI.

PART OF THE IMMENSE STORES WHICH FELL INTO THE HANDS OF GENERAL WAVELL'S ARMY: CAPTURED ITALIAN LORRIES PASSING THE RUINS OF SIDI BARRANI.

Dem Führer vorgelegt: das reich bebilderte britische Magazin »The Illustrated London News«

Am selben Tag ergeht die Weisung des Oberkommandos der Wehrmacht an das Oberkommando des Heeres (OKH) und das Oberkommando der Luftwaffe (OKL) für den Einsatz in Nordafrika (Unternehmen »Sonnenblume«): Die deutschen Truppen in Libyen werden dem dortigen italienischen Oberbefehlshaber, General Ambrosio, taktisch unterstellt. Im übrigen unterstehen sie dem Oberbefehlshaber des Heeres, der durch Verbindungsoffizier ständigen Kontakt mit dem italienischen Oberbefehlshaber hat.

Zur selben Zeit wird Generalleutnant Rommel ins Führerhauptquartier bestellt. Der jetzige Kommandeur der deutschen 7. Panzerdivision meldet sich zuerst bei Generalfeldmarschall v. Brauchitsch, der ihm seine Ernennung zum Befehlshaber der deutschen Kräfte in Nordafrika mitteilt.

Unterdessen beauftragt Generalfeldmarschall Keitel den Deutschen General im italienischen Hauptquartier in Rom, Generalmajor v. Rintelen, das Comando Supremo zu bitten, sämtliche motorisierten italieni-

Neapel, 8. Februar 1941: Der erste Geleitzug mit Ausrüstung für das Unternehmen »Sonnenblume« sticht in See mit Kurs Tripolis

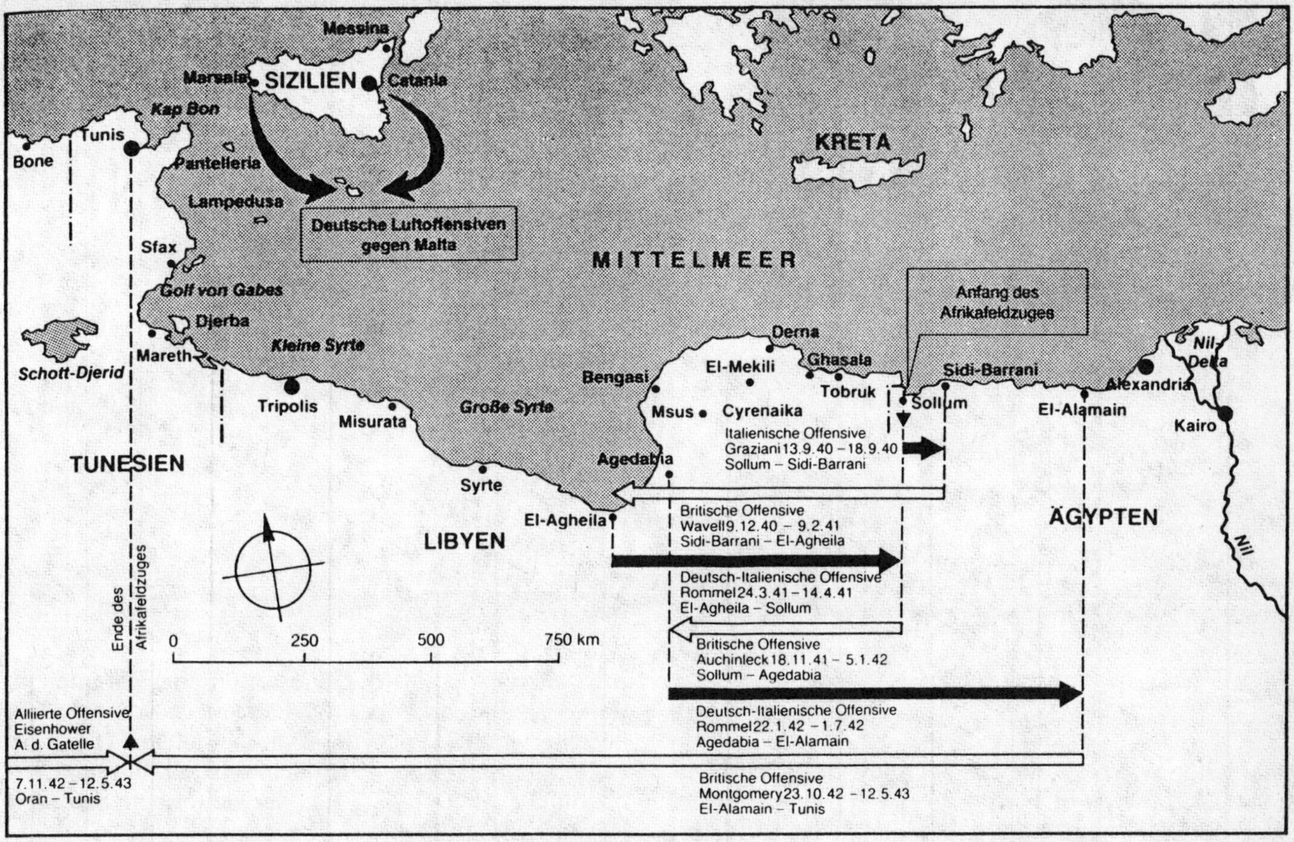

Kriegsschauplatz Nordafrika in den Jahren 1940–1943

schen Verbände und alle deutschen Truppen in Nordafrika dem Hauptquartier Rommels für gemeinsam geplante Einsätze zu unterstellen.

Am Abend wird Rommel von Hitler zu einer privaten Besprechung eingeladen. Der Führer zeigt ihm englische und amerikanische Illustrierte mit Reportagen über den britischen Vormarsch in der Cyrenaika. Rommel danach zu Generalmajor v. Rintelen: »Ein verdammt schwerer Auftrag.«

Noch an diesem Tag hält es zwar der Military Intelligence 6 (MI 6) nicht für ausgeschlossen, daß zwei oder drei deutsche Panzerdivisionen sich in Süditalien bzw. auf Sizilien befinden, doch ist MI 6 nicht in der Lage, genau festzustellen, ob eine Operation gegen Malta, Tunesien oder in Libyen geplant ist. Selbst die Sendungen des deutschen Rundfunks und Zeitungsartikel über die bevorstehende Entsendung deutscher Truppen nach Tripolis wertet MI 6 als reines Propagandamanöver.

Am Freitag, dem 7. Februar 1941, wird das Kampfgeschwader z.b.V. Nr. 1 mit seinen Transportmaschinen Ju 52 nach Comiso auf Sizilien verlegt. Es soll zusätzlich zum Seeverkehr Verstärkungen, Waffen und Gerät auf dem Luftweg nach Afrika schaffen und auf dem Rückflug Kranke, Verwundete, unbrauchbares Gerät und Lehrmaterial für die Truppenausbildung in Deutschland mitbringen.

Am Sonnabend, dem 8. Februar 1941, verläßt der erste Geleitzug mit deutschem Material Neapel. Er besteht aus drei Transportschiffen und hat die rückwärtigen Dienste der 5. leichten Division sowie Versorgungsgut an Bord. Am Nachmittag werden östlich von Sardinien britische Flugzeuge, vermutlich Trägermaschinen, gemeldet. Sicherheitshalber läuft der Geleitzug in den Hafen von Palermo ein.

An diesem Tag beginnt das X. Fliegerkorps (Gen.d.Fl. Geisler) die erste deutsche Luftoffensive gegen Malta. Seine Aufgabe: den deutschen Truppen ein sicheres Übersetzen nach Tripolis zu ermöglichen. Der Vorschlag von Vizeadmiral Weichold, dem Chef des deutschen Marinekommandos in Italien, die Insel sofort zu besetzen, bleibt unbeachtet. Auch den späteren Einwand des Wehrmachtführungsstabes, statt Kreta das 26mal kleinere, aber strategisch unvergleichbar wichtigere Malta aus der Luft zu erobern, lehnt Hitler ab.

Am Sonntag, dem 9. Februar 1941, wird eine hochrangige chiffrierte Meldung der italienischen Luftstreitkräfte abgefangen, die besondere Anweisungen für italienische und deutsche Geleitzug-Sicherungsflugzeuge zwischen Neapel und Tripolis beinhaltet.

1941

FEBRUAR – JUNI

Am Mittwoch, dem 12. Februar 1941, landet Rommel am frühen Nachmittag in Begleitung von Hitlers Chefadjutant, Oberstleutnant Schmundt, Rommels Stabschef, Oberstleutnant von dem Borne und einigen anderen Offizieren in Castel Benito, dem Flugplatz von Tripolis. In der italienischen Hauptstadt richtet das OKH unter Major i.G. Graf Klinckowstroem einen »Sonderstab Rom« ein, angegliedert der Dienststelle des Generalmajors v. Rintelen. Dieser Sonderstab soll alle Versorgungsfunktionen zusammenfassen, deutsche Wünsche den betreffenden italienischen Kommandostellen vortragen und für die Nachschubübermittlung zwischen dem OKH und Rommel sorgen.

Am Nachmittag des 14. Februar 1941 begibt sich Rommel zum Hafen von Tripolis, um das Ausladen der ersten deutschen Kampftruppen, der Panzeraufklärungsabteilung 3 (Oberstlt. Frhr. v. Wechmar) und der Panzerjägerabteilung 39 zu beobachten. Rommel beschließt, die beiden Verbände sofort nach Syrte zu beordern, um das Vorgehen der Engländer möglichst weit ostwärts von Tripolis zu stoppen.

Die Küstenstraße nach El Agheila: Schauplatz des ersten Kampfes in Nordafrika zwischen Deutschen und Engländern

Am Sonnabend, dem 15. Februar 1941, haben die beiden deutschen Abteilungen Misurata erreicht, und am nächsten Tag gegen 15.00 Uhr treffen bereits die Spitzen der Panzeraufklärungsabteilung 3 in Syrte ein. So befinden sich zwei Tage nach der Ankunft im Hafen die kampfbereiten deutschen Truppen schon 450 Kilometer östlich von Tripolis. »Bewaffnete Aufklärung« – das ist alles, was die deutsche und italienische Führung Rommel zunächst aufgetragen hat.

Am Montag, dem 17. Februar 1941, heißt es in der Lagebeurteilung des General Staffs Intelligence (GS Int), der Abteilung für Feindlagebeurteilung des Generalstabs in London: Erstens sei die Überfahrt von Italien nach Nordafrika ein Problem für die deutschen Truppen, und zweitens hätten sie gar keine Erfahrungen in der Wüstenkriegführung. So wird »eine beträchtliche Zeit verstreichen, bevor von Tripolis aus eine ernst zu nehmende Gegenoffensive gestartet werden kann.«
Doch man unterschätzt Rommels Initiative, mit einer verhältnismäßig kleinen Streitmacht etwas zu unternehmen, ohne Verstärkungen abzuwarten. Übrigens werden von insgesamt 220000 Tonnen Schiffsfracht der Achsenmächte, die man im Februar und März 1941 von den italienischen Häfen aus nach Libyen bringt, lediglich 20000 Tonnen versenkt.

Am Dienstag, dem 18. Februar 1941, erhalten die deutschen Verbände in Libyen offiziell die Bezeichnung »Deutsches Afrika-Korps« (DAK).
Erst an diesem Tag informiert die britische Admiralität den C-in-C Mediterranean, daß die Geleitzüge aus Neapel tatsächlich deutsche »zu schein scheinen«.

Am Donnerstag, dem 20. Februar 1941 gegen 15.00 Uhr, stoßen die Deutschen erstmals mit Engländern zusammen: Ein Trupp der Dragoon Guards mit drei Spähwagen unter Lieutenant E.T. Williams, dem späteren Senior Intelligence Staff Officer der 8. Armee, tauscht mit Teilen der Panzeraufklärungsabteilung 3 an der Küstenstraße bei El Agheila Feuer aus, ohne jedoch irgendwelche Wirkung zu beobachten.

Am Montag, dem 24. Februar 1941, kommt es zu ersten Kämpfen zwischen Engländern und Deutschen: Teile der Panzeraufklärungsabteilung 3 (Oberstlt. Frhr. v. Wechmar) treffen im Gebiet von El Agheila auf zwei Trupps der King Dragoon Guards mit Panzerkampfwagen und eine Einheit australischer Pak. Es werden der erste tote Engländer, der erste Gefangene, Lieutenant Rowley, und zwei Besatzungsmitglieder eines Panzers gemeldet.

Tripolis, Februar 1941: Die Generäle Gariboldi und Rommel nehmen die erste Parade des DAK ab ▶

Am Dienstag, dem 25. Februar 1941, landet in Tripolis unter Leutnant Gerisch der erste Teil der 3. Kompanie (Oberlt. Seebohm) der Nachrichtenabteilung 56 vom Horchzug »Afrika«.

Freitag, der 28. Februar 1941, ist für B.P. ein wichtiges Datum für den zukünftigen Kampf gegen Rommel: An diesem Tag gelingt es GC and CS in den neuen Luftwaffen-Schlüsselcode »Hellblau« (von den Engländern »Light Blue« genannt) einzubrechen. Diesen Enigma-Schlüssel verwenden das nach Sizilien verlegte X. Fliegerkorps (Gen.d.Fl. Geisler) und der Fliegerführer Afrika (Gen.d.Fl. Fröhlich) für ihren Funkverkehr.
So gewinnt mit einem Schlag der britische Y-Dienst, die für die Funkaufklärung im Mittelmeerraum zuständige Stelle, an Bedeutung: Von jetzt an können die britischen Kryptologen bis zum 31. Dezember 1941, als der Code aus dem Funkverkehr gezogen wird, die täglichen Chiffretext- und Schlüsseländerungen innerhalb von 24 Stunden lösen.

Am Sonntag, dem 2. März 1941, heißt es in der Beurteilung des C-in-C Middle East, die Deutschen könnten zwar ohne Verzögerung möglicherweise bis nach Agedabia vorstoßen, sie würden aber keineswegs versuchen, Bengasi zu erreichen, bevor weitere Panzerkräfte an Land gesetzt und eine Infanteriedivision sowie ein bis zwei Panzerbrigaden aufgestellt seien. Man hält es für unwahrscheinlich, daß die Deutschen dies noch vor dem Sommer schaffen könnten. Das Kabinett in London bestätigt Churchills Entschluß, Truppen aus Ägypten – vor allem einen der besten Verbände, die 1. Panzerbrigade (Brig. Charrington) der 2. Panzerdivision – nach Griechenland zu verlegen. Er nimmt an, daß die britische Flanke in der Cyrenaika recht sicher ist.

Am Montag, dem 3. März 1941, enthüllt Lw-Enigma die Stärke der deutschen Heeres- und Luftwaffenverbände in Libyen. Man erfährt dadurch die Stellung der vorderen Truppenteile und identifiziert Rommel als Kommandierenden General des Deutschen Afrika-Korps. Da die Enigma-Berichte bereits von einem 6., 7. und 8. Geleitzug sprechen, kann man sich das Ausmaß der Truppenverstärkungen vorstellen.

Schon am nächsten Tag, dem 4. März 1941, besitzt MI 6 Anzeichen dafür, daß Rommels Streitmacht womöglich auf zwei Panzerdivisionen erhöht werden könnte. Weitere Erkenntnisse: Vorbereitungen für einen Überraschungsangriff zu einem früheren Zeitpunkt. Das Joint Intelligence Committee (JIC), Komitee zur Auswertung von Feindnachrichten für die britischen Chiefs of Staff, will diese Lagebeurteilung jedoch nicht akzeptieren.

Am Donnerstag, dem 6. März 1941, wird der Horchzug Afrika in seinen Einsatzraum an der Syrte, östlich von Tripolis, verlegt.

Am Freitag, dem 7. März 1941, nehmen die Engländer Agedabia und stoßen in Richtung El Agheila vor. Hier geht ihre Offensive zu Ende. Innerhalb von zwei Monaten sind sie insgesamt 900 Kilometer vorgerückt, haben 130000 Italiener – darunter 22 Generäle – gefangengenommen und 845 Geschütze sowie 380 Panzer erbeutet oder zerstört. General O'Connor büßt dabei nur etwa 500 Tote, 1373 Verwundete und 56 Vermißte ein. Nach Verlegung der im Wüstenkrieg erfahrenen Verbände der Nil-Armee nach Griechenland, bleibt in der Cyrenaika nur das britische XIII. Korps (Lt.Gen. O'Connor), das aus zwei Divisionen nicht voll ausgebildeter Truppen besteht. So ist die Front gegen Tripolis jetzt nur schwach besetzt.

◄

Tripolis, Februar 1941: deutsche Panzer auf dem Weg zur Front

►

Rom, März 1941, in einer Dienststelle der Luftwaffe: eine Schlüsselgruppe an der Enigma-Schlüsselmaschine

Funkstelle der 3. Kompanie (Oberlt. Seebohm) der Nachrichten-abteilung 56

Selbst in der ersten Märzwoche 1941, als durch Fehleinschätzung des JIC das Gros der britischen Streitkräfte von Nordafrika nach Griechenland verlegt wird, bleibt das JIC der Ansicht, die deutschen Truppen werden eine gewissen Zeit benötigen, um sich zu akklimatisieren. Von noch größerer Bedeutung ist die Unterschätzung der Gefahr, die von Rommels Streitmacht ausgeht.
Noch am Montag, dem 10. März 1941, zieht General Staff Intelligence in Betracht, daß Rommel womöglich einen Vorstoß über El Agheila und Agedabia hinaus wagen könnte, doch wäre er gar nicht imstande, sorgfältige Vorbereitungen dafür zu treffen.

Bis zum Donnerstag, dem 13. März 1941, werden die wichtigsten Nachrichten zusammen mit den Erkenntnissen aus dem Abhören des operativen Funkverkehrs der höchsten Stellen der Regia Aeronautica vom Air Ministry in London per Telex nach Kairo geleitet. Erst an diesem Tag richtet man eine neue Art von Nachrichtenübermittlung ein, um die entzifferten Funksprüche direkt vom B.P. an das Combined Bureau Middle East (CBME), dem Kommando der Vereinigten Streitkräfte im Nahen Osten, zu übermitteln. Dies ist eine wertvolle Ergänzung der Informationen, die der C-in-C Middle East durch Luftaufklärung bekommt, um so mehr als der Lw-Enigma-Verkehr kaum Hinweise über den Umfang des von Rommel beabsichtigten Angriffs liefert. Abgesehen davon unterschätzen die Oberbefehlshaber in Kairo weiterhin den Wert der Enigma-Berichte.
Am selben Tag enthüllt zwar Lw-Enigma, daß Rommel nach Berlin fliegen wird, doch ist dem Hinweis weder Absicht noch Ergebnis seines Besuches zu entnehmen. In Wirklichkeit versucht Rommel im OKH, die Genehmigung für eine Offensive im Mai 1941 zu bekommen.

Am Mittwoch, dem 19. März 1941, erhält Rommel zum letztenmal strikte Weisung des OKH, lediglich die ausweichenden italienischen Verbände zu stützen und keinesfalls vor Einsatzbereitschaft der 15. Panzerdivision (GenMaj. v. Prittwitz) die für Ende Mai 1941 vorgesehen ist, anzugreifen. Selbst dann – so erfährt Rommel – plant das OKH nur beschränkte Operationen des Deutschen Afrika-Korps im Raum Agedabia, und er darf keineswegs Marsa El Brega angreifen. Interessanterweise stimmt die in Berlin abgegebene Beurteilung von Rommels Möglichkeiten mit der des C-in-C Middle East überein.
Rommel hat jedoch seine eigene Meinung darüber: Dank vorzüglicher Arbeit der Horchkompanie des Oberleutnant Seebohm, durch Luftaufklärung bestätigt, weiß er, daß die Engländer im Raum Agedabia ausgedehnte Feldbefestigungen bauen und dort laufend Verstärkungen heranholen.

Um den 20. März 1941 mehren sich die Beweise über eine geplante Operation des DAK, wie z. B. durch Verstärkungen der Luftwaffeneinheiten unter Fliegerführer Afrika und Tätigkeiten der Aufklärung im Raum von Agedabia sowie die ab 19. März 1941 verhängte Urlaubssperre. Erst hinterher wird erkannt, daß dies alles auf Rommels bevorstehenden Angriff hinweist. Aber MI 6 hat noch nicht die nötige Erfahrung, diese Zeichen richtig zu deuten.

Tripolis: Die ersten Panzer der 15. Panzerdivision werden ausgeladen. Vorne rechts, ein PK-Kameramann der Deutschen Wochenschau ▶

Am Montag, dem 24. März 1941, unternimmt Rommel lediglich mit der 5. leichten Division (GenMaj. Streich) trotz strenger Weisung des OKH seinen ersten Aufklärungsvorstoß. In der Nähe des Wüstenforts El Agheila fallen die ersten Soldaten des Deutschen Afrika-Korps: Einer der Panzer ist auf eine Mine gefahren. Dieses Unternehmen bestätigt, daß die britische Verteidigung durch den Truppenabzug nach Griechenland erheblich geschwächt ist. Ohne Rast rückt Rommel auf Marsa Brega vor. Er teilt seinen Verband in drei Kolonnen ein, die die Küstenstraße entlangjagen und breit gefächert durch die Wüste auf El Mekili vorstoßen. Die Einnahme von El Agheila ist der erste Erfolg der ersten Rommel-Offensive in Nordafrika. Bis zu dieser Zeit haben die deutsch-italienischen Versorgungsschiffe noch kaum Verluste. Sie benutzen entweder den Weg dicht vor der tunesischen Küste oder umfahren Malta, um nicht in die Reichweite der dort stationierten Torpedoflugzeuge zu gelangen.

Ebenfalls am 24. März 1941 nimmt General Staff Intelligence an, daß Rommel es schaffen könnte, selbst in begrenztem Umfang mit einer leichten deutschen Division und einer italienischen Panzerdivision in etwa drei Wochen – also Mitte April – gegen die Cyrenaika vorzugehen. Bei General Staff Intelligence sieht man es immer noch als unwahrscheinlich an, daß Rommel den Versuch unternimmt, Bengasi zurückzuerobern, bevor er die Panzer- und motorisierten Verbände nach vorn

verschoben hat, was man frühestens etwa Mitte Mai erwartet.
Am Sonntag, dem 30. März 1941, verzeichnet die Operational Instruction des GOC Cyrenaica Command: »Der Gegner hat seit der Besetzung von El Agheila keine Anzeichen für einen weiteren Vorstoß gezeigt, und es gibt keinen sicheren Beweis, daß er eine Operation größeren Ausmaßes plant«. Die Stabschefs melden zwar in ihrem abschließenden Bericht für den Monat März lebhafte deutsche Truppenbewegungen östlich von Tripolis, stellen aber keine Zukunftsprognosen.
Die Stabschefs und der Chef of the Imperial General Staff (CIGS), Chef des Generalstabs des Empire, stimmen mit General Wavell überein, daß die organisatorischen Schwierigkeiten für den Feind bei jedem Angriff, der er wagen wird, große Probleme in sich bergen: Damit werden die Möglichkeiten Rommels, eine Offensive in der Cyrenaika fortzuführen, unterschätzt. Dieses Fehlurteil hat zwei Gründe: Erstens ist der britische Nachrichtendienst in Nordafrika zu diesem Zeitpunkt seiner Aufgabe nicht ganz gewachsen, zweitens stellen Rommels Verbände noch einen Faktor unbekannter Größe dar.
Zur selben Stunde befiehlt Rommel dem DAK einen Aufklärungsvorstoß gegen Agedabia und Marsa Brega. Ebenfalls am 30. März 1941 funkt General Wavell an General Neame, Befehlshaber der Cyrenaika: »Ich glaube nicht, daß er wenigstens für einen weiteren Monat noch Großes unternehmen kann.« Schuld an dieser gravierenden Fehleinschätzung sind Enigma-Berichte, aus denen General Wavell ersehen kann, daß Rommel lediglich den Auftrag hat, die Syrte-Front zu stabilisieren, und daß sein wichtigster Verband, die 15. Panzerdivision, noch nicht in Nordafrika eingetroffen ist. Nach Meinung von General Wavell können die Deutschen frühestens im Mai angreifen. Jeder vorgezogene Angriffstermin wäre in seinen Augen ein mit erheblichem Risiko verbundenes militärisches Hasardspiel.

Am nächsten Tag, dem 31. März 1941, sollen im Hafen von Tripolis die ersten Teile der 15. Panzerdivision zur Verstärkung des Deutschen Afrika-Korps landen. Rommel greift jedoch, ohne das Eintreffen dieser Division abzuwarten, mit dem Panzerregiment 5 den Küstenort Marsa Brega, das Tor zur Cyrenaika, an. Zur Verblüffung der Engländer und selbst gegen die strikten Anweisungen des OKH artet der Vorstoß in eine deutsch-italienische Gegenoffensive aus: Die Deutschen erbeuten außer einigen Panzern auch zahlreiche Lastkraftwagen und rollen weiter in Richtung Osten.

Im Frühjahr 1941 gibt es in Kairo noch keine Sonder-Verbindungseinheit Special Liaison Unit (SLU), die dem britischen Oberkommando im Mittleren Osten Enigma-Berichte aus B.P. über eigene Verbindungswege übermitteln könnte. Jedoch bekommt Brigadier Shearer, der General Wavell unterstellte Chef des Feindnachrichtendienstes, sie unter der Hand als »geheime Feindnachrichten«. Die Verbände von General Wavell sind aber zu schwach, um irgend etwas gegen Rommel zu unternehmen.

Bereits am Dienstag, dem 1. April 1941, sind die Verbände der Nil-Armee in ihren Stellungen zwischen der Mittelmeerküste und einigen Salzsümpfen im Süden überrannt. Erneut unterteilt Rommel seine Einheiten in drei Gruppen und verfolgt den Feind entlang der Küstenstraße und flankierend weiter im Süden.

Raum El Agheila, 24. März 1941: die erste Vernehmung eines britischen Gefangenen

Raum Marsa Brega, März 1941. In der Wüste überrascht: ein Aufklärer vom Typ Me 110 über einer britischen Vorausabteilung

Am Mittwoch, dem 2. April 1941, räumen die überraschten Engländer Agedabia. Daraufhin erhält Rommel einen Funkspruch von General Gariboldi, der den bisherigen Vorstoß als befehlswidrig bezeichnet und anordnet, weitere Bewegungen bis zu einer mündlichen Rücksprache zurückzustellen.

An diesem Tag zeigt sich besonders klar, daß der britische Nachrichtendienst noch nachhinkt: B.P. alarmiert den C-in-C Middle East, daß sich Teile der 15. Panzerdivision auf dem Eisenbahnweg zwischen Trapani und Palermo befinden, vermutlich mit dem Ziel Tripolis.
Es wird jedoch versäumt zu erwähnen, daß bereits Informationen über einen vorgeschobenen Kommandostab dieser Division, der sich in Tripolis befindet, vorliegen. Ebenso fehlt die Mitteilung, daß der Zeitpunkt einer Verschiffung von Palermo aus noch nicht feststeht. Auch die Übermittlung der Nachricht, daß mit Beginn des deutschen Angriffs auf dem Balkan die von Hitler versprochenen Verstärkungen für Rommel gestoppt werden, wird unterlassen.
Unterdessen enthüllen die neuesten Lw-Enigma-Berichte, daß dem Fliegerführer Afrika Verstärkungen versagt bleiben, da eine andere Operation höhere Priorität besitzt.
Am Donnerstag, dem 3. April 1941, erreicht Rommel ein Funkspruch vom OKW: Hitler hat unmißverständlich befohlen, die erreichten Stellungen zu sichern und möglichst starke englische Kräfte zu binden. »Die sich hieraus ergebenden Angriffsunternehmungen mit beschränktem Ziel dürfen aber vor dem Eintreffen der

Raum Agedabia, April 1941: Funkstelle einer italienischen Division

15. Panzerdivision nicht weiter ausgedehnt werden, als die schwachen Kräfte es erlauben. Vor allem ist eine Gefährdung der offenen rechten Flanke zu vermeiden, die bei dem Einschwenken in nördlicher Richtung auf Bengasi zwangsläufig eintreten müßte.«

In der Nacht vom 3./4. April 1941 versucht General Gariboldi vergeblich, Rommel zu finden und für diese unerlaubten Operationen zur Verantwortung zu ziehen. Inzwischen stößt die Masse der 5. leichten Division, gefolgt von der Division »Ariete«, weiter nach El Mekili vor.

Am Freitag, dem 4. April 1941, rollen deutsche und italienische Panzerspitzen in schnellem Vormarsch auf Bengasi zu und nehmen die Stadt. Die Verbände der deutschen 5. leichten Division bewegen sich jetzt in vier Kolonnen weiter durch die Wüste in Richtung El Mekili. Und die dezimierten Einheiten der Nil-Armee treten unter hohen Verlusten den Rückzug nach Ägypten an. An diesem Tag steigert sich die Verwirrung der Engländer bis zur Panik: Die 2. Panzerdivision (Maj.Gen. Gambier-Parry) bleibt bei Msus ohne Nachschub liegen, da die britische Besatzung aus Angst vor deutschen Panzern alle Treibstofflager voreilig gesprengt hat.

Verblüffenderweise kann Rommel den Erfolg seiner Offensive zum größten Teil dem Umstand verdanken, daß die britische Führung die an ihn gerichteten OKW-Enigma-Funksprüche mitliest: Als Rommel nämlich von Hitler die strikte Anordnung erhält, am Ostrand der Syrte vor El Agheila stehenzubleiben, glaubt der C-in-C Middle East, mit seinen schwachen Kräften die dort errichteten Stellungen halten zu können. So kommt die Offensive Rommels, der die Anordnung der eigenen Führung völlig mißachtet, auch für den C-in-C Middle East vollkommen überraschend.

Am Sonnabend, dem 5. April 1941, liefert die Lw-Enigma den Beweis, daß Rommel mit seinem Vorstoß über Agedabia hinaus die ihm gegebenen Anweisungen umging, und er gar keinen Befehl hat, nach Ägypten vorzustoßen. Dies veranlaßt Churchill, seine Schlußfolgerung an den C-in-C Middle East weiterzuleiten, so daß der C-in-C nun nicht mehr mit einem Großangriff auf Ägypten rechnet.

Rom, April 1941: Grosssendeanlage des Superexercito, Oberkommando des italienischen Heeres ▼

▶ *Libyen, Küstenstraße Via Balbia, April 1941: Vernehmung einer der ersten durch das DAK abgeschossenen britischen Flieger. Im Hintergrund der Arco dei Fileni, das Wahrzeichen der Via Balbia*

Am selben Tag gerät bei Tobruk der für Rommels Feindlage zuständige Ic-Offizier des Deutschen Afrika-Korps, Hauptmann i.G. Graf Baudissin, in britische Gefangenschaft. Einige Stunden später stoßen bei Einbruch der Dunkelheit die britischen Generäle Neame und O'Connor auf dem Weg nach Tmimi in unwegsamem Gelände auf einen deutschen Spähtrupp und werden gefangengenommen.

Am Sonntag, dem 6. April 1941, beginnt der Balkanfeldzug. Im Führerhauptquartier ist man mit dieser neuen Operation derart beschäftigt und kaum imstande, auf Rommels Aktivitäten zu achten.

Am Montag, dem 7. April 1941, wird El Mekili von deutschen Truppen eingeschlossen. Die Besatzung, verstärkt durch eine indische motorisierte Brigade aus Tobruk, lehnt deutsche Kapitulationsaufforderungen ab. Nachdem ein Ausbruchsversuch scheitert, werden 2000 Mann mit General Gambier-Parry und Brigadier Vaugham gefangengenommen.
An diesem Tag informiert in den Morgenstunden die Admiralität den C-in-C Mediterranean, daß laut Enigma-Bericht »vorgeschobene Teile der 15. Panzerdivision sich am 9. April 1941 oder kurz danach in Palermo einschiffen«, mit dem vermeintlichen Ziel Tripolis. Auf diese Nachricht hin werden einige britische Zerstörer von Alexandria nach Malta beordert.
Ebenfalls am 7. April 1941 fallen Derna und Tmimi mit den riesigen britischen Versorgungslagern in deutsche Hände. Die erbeuteten Vorräte an Lebensmitteln, Benzin, Munition und Waffen ermöglichen Rommel ein weiteres Vorgehen in Richtung Ägypten. Auf der Strecke zwischen Derna und El Mekili finden Soldaten des DAK eine Anzahl wichtiger Beutepapiere. Sie verschaffen Rommel einen zuverlässigen Einblick sowohl in die Struktur des britischen Feldheeres, als auch in die Zusammensetzung der gegnerischen Kräfte im Mittleren Osten.

Am Dienstag, dem 8. April 1941, unterläuft B.P. ein grober Fehler: Es wird nach Kairo gemeldet, der deutsche Geheimdienst bemühe sich eifrig zu erfahren, ob Tobruk von den Engländern evakuiert oder die Festung verstärkt wird. Churchill bewertet dies als grobe Verletzung der Sicherheit für die Operation »Ultra Secret« und läßt verschärfte Sonderanweisungen für die Handhabung und Weiterleitung entzifferter Enigma-Berichte herausgeben.

Auf einem Wüstenflugplatz Raum El Mekili, April 1941: Die Luftbildkamera wird in einem Me 110-Aufklärer untergebracht

5F

Hafen von Neapel, April 1941: Deutsche Panzer rollen zu einer Verladerampe

Am Donnerstag, dem 10. April 1941, erreichen die Panzer des Deutschen Afrika-Korps die Festung Tobruk, wichtigste Nachschubbasis für einen Angriff auf Ägypten. Der australischen Division gelingt es, über die Küstenstraße zu entkommen, während die Reste der britischen 2. Panzerdivision und die indische Brigade aufgerieben und gefangengenommen werden. General Wavell verlegt jetzt Teile der 7. Panzerdivision (Maj.Gen. Creagh) in den Hafen der Stadt Tobruk, um sie zusammen mit der australischen Division und kleinen örtlichen Verbänden einschließen zu lassen.
Als an diesem Tag die Vorausabteilungen des Deutschen Afrika-Korps Sollum und Bardia besetzt haben, telegrafiert Rommel an das OKH und bittet um die Erlaubnis, weiter bis Suez vorzudringen.

Am Freitag, dem 11. April 1941, schlägt Rommels erster Versuch, die Festung Tobruk im Handstreich zu nehmen, fehl.
Am selben Tag werden aufgrund eines entzifferten italienischen Funkspruchs vier britische Zerstörer nach Malta verlegt. Ein deutsch-italienischer Geleitzug, bestehend aus den Frachtern »Adana« (4205 BRT), »Aegina« (2447 BRT), »Arta« (2452 BRT), »Iserlohn« (3704 BRT) und »Sabaudia« (1590 BRT), soll unter dem Begleitschutz der italienischen Zerstörer »Baleno«, »Lampo« (KorvKpt. Albanese) und »Tarigo« (Fregkpt. de Christofaro) Einheiten der 15. Panzerdivision für das Deutsche Afrika-Korps befördern.
Am Sonnabend, dem 12. April 1941, dringen Rommels Verbände in Fort Capuzzo und Sollum ein. Die Vorausabteilungen der 5. leichten Division besetzen jetzt den wichtigen Halfaja-Paß, bleiben jedoch im Hügelgelände vor den britischen Verteidigungslinien in starkem Abwehrfeuer liegen.

Erst ab Mitte April 1941 werden die Berichte über deutsche Absichten, die die Engländer dank Lw-Enigma gewinnen, und die sie über den neuen Direct-Service von B.P. nach Kairo senden, zunehmend präziser. Sie beinhalten nicht nur mehr Informationen über taktische Aufklärung, einschließlich der täglichen Absichten des Fliegerführers Afrika, sondern auch Meldungen über die Ergebnisse von RAF-Angriffen, über die Versorgungslage und Treibstoff- sowie Verpflegungsknappheit, ebenso über Stellungen und Bewegungen der deutschen und italienischen Truppen. General Wavell ist jedoch kaum in der Lage, diese äußerst wertvollen Informationen operativ auszuwerten. Noch dazu sind diese B.P.-Meldungen nur einem äußerst begrenzten Personenkreis im SIS-Hauptquartier Kairo bekannt. Und die Weiterleitung dieser Informationen von Kairo zu den diversen Kommandostellen bringt noch durch die Notwendigkeit besonders strenger Vorsichtsmaßnahmen Verzögerungen mit sich, da nach Erkenntnissen der GC and CS die Deutschen britische Armee-Codes und verschlüsselte Texte mitlesen können. Ein weiteres Problem: Die Kryptologen des B.P. – verantwortlich für die Weitergabe des Enigma-Materials an Kairo – besitzen zu dieser Zeit kaum Erfahrungen, was für eine im Feld stehende Armee wichtig oder unwichtig ist. Das Ergebnis: Oft werden Informationen von großer Bedeutung einfach zurückgehalten.

Am Abend des 16. April 1941 sichten die zur britischen Force K gehörenden Zerstörer »Janus«, »Jervis«, »Mohawk« und »Nubian« der 14. Zerstörerflottille (Capt. Mack) nahe der Insel Kerkenna in der Kleinen Syrte den angekündigten Geleitzug, bestehend aus vier Dampfern der deutschen 20. Transportstaffel und dem

Am Montag, dem 14. April 1941, werden nach dem Vorstoß des DAK in der Cyrenaika die Angriffe gegen seine Nachschubrouten verstärkt, und Churchill gibt dieser Operation die höchste Prioritätsstufe.

An diesem Tag meldet Lw-Enigma, daß das Gros der deutschen Kräfte im Abschnitt Sollum-Sidi Omar Stellung bezieht und der Fliegerführer Afrika, Generalleutnant Fröhlich, erneut Jäger-Verstärkungen angefordert hat. Von diesem Tag an bestätigen die Enigma-Berichte, daß Rommels Vorstoß durch die Cyrenaika einen akuten Mangel an Treibstoff und Transportfahrzeugen verursacht.

Kairo, April 1941: eine der Funk- und Fernschreibstellen des C-in-C Middle East

Vor der libyschen Küste, April 1941: ein von der britischen Force F in Brand geschossener italienischer Transporter

So sieht ein Londoner Karikaturist die Behinderung des Nachschubs für die Rommel-Truppen durch die Royal Navy

italienischen Frachter »Sabaudia« (1590 BRT), mit Nachschub für das Deutsche Afrika-Korps und vernichten ihn restlos.
Dem italienischen Sicherungszerstörer »Tarigo« (Freg Kpt. de Christofaro) gelingt es zwar, auf der »Mohawk« einen Torpedovolltreffer zu erzielen, doch im weiteren Verlauf des Gefechtes werden die »Tarigo« und zwei andere italienische Sicherungszerstörer versenkt oder schwer beschädigt. Es ist das erste Zerstörer-Gefecht im Mittelmeer. Von 3000 eingeschifften Soldaten können nur 1248 gerettet werden. Dieses Debakel läßt die zukünftigen Nachschubprobleme des Deutschen Afrika-Korps erahnen.

Am Donnerstag, dem 24. April 1941, landen in Tripolis die letzten Teile der 3. Kompanie der Nachrichtenabteilung 56 mit ihrem Kompanieführer Oberleutnant Seebohm. Die Kompanie wird sofort in ihren Operationsraum an der Syrte verlegt. Sie ist die einzige Horchkompanie des Deutschen Afrika-Korps.
Diese gut ausgerüstete Funkaufklärungseinheit ist im Jahre 1940/41 in Le Havre zur Funkbeobachtung Englands eingesetzt worden. Oberleutnant Seebohm, einer der besten Spezialisten auf dem Gebiet der Funkaufklärung, diente mit seiner 3. Kompanie der Nachrichtenabteilung 56 bereits im Frankreich-Feldzug in Rommels 7. Panzerdivision.

Die Funkaufklärung des DAK erweist sich als Rommels zuverlässigste Nachrichtenquelle. Ihr Vorteil: Gleichzeitigkeit von Feindsendung und Abhören dieser Funksprüche. Die gut organisierte Weitergabe so gewonnener Nachrichten bringt gegenüber allen anderen Aufklärungsmitteln den entscheidenden Zeitgewinn. Weitere Nachrichtenquellen, aus denen Rommel sein Wissen über den Gegner schöpft: Gefangenenaussagen, Beutepapiere, Erd- und Luftaufklärung. So geben z. B. erbeutete Karten, Befehle, Dienstvorschriften, persönlicher Schriftverkehr oder Tagebücher die nötigen Hinweise zur Beurteilung der Feindlage sowie Stärke, Gliederung, Führungsgrundsätze und Absichten des Gegners. Besonders geschätzte Beute: Funkzeichentafeln und Codes.

Auch eine geschickte Vernehmung von Kriegsgefangenen erweist sich mit der Zeit als ergiebige Quelle für Nachrichtengewinnung. Manche von ihnen geben noch unter dem Schock der Gefangennahme sogar die Unterstellungsverhältnisse, Name des Kommandeurs oder Einzelheiten über Gruppierung, Einsatz und Absichten preis. Der besondere Status des DAK läßt jedoch keine eigenen Gefangenenlager zu. Alle in Kriegsgefangenschaft geratenen Engländer müssen nach Vernehmung über deutsche Sammellager den Italienern zur Internierung übergeben werden. Auch deutsche Lagemeldungen gehen erst an das »Supercomando Libia« in Tripolis, werden hier von Italienern vercodet und nach Rom weitergeleitet.

▶

Ein Beispiel von vielen: Enigma-Funkspruch der Supermarina an das ihr unterstellte Marinekommando wird in B.P. entziffert und Admiral Cunningham am 26. März 1941 um 20.10 Uhr übermittelt (Dok.Nr.: PRO-ADM 223 76x/PO 9755)

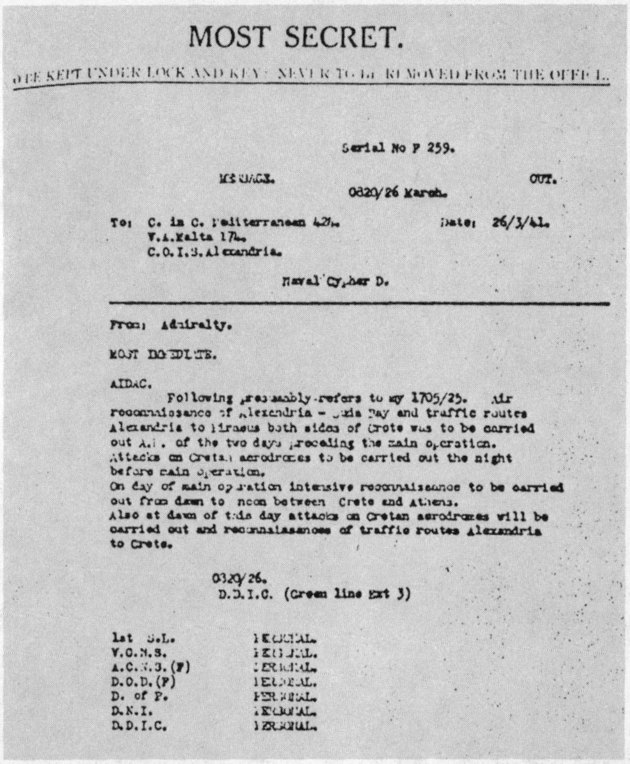

MOST SECRET.

TO BE KEPT UNDER LOCK AND KEY: NEVER TO BE REMOVED FROM THE OFFICE.

Serial No P 259.

MESSAGE. OUT.

0820/26 March.

To: C. in C. Mediterranean 428. Date: 26/3/41.
V.A.Malta 174.
C.O.I.S.Alexandria.

Naval Cypher D.

From: Admiralty.

MOST IMMEDIATE.

AIDAC.

Following presumably refers to my 1705/25. Air reconnaissance of Alexandria - Suda Bay and traffic routes Alexandria to Piraeus both sides of Crete was to be carried out A.M. of the two days preceding the main operation.
Attacks on Cretan aerodromes to be carried out the night before main operation.
On day of main operation intensive reconnaissance to be carried out from dawn to noon between Crete and Athens.
Also at dawn of this day attacks on Cretan aerodromes will be carried out and reconnaissances of traffic routes Alexandria to Crete.

0820/26.
D.D.I.C. (Green line Ext 3)

1st S.L.	PERSONAL.
V.C.N.S.	PERSONAL.
A.C.N.S.(F)	PERSONAL.
D.O.D.(F)	PERSONAL.
D. of P.	PERSONAL.
D.N.I.	PERSONAL.
D.D.I.C.	PERSONAL.

Der populäre, in Agedabia gefangengenommene italienische General Bergonzoli (der Rotbärtige) bei der Vernehmung durch einen britischen Intelligence-Offizier ▼

Raum Sollum, 17. April 1941: der erste deutsche Offizier, der in britische Gefangenschaft geraten ist, bei der Vernehmung durch einen Intelligence-Offizier

Am Sonntag, dem 27. April 1941, trifft in Nordafrika Generalleutnant Paulus ein. Er soll im Auftrag des OKH Rommels Absichten erkunden und ihm klarmachen, daß für seine Operationen nur begrenzte Mittel zur Verfügung stehen. Der erste Schritt von Paulus, als er von Rommels Absichten erfährt: Er widerruft die Genehmigung des Angriffs auf Tobruk, den Rommel für den 30. April 1941 geplant hat.

Am Montag, dem 28. April 1941, enthüllt Lw-Enigma aus Meldungen des Fliegerführers Afrika, Generalleutnant Fröhlich, daß die Luftwaffe neben Treibstoffmangel im vorderen Raum von Tobruk-Bardia durch »Verluste, die nicht ersetzt wurden, ernsthaft behindert sei«.
Ende April 1941 erfährt der C-in-C Middle East, General Wavell, über Enigma, daß Teile der 15. Panzerdivision immer noch in Tripolis erwartet werden. Tatsächlich aber hat der Angriff britischer Zerstörer auf den Geleitzug am 16. April 1941 den Zeitplan einer Verschiffung der 15. Panzerdivision durcheinandergebracht, so daß mit Ankunft der letzten Teile in Tripolis nicht vor Mitte Mai gerechnet werden kann.

Am Donnerstag, dem 1. Mai 1941 um 9.00 Uhr, muß das Deutsche Afrika-Korps, nachdem es gelungen ist, noch einige Befestigungswerke von Tobruk einzunehmen, zur Verteidigung übergehen und ist bis zum Abend starkem Artilleriefeuer ausgesetzt.

Auch am Freitag, dem 2. Mai 1941, nachdem bereits die ersten Teile der deutschen 15. Panzerdivision an der Front eingetroffen sind, können die Engländer alle Bemühungen der Deutschen abwehren, sich der Festung Tobruk zu bemächtigen.

Am Sonnabend, dem 3. Mai 1941, wird der Inspektionsbericht von Generalleutnant Paulus im Luftwaffenschlüssel dem OKW übermittelt, gleichzeitig vom britischen Y-Dienst routinemäßig abgefangen und im B.P. entziffert. Diese Meldung gibt wiederum Churchill den passenden Anlaß, General Wavell trotz seiner wenig rosigen Lagebeurteilung zu einer Offensive zu drängen. Am gleichen Tag erfährt der SIS durch Lw-Enigma von Rommels Forderungen in der letzten Aprilwoche: Truppenverstärkungen mit Transportmaschinen sowie Verstärkungen der Luftwaffe und Einsatz von U-Booten in den Küstengewässern zwischen Sollum und Tobruk. Dies alles sei nötig, wenn er Sollum und Bardia halten und die Chance nicht vertun solle, Tobruk aus der Bewegung heraus zu nehmen. Übrigens ahnen zu diesem Zeitpunkt weder das OKH noch der SIS, daß Rommels Wahlziel tatsächlich Ägypten heißt.
Ebenfalls am 3. Mai 1941 teilt das JIC mit, daß der C-in-C Middle East die Transport- und Nachschubprobleme der Achse überschätze und »gewisse Anzeichen« wohl übersehen habe, daß Rommel im Mai versuchen werde, die britischen Verteidigungsstellungen mit einer schwächeren motorisierten Streitmacht zu durchbre-

Eines der bisher unbekannten Fotos, Bananen-Staude als Souvenir: Generalleutnant Paulus verabschiedet sich vom Fliegerführer Afrika, General Fröhlich, vor dessen Gefechtsstand bei Derna

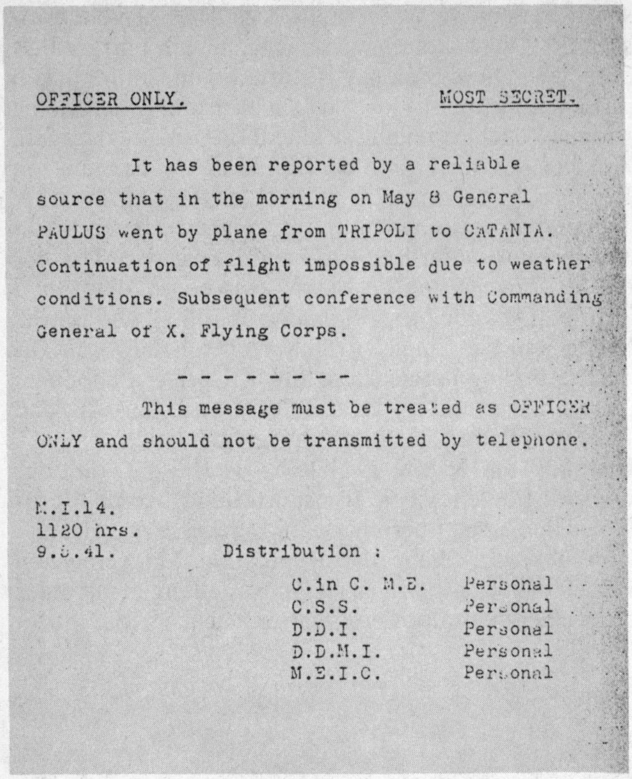

OFFICER ONLY. MOST SECRET.

It has been reported by a reliable source that in the morning on May 8 General PAULUS went by plane from TRIPOLI to CATANIA. Continuation of flight impossible due to weather conditions. Subsequent conference with Commanding General of X. Flying Corps.

\- - - - - - - -

This message must be treated as OFFICER ONLY and should not be transmitted by telephone.

M.I.14.
1120 hrs.
9.5.41. Distribution :

C.in C. M.E.	Personal
C.S.S.	Personal
D.D.I.	Personal
D.D.M.I.	Personal
M.E.I.C.	Personal

Enigma-Meldung über den Abflug von General Paulus aus Nordafrika: bereits 24 Stunden später General Wavell in Kairo vorgelegt (Dok.Nr.: PRO WO 169/1240)

chen. Diese Feststellung verleitet die britischen Stabschefs dazu, das Risiko einzugehen, einen Konvoi mit Panzerverstärkungen durch das Mittelmeer nach Alexandria zu entsenden.

Am Sonntag, dem 4. Mai 1941, gibt Rommel den Versuch der Einnahme von Tobruk auf. So endet seine erste Offensive, die ihn schwere Verluste kostet, ohne den entscheidenden Erfolg zu bringen.

Am Montag, dem 5. Mai 1941, funkt Churchill an General Wavell: »Haben Sie mein Telegramm vom 4. dieses Monats gelesen? Nehme an, Sie sind sich über den streng geheimen und zutreffenden Charakter dieser Nachricht im klaren? Der echte Text ist eindrucksvoller und zeigt, daß Feind »völlig erschöpft . . . ebenso striktes Verbot für einen Vorstoß über Sollum hinaus ohne vorherige Erlaubnis, ausgenommen davon Aufklärung . . .«.

In der ersten Maiwoche 1941 sind die Enigma-Informationen, die Kairo erreichen, durch erbeutete Dokumente und Aussagen von Kriegsgefangenen ergänzt. Es steht nun fest, daß Rommel seinen Vorstoß mit großer Eile improvisiert hat. Was weder die Funkaufklärung noch Lw-Enigma-Meldungen klar erkennen lassen: Der fast katastrophale Stand der britischen Panzerwaffe im Vergleich zur deutschen sowie ihre Empfindlichkeit gegen deutsche Pak-Geschütze und vor allem gegen die 8,8-cm-Flak.

Bis zum Donnerstag, dem 8. Mai 1941, übermittelt B.P. an den C-in-C Middle East, General Wavell, die letzten Teile des vollständigen Textes aus dem Bericht von Generalleutnant Paulus. Da Kairo den kompletten Wortlaut der Paulus-Instruktionen erhalten hat und weiß, daß die 15. Panzerdivision noch nicht in ganzer Stärke in Tripolis eingetroffen ist, wirft der C-in-C alle verfügbaren Panzer in den Angriff, obwohl der Nachschubkonvoi »Tiger« mit Panzern noch nicht Alexandria erreicht hat.

Am Freitag, dem 9. Mai 1941, bringt die Presseagentur Reuter eine kurze Meldung: »Sämtliche deutschen

Im B.P. entziffert: erste Seite des höchstgeheimen Berichtes von General Paulus über seine Inspektionsreise bei Rommel

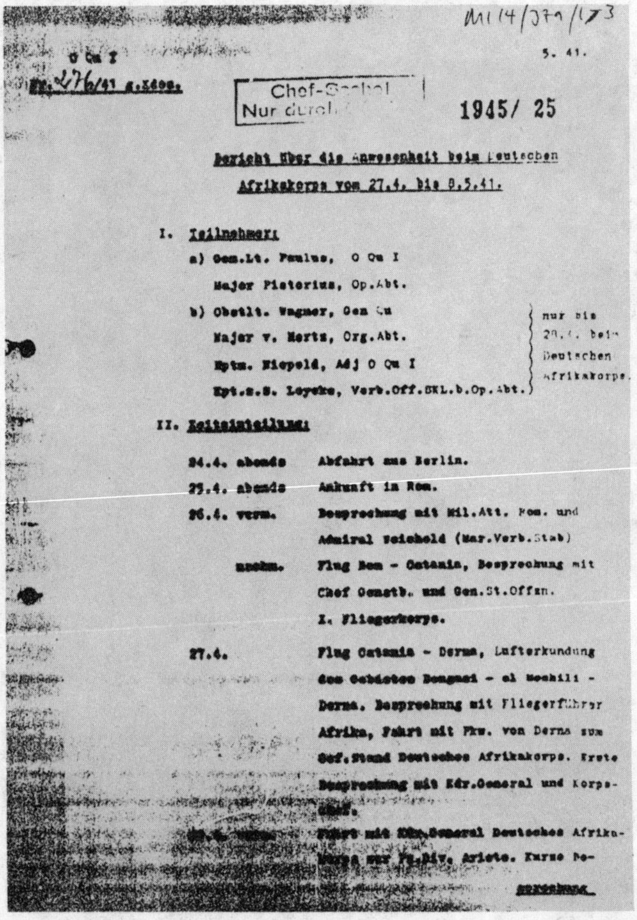

MI 14/379/173

O Qu I ... 5. 41.
Nr. 276/41 g.Kdos.

Chef-[illegible]
Nur durch [illegible]

1945/ 25

Bericht über die Anwesenheit beim Leutschen Afrikakorps vom 27.4. bis 8.5.41.

I. Teilnehmer:

a) Gen.Lt. Paulus, O Qu I
Major Pistorius, Op.Abt.

b) Obstlt. Wagner, Gen Qu
Major v. Hertz, Org.Abt.
Hptm. Niepold, Adj O Qu I
Kpt.z.S. Loycke, Verb.Off.SKL.b.Op.Abt.

nur bis 29.4. beim Deutschen Afrikakorps.

II. Zeiteinteilung:

24.4. abends	Abfahrt aus Berlin.
25.4. abends	Ankunft in Rom.
26.4. vorm.	Besprechung mit Mil.Att. Rom. und Admiral Weichold (Mar.Verb.Stab)
nachm.	Flug Rom - Catania, Besprechung mit Chef Genstb. und Gen.St.Offzn. X. Fliegerkorps.
27.4.	Flug Catania - Derna, Lufterkundung des Gebietes Bengasi - el Mechili - Derna. Besprechung mit Fliegerführer Afrika, Fahrt mit Kfw. von Derna zum Gef.Stand Deutsches Afrikakorps. Erste Besprechung mit Kdr.General und Korps-[illegible].
[illegible]	Fahrt mit Kdr.General Deutsches Afrikakorps zur Pz.Div. Ariete. Kurze Vorbesprechung.

Raum Agedabia: deutsche und italienische Gefangene bei der ersten Vernehmung

Truppen sind von der britischen Nil-Armee zum Rückzug aus Ägypten gezwungen worden.« Diese Notiz und die Ergebnisse von Rommels Funkaufklärung erhärten seinen Verdacht, es könnte eine britische Offensive bevorstehen.

Am Montag, dem 12. Mai 1941, läuft der von einem Schlachtschiff, Flugzeugträgern, Kreuzern und Zerstörern gesicherte Konvoi (Operation »Tiger«) mit 238 Panzern und 43 Jagdmaschinen für die britische Nil-Armee in Alexandria ein. Nur ein Frachter ist dabei verlorengegangen. Mit diesen Verstärkungen plant General Wavell, am 15. Mai 1941 eine Entlastungsoffensive (Operation »Brevity«) in Richtung Tobruk einzuleiten.

Am Mittwoch, dem 14. Mai 1941, meldet die Horchkompanie des DAK (Oberlt. Seebohm) den abgefangenen Funkspruch an alle britischen Einheiten, daß der nächste Tag »Peter« sei.

Am Donnerstag, dem 15. Mai 1941, stoßen die Verbände von General Wavell vor, um die deutsche Frontlinie bei Sollum zu durchbrechen. Bereits zu Beginn der Schlacht in den frühen Morgenstunden herrschen 50 bis 60 Grad Hitze, die Luft flimmert, die Sicht ist auf beiden Seiten schlecht. Der Halfaja-Paß, Sollum und Fort Capuzzo werden zwar kurzfristig von der britischen 22. Gardebrigade besetzt, aber durch einen Gegenstoß der Kampfgruppe Herff wieder zurückerobert. Die britischen Verluste betragen rund 270 Panzer. Die große Panzerschlacht von Sollum, die vor allem den Ring um Tobruk sprengen soll, erreicht nun ihren Höhepunkt.
Obwohl die Lw-Enigma-Funksprüche recht gute taktische Informationen liefern, sind diese während der Entzifferung im B.P. häufig schon überholt. Die Weiterleitung via Kairo zu den britischen Feldstreitkräften bleibt immer noch das größte Problem: Die britischen Kommandeure sind oft im unklaren über die augen-

blicklichen Standorte und Bewegungen sowohl der eigenen als auch der deutschen Streitkräfte.
Im Gegensatz zu der deutschen Aufklärung, die die beschafften Nachrichten richtig auswertet und Rommel unverzüglich vor gegnerischen Angriffen warnt, haben z. B. die britischen Befehlshaber nicht rechtzeitig erkannt, daß Rommel schon früher als angenommen einen großen Teil seiner Panzerreserven nach vorn verlegt hat. Sie sind immer noch der Meinung, im Kampfgebiet über eine Überlegenheit an Panzern im Verhältnis 2:1 zu verfügen. Daher sind sie völlig überrascht, trotz der ernsten Treibstoffprobleme Rommels auf eine größere Anzahl von Panzern zu stoßen, als sie selbst besitzen.

Raum Sollum, Mai 1941: Vierrad-Panzerspähwagen (Sd.Kf. 260) des DAK mit Rahmen-Antenne als Regiments-Funkwagen

▲
Hafen von Tripolis, Mai 1941, nach einem Angriff der RAF: ein italienischer Dampfer mit Treibstoffässern für das DAK nach der Explosion

Obwohl zwischen März und Mitte Mai 1941 alle drei oder vier Tage von Neapel aus Geleitzüge nach Tripolis in See stechen, berichtet Lw-Enigma nur gelegentlich über Geleitschutz-Anweisungen für das X. Fliegerkorps. Zwar wird dies von B.P. sofort nach Kairo oder über die Admiralität zum C-in-C Mediterranean (Adm. Cunningham) gemeldet, doch werden nur in Einzel-

fällen die Royal Navy- und RAF-Kommandostellen unverzüglich informiert.

Am Freitag, dem 16. Mai 1941, erfährt Kairo vom B.P. daß sich die Lage der Deutschen in Sollum und Fort Capuzzo durch die Operation »Brevity« sehr kritisch entwickelt hat.

Am Sonnabend, dem 17. Mai 1941, wissen die Engländer durch Lw-Enigma-Funksprüche, daß Rommel über den Fliegerführer Afrika (GenLt. Fröhlich) die Luftflotte 4 (GenOberst Löhr) um Unterstützung gebeten hat.

Am Freitag, dem 30. Mai 1941, teilt das JIC mit, daß die deutschen Operationen in Nordafrika sich nach eigenen Erkenntnissen darauf beschränken, was man mit den bereits vorhandenen Truppen unternehmen kann. Diese Nachricht ist für den C-in-C Middle East für die Planung künftiger Operationen von größter Bedeutung. Das JIC hat diese Meldung verfaßt, nachdem es vom neuesten Stand der deutschen Vorbereitungen für das

Raum Sollum, Juni 1941: ein Unteroffizier des DAK bei der Vernehmung durch britische Intelligence-Offiziere

Unternehmen »Barbarossa«, dem Überfall auf die Sowjetunion, erfahren hat.

Obwohl im April und Mai 1941 insgesamt 21 Frachter der Achsenmächte auf ihrem Weg nach Libyen versenkt worden sind, darunter acht Schiffe durch U-Boote und neun durch Überwasserschiffe, die von Malta aus operieren, reicht dies nicht aus, den Nachschub der Achsentruppen ernsthaft zu stören.

Ab Juni 1941 führen die italienischen Streitkräfte ein neues System ein, die maschinelle Verschlüsselung anstelle der Enigma-D: Sie wird von der für absolut sicher gehaltenen Hagelin-Maschine C 38 abgelöst. Dies ist für B.P. zwar eine Überraschung, aber da man über ein fast identisches französisches Modell C-36 verfügt, bricht die GC and CS in kurzer Zeit das italienische C-38m-Verfahren und läßt die Schlüsseleinstellungen nach und nach rekonstruieren.

Am Freitag, dem 6. Juni 1941, erkennt die Horchkompanie des DAK (Oberlt. Seebohm) die völlige Neugliederung der britischen Kräfte an der Sollum-Front: das untrügliche Zeichen einer bevorstehenden neuen gegnerischen Operation.

Am Abend des 14. Juni 1941 meldet die Horchkompanie des DAK das Abfangen der Funkwarnung »Peter« an alle britischen Einheiten für den nächsten Tag. Rommel befiehlt sofort, ab 21.00 Uhr vorbereitende Maßnahmen einzuleiten.

Am Sonntag, dem 15. Juni 1941, beginnt die Operation »Battleaxe« mit einem Großangriff des britischen XIII. Korps (Lt.Gen. Godwin-Austin) auf die deutsch-ita-

Raum Sollum, 15. Juni 1941, nach einem Gefecht in der Wüste: detaillierte britische Sprechfunkunterlagen gefunden

lienischen Grenzstellungen. Während der Kämpfe selbst erhält Rommel laufend verläßliche Informationen seines Funkabhördienstes und aus Beutedokumenten. Doch der britische Feindlage-Bearbeiter versagt auch diesmal: Obwohl vor dem Angriff die Verstärkungen der deutschen Verteidigungsstellungen bekannt sind, kann die britische Luftaufklärung keine Anzeichen dafür liefern, daß Rommel während des vergangenen Monats irgendwelche wichtigen Verstärkungen erhalten hat.

Aus dem Lw-Enigma-Berichten ist nicht nur zu erfahren, daß die Luftwaffe in Libyen keine Verstärkung erhielt, sondern auch, daß man die Verbände der Luftwaffe auf Sizilien zum größten Teil an die Ostfront verlegt hat. Dies alles läßt einen deutschen Vorstoß kaum möglich erscheinen. Dagegen sind die Informationen über Stärke und Absichten der deutschen Panzerverbände nur unzureichend, selbst die Bilder der Luftaufklärung spärlich und nichtssagend. Das Ergebnis: Dort, wo die britischen Streitkräfte mit etwa 100 deutschen Panzern gerechnet haben, stoßen sie plötzlich auf die doppelte Anzahl. Rommel hat fast alle seine Reserven rechtzeitig aus dem Raum Tobruk geholt, ohne daß dies von der Gegenseite erkannt wurde.
Gegen 10.00 Uhr erbeutet das DAK eine Liste der britischen Sprechfunk-Decknamen mit detaillierter Verteilung der angreifenden Truppen, Namen der Befehlshaber, Decknamen für Panzer, Geschütze und Material. Dieses wertvolle Beutematerial wird der Horchkompanie des DAK weitergeleitet. So ermöglicht jetzt das Abhören des gegnerischen Funkverkehrs eine schnellere Auswertung und sofortige Umgruppierung der deutschen Verbände.

Auf einem Wüstenfeldflugplatz, Juni 1941: Ein deutscher Nahaufklärer vom Typ Henschel Hs 126 wird startbereit gemacht

Am Montag, dem 16. Juni 1941, stößt Rommel nach einem weiten Umfassungsmanöver durch die Wüste über Sidi Omar in die westliche Flanke der Engländer. Jetzt droht dem britischen XIII. Korps die Einschließung. Es gelingt ihm zwar, sich dieser Gefahr zu entziehen, doch gehen dabei 100 von 180 eingesetzten Panzern verloren. Rommels Gesamtverlust an Panzern: zwölf Stück, 50 sind beschädigt, können aber später geborgen werden.

Am Dienstag, dem 17. Juni 1941, zieht sich bei Einbruch der Dunkelheit das britische XIII. Korps nach Ägypten zurück. So hat Rommel die Panzerschlacht bei Sollum gewonnen.

Am Montag, dem 21. Juni 1941, versuchen die Engländer, mit einer Serie von Panzervorstößen im Raum Sollum erneut zur Gegenoffensive überzugehen. Sie werden jedoch vom Deutschen Afrika-Korps zurückgedrängt, und die Lage beruhigt sich wieder.

Die Niederlage bei Sollum am 21. Juni 1941 hat ein Nachspiel: Der C-in-C Middle East, General Wavell, wird als Oberbefehlshaber abgelöst und nach Indien versetzt, seine Stelle übernimmt General Sir Auchinleck.

Am Montag, dem 23. Juni 1941, sendet B.P. die erste Meldung aus einer neuen Quelle nach Kairo: Man hat soeben den Code der italienischen Marine-Schlüsselmaschine C 38m für Mai und Juni gebrochen. Und aus einem dieser gerade entzifferten Funksprüche erfährt der C-in-C Middle East über das Auslaufen eines Geleitzuges, bestehend aus vier Großlinienschiffen, je 20000 BRT, mit italienischen Truppen an Bord auf dem Weg nach Tripolis. Als die Italiener feststellen, daß sämtliche auf Malta verfügbaren Flugzeuge sich auf den Konvoi konzentrieren, wird er rechtzeitig gestoppt.

Die Niederlage der Operation »Battleaxe« ist ein Beispiel für die vielen Faktoren, die nach Erhalt der Enigma-Berichte das Handeln der britischen Führung bestimmen. Einige der wichtigsten: Erfahrungen und Gewohnheiten der Befehlshaber sowie eine vorhandene, festgefügte Vorstellung über politische und militärische Ziele. Gerade diese fixen strategischen Ideen

prägen die meisten falschen Entscheidungen, die anhand von Enigma-Berichten getroffen werden. Die britischen Armeeführer erkennen anfangs nicht die Bedeutung dieser Meldungen und lernen erst mit der Zeit, sie richtig einzuschätzen, und wann man die Enigma-Berichte wörtlich nehmen kann.
Rommel wiederum mißt dem Funkhorchen die größte Bedeutung bei: Er hat während des ersten Teils des Libyschen Feldzuges Kenntnis von jedem Funkverkehr der Engländer. Rommel scheut auch keine Vorsichtsmaßnahmen, die die Sicherheit seiner eigenen Übermittlungen gewährleisten. Fast die Hälfte seiner Funker muß den eigenen Verkehr überwachen, um mögliche Indiskretionen zu verhindern. Rommel gibt sogar Order, eigene Kraftfahrzeuge anzupeilen, die den Funkverkehr oder das Abhorchen dadurch beeinträchtigen, daß ihre Motoren nicht entstört sind.

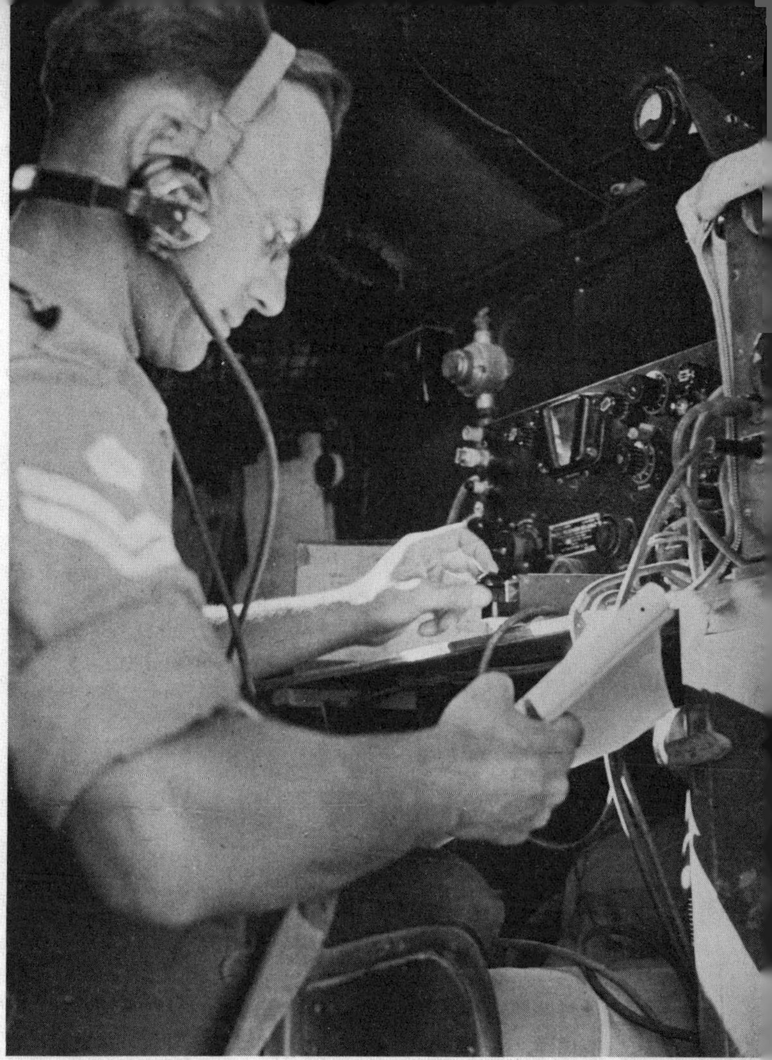

In der libyschen Wüste, Juni 1941: Funker eines britischen Verbandes setzt einen Funkspruch ab ▶

Funklagebericht der 3. Horchkompanie (Oberlt. Seebohm) vom 24. Juni 1941: Zusammenfassung der Ergebnisse der Funkaufklärung ▼

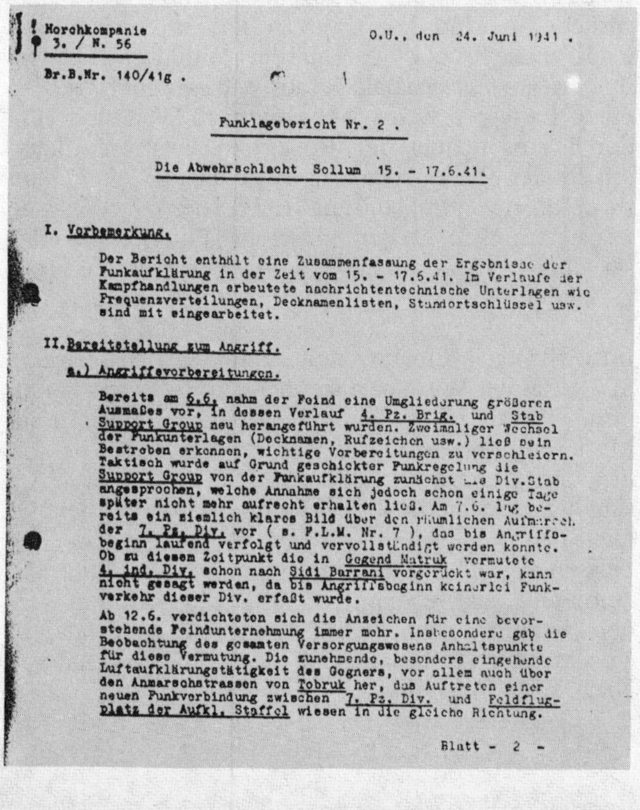

Horchkompanie
3. / N. 56

O.U., den 24. Juni 1941.

Br.B.Nr. 140/41g.

Funklagebericht Nr. 2.

Die Abwehrschlacht Sollum 15. - 17.6.41.

I. Vorbemerkung.

Der Bericht enthält eine Zusammenfassung der Ergebnisse der Funkaufklärung in der Zeit vom 15. - 17.6.41. Im Verlaufe der Kampfhandlungen erbeutete nachrichtentechnische Unterlagen wie Frequenzverteilungen, Decknamenlisten, Standortschlüssel usw. sind mit eingearbeitet.

II. Bereitstellung zum Angriff.

a.) Angriffsvorbereitungen.

Bereits am 6.6. nahm der Feind eine Umgliederung größeren Ausmaßes vor, in dessen Verlauf 4. Pz. Brig. und Stab Support Group neu herangeführt wurden. Zweimaliger Wechsel der Funkunterlagen (Decknamen, Rufzeichen usw.) ließ sein Bestreben erkennen, wichtige Vorbereitungen zu verschleiern. Taktisch wurde auf Grund geschickter Funkregelung die Support Group von der Funkaufklärung zunächst als Div.Stab angesprochen, welche Annahme sich jedoch schon einige Tage später nicht mehr aufrecht erhalten ließ. Am 7.6. lag bereits ein ziemlich klares Bild über den räumlichen Aufmarsch der 7. Pz. Div. vor (s. F.L.M. Nr. 7), das bis Angriffsbeginn laufend verfolgt und vervollständigt werden konnte. Ob zu diesem Zeitpunkt die in Gegend Matruk vermutete 4. ind. Div. schon nach Sidi Barrani vorgerückt war, kann nicht gesagt werden, da bis Angriffsbeginn keinerlei Funkverkehr dieser Div. erfaßt wurde.

Ab 12.6. verdichteten sich die Anzeichen für eine bevorstehende Feindunternehmung immer mehr. Insbesondere gab die Beobachtung des gesamten Versorgungswesens Anhaltspunkte für diese Vermutung. Die zunehmende, besonders eingehende Luftaufklärungstätigkeit des Gegners, vor allem auch über den Anmarschstrassen von Tobruk her, das Auftreten einer neuen Funkverbindung zwischen 7. Pz. Div. und Feldflugplatz der Aufkl. Staffel wiesen in die gleiche Richtung.

Blatt - 2 -

Von Anfang an sind Versorgung und Nachschub die Achillesferse des Deutschen Afrika-Korps. Es beginnt schon auf dem europäischen Festland: Die italienischen Eisenbahnstrecken sind völlig unzureichend, sie betragen von Rom bis in den Raum von Neapel 24 Züge täglich, von dort in den Raum Reggio 12 Züge pro Tag, und die Eisenbahnfähre Reggio–Messina kann täglich nur 400 Waggons überführen, von denen etwa 100 für deutsche Transporte verfügbar sind.

Die ohnehin durch die britische Seefestung Malta stark gefährdete Versorgung muß nach Tripolis, später nach Bengasi und Tobruk geleitet werden. Von hier erfolgt die weitere Beförderung auf einer einzigen, ebenfalls aus der Luft stark bedrohten schmalen Wüstenstraße, der Via Balbia. Zeitweise beträgt die Entfernung zur kämpfenden Front über 1000 Kilometer. Die Lkw-Nachschubkolonnen müssen also 2000 Kilometer bewältigen, eine Entfernung, die den nachgeschobenen Treibstoff größtenteils selbst aufbraucht, Kraftfahrzeuge verschlingt und erhebliche Kräfte benötigt. Je weiter die Truppe nach Osten vordringt, um so kritischer wird das Nachschubproblem.

Funkmasten der SLU-Einheit in Kairo

In diesen Tagen wird die erste Special Liaison Unit (SLU), eine Sonder-Verbindungseinheit, verantwortlich für die Sicherheit der von B.P. übermittelten geheimen Funksprüche, für den Mittleren Osten, nach Kairo beordert. Ihr Chef: McFarlan (Pinky), der bereits 1939/40 als britischer Verbindungsoffizier bei P.C. Bruno im französischen Vignolles eingesetzt war. Seine Einheit heißt jetzt »Detachment, Special Signals Unit« und wird später als »No. 5 Special Communications Unit« vor Freund und Feind getarnt.

Am Freitag, dem 27. Juni 1941, stechen die vier Großlinienschiffe erneut in See und laufen schließlich sicher in Tripolis ein.

Ende Juni 1941 erreicht McFarlan mit seiner SLU nach einer wochenlangen Schiffahrt um das Kap der Guten Hoffnung endlich Ägypten. Er richtet seine Hauptstelle im Hauptquartier Middle East in Kairo und die Funkstation in Abbassia ein, die Verbindungseinheit zur Armee wird direkt in die Wüste beordert.
McFarlan ist persönlich verantwortlich, B.P.-Meldungen an den Oberbefehlshaber (C-in-C Middle East) oder an autorisierte Angehörige seines Stabes zu übergeben. Alle Meldungen werden von ihm sofort wieder eingesammelt und vernichtet, sobald sie gelesen sind. Kein Empfänger von B.P.-Nachrichten besitzt die Erlaubnis, einen solchen Funkspruch weiterzusenden.
Jede Maßnahme, die auf einer von B.P. übermittelten Information beruht, soll in einen Gefechtsbefehl, ein Kommando oder eine Anweisung umgewandelt werden, die sich in keiner Weise auf den Originaltext beziehen oder den Feind vermuten lassen könnte, daß seine Funksprüche mitgelesen werden. Kein Empfänger von B.P.-Meldungen darf sich freiwillig in eine Lage begeben, vom Feind gefangengenommen zu werden. Auch darf sich kein Enigma-Material weiter vorn als im Armee-Hauptquartier befinden.
Beim Hauptquartier Kairo besteht die SLU aus je zwei Gruppen mit einem Funkwagen zum Empfang der Sprüche aus Whaddon Hall rund um die Uhr und einem Geheimschreibwagen, wo die Sprüche entschlüsselt und dann von McFarlan weitergeleitet werden. Die Funksprüche aus Bletchley Park werden über den Sender Whaddon Hall direkt nach Kairo gefunkt und dann von Kairo sowohl zur SLU beim Hauptquartier der Royal Navy in Alexandria als auch zu der SLU beim Armee-Hauptquartier im Feld weitergeleitet. Der Funkempfang in der westlichen Wüste ist jedoch alles andere als gut.
Immer, wenn General Auchinleck an die Front fährt, nimmt er seine persönliche SLU mit, um mit dem »geheimen Feindnachrichtendienst« in Verbindung zu bleiben.
Das ganze Ultra-System hängt mit wachsender Perfektion von der raschen Durchgabe unverzerrter Funksprüche ab. Und das Absetzen der Funksprüche aus Kairo an die Front ist jedesmal ein kompliziertes Unterfangen. Es stellt sich bald heraus, daß es sogar besser ist, einen Funkspruch aus Abbassia nach Whaddon Hall durch Ausnutzung der Reflektion der Ionisationsschicht der oberen Atmosphäre durchzugeben und ihn dann sofort von England zur SLU bei der Wüstenarmee zurückzufunken, als den Spruch per Funk von Abbassia, über ein paar hundert Meilen Wüste, an die Front zu senden.

Im östlichen Mittelmeerraum befinden sich folgende SLU: Bei der Wüstenarmee, bei den Luftstreitkräften in der Wüste, beim Hauptquartier der Streitkräfte im Mittleren Osten in Kairo, Teile zur Marine in Alexandria und je eine weitere SLU in Malta und Beirut. Sie sind keine Bestandteile des Hauptquartiers, bei dem sie Dienst tun, und sind ihm auch nicht unterstellt. Dennoch müssen sie auf Operationspläne aufpassen, durch die dem Feind das Geheimnis von B.P. hätte bekannt werden können. Sie haben auch darauf zu achten, daß ihre Vorgesetzten nicht sorglos mit diesen äußerst geheimen Nachrichten umgehen.

▲
HQ des C-in-C Middle East, Kairo: Intelligence-Offiziere bei der Arbeit in ihrem Dienstraum (Einzelheiten auf den Wandkarten werden vom Zensor unkenntlich gemacht)

HQ des C-in-C Middle East, Kairo: die mobile Staffel des SLU unter Captain McFarlan (Pinky)

1941
JULI – DEZEMBER

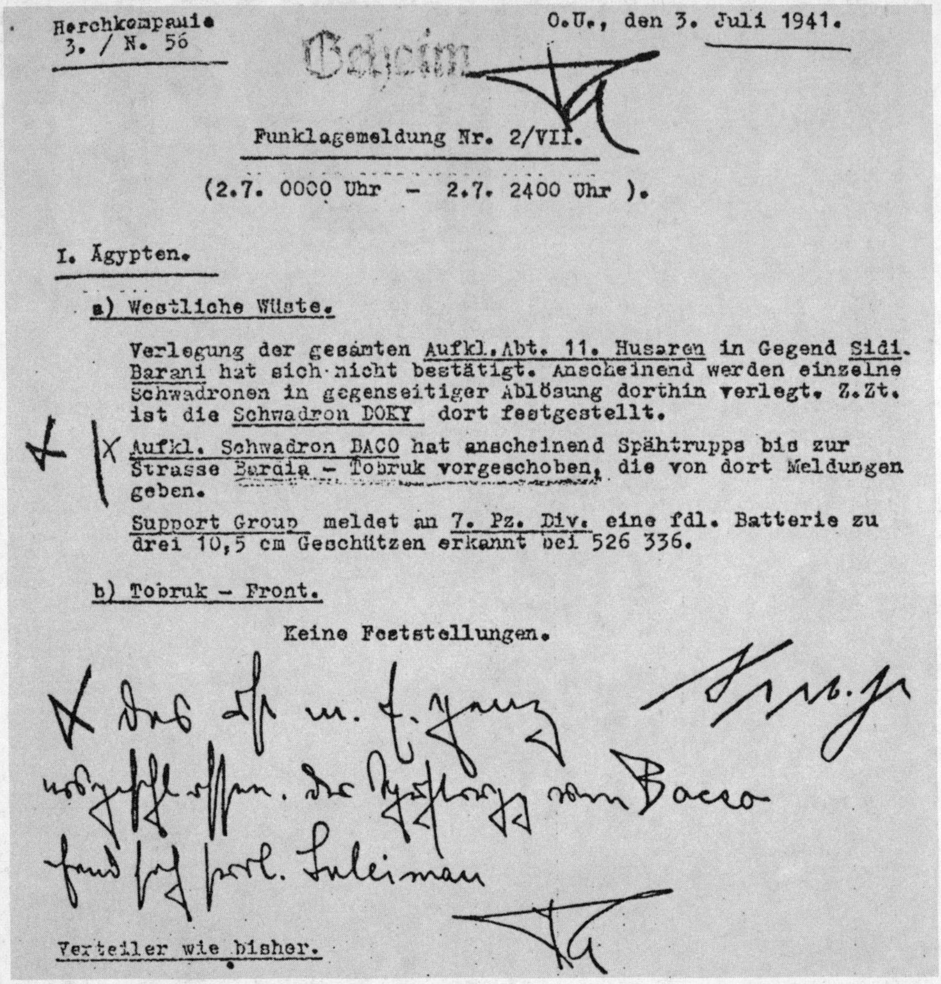

Horchkompanie
3. / N. 56

O.U., den 3. Juli 1941.

Geheim

Funklagemeldung Nr. 2/VII.

(2.7. 0000 Uhr - 2.7. 2400 Uhr).

I. Ägypten.

a) Westliche Wüste.

Verlegung der gesamten Aufkl.Abt. 11. Husaren in Gegend Sidi. Barani hat sich nicht bestätigt. Anscheinend werden einzelne Schwadronen in gegenseitiger Ablösung dorthin verlegt. Z.Zt. ist die Schwadron DOKY dort festgestellt.

X Aufkl. Schwadron BACO hat anscheinend Spähtrupps bis zur Strasse Bardia - Tobruk vorgeschoben, die von dort Meldungen geben.

Support Group meldet an 7. Pz. Div. eine fdl. Batterie zu drei 10,5 cm Geschützen erkannt bei 526 336.

b) Tobruk - Front.

Keine Feststellungen.

Verteiler wie bisher.

Mit einem Vermerk von Rommel: Funklagemeldung der 3. Horchkompanie (Oberlt. Seebohm) vom 3. Juli 1941

▶ Auf einem Wüstenfeldflugplatz der RAF, ein Aufklärer vor dem Start

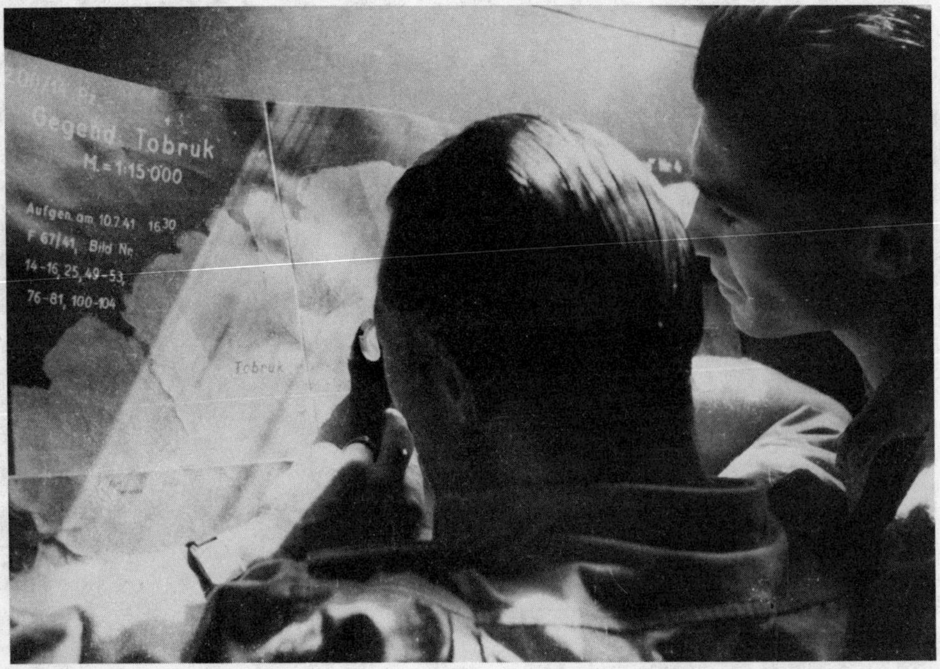

Gefechtsstand des Fliegerführers Afrika, 25. Juli 1941: in der Bildauswertungsstelle

Anfang Juli 1941 tritt eine fast vier Monate dauernde Kampfpause ein: Bis Oktober bestimmen lediglich Artillerietätigkeit, Spähtrupp- und Aufklärungseinsätze das Bild. Deutsche und Engländer frischen inzwischen ihre Verbände auf und verstärken sie.
Die Risiken der Versorgung durch Geleitzüge machen beiden Seiten zu schaffen. Jedoch ist Rommels Nachschub durch die britischen Aktionen von Malta aus besonders stark gefährdet. Die Belagerung von Tobruk hält unterdessen an, ihre Besatzung wird auf dem Seeweg versorgt und turnusmäßig abgelöst.

Am Montag, dem 14. Juli 1941, heißt es in einem Enigma-Bericht, daß die Deutschen in Tunesien immer noch ex-französische Belagerungsartillerie einkaufen. MI 6 wertet dies als Beweis, daß Rommels Vorbereitungen für einen Angriff auf Tobruk vermutlich noch nicht abgeschlossen sind.

Am Freitag, dem 25. Juli 1941, wird aus dem Deutschen Afrika-Korps und den italienischen Verbänden die »Panzergruppe Afrika« (GenLt. Rommel) gebildet.

Am Montag, dem 28. Juli 1941, ist man beim MI 6 in London der Ansicht, allein die Nachschubschwierigkeiten könnten eine Großoffensive der Achsenmächte in Nordafrika verzögern. Auch den Berichten der Lw-Enigma ist zu entnehmen, daß selbst ein Angriff auf Tobruk wahrscheinlich aus Mangel an ausreichendem Nachschub nicht in Frage käme.
Obwohl B.P. dank der Enigma-Berichte die Bewegungen der deutsch-italienischen Geleitzüge zwischen Italien und Nordafrika jedesmal unverzüglich an den C-in-C Mediterranean weitermeldet, gibt es einige operative und taktische Schwierigkeiten, die eine Ausnutzung der Meldungen kaum möglich machen.
In der Regel werden die Enigma-Funksprüche zu einem Zeitpunkt entziffert, der oft den sofortigen Einsatz geeigneter Streitkräfte erfordert, die jedoch nicht immer in der Nähe der Konvoirouten zur Verfügung stehen. Das andere bedeutsame Hindernis: Um die Enigma-Funksprüche als Informationsquelle nicht zu entlarven, müssen die Geleitzüge unauffällig durch andere Aufklärungsmittel, wie Flugzeuge oder U-Boote, »entdeckt« werden. Erst dann darf ein gezielter Einsatz erfolgen.

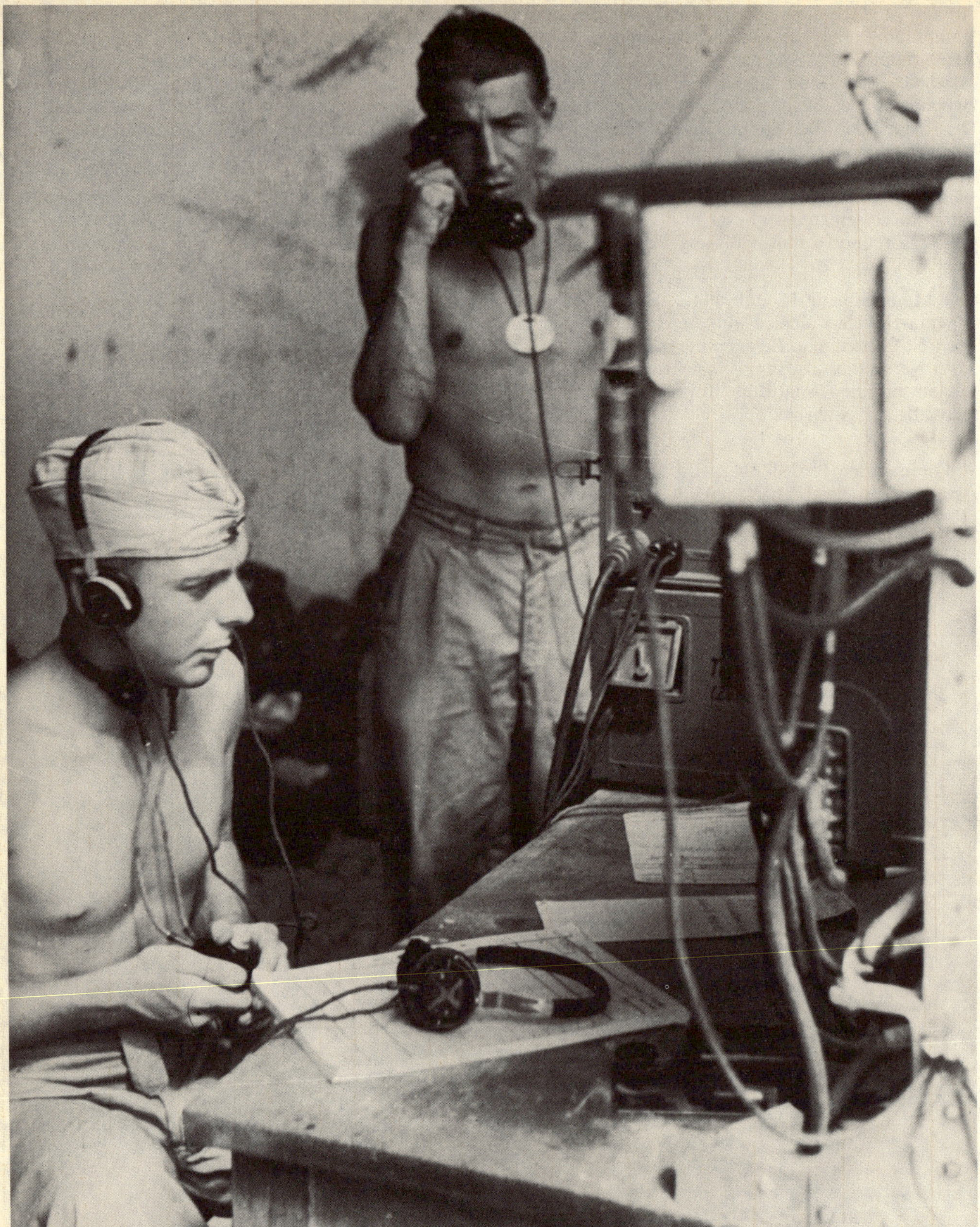

Im Juli 1941 wird die Luftaufklärung über Schiffsrouten der Achsenmächte im Mittelmeer erheblich verbessert: Dies ist vor allem den neuen Aufklärungsmaschinen zu verdanken, die die Engländer jetzt nach Malta verlegt haben. Neben den Hurricanes und Marylands der 69. RAF-Squadron, die die süditalienischen Häfen sowie Sizilien und Tripolis kontrollieren können, werden ab Mitte 1941 reguläre Bildaufklärungseinsätze geflogen.
In diesem Monat gelingt es dem CBME, durch Abhören des Funkverkehrs mit dem von den Deutschen während ihrer Luftlandeunternehmen auf Kreta verwendeten Code der mittleren Befehlsebene, den Schlüssel der Heeres-Enigma (britischer Codename: Chaffinch) für deutsche Truppen in Nordafrika, endlich zu brechen. Es sind unter anderem einfachere taktische Codes wie z. B. der der Horchkompanie des Deutschen Afrika-Korps (Oberlt. Seebohm) und ein Code, der verwendet wird, um den Verbänden vor dem Angriff ihre Vorstoßrichtung durchzugeben.
Auch die Support Organisation in Kairo schafft es, laufend Frequenzen, Rufzeichen und Codenamen zu rekonstruieren, die vom Deutschen Afrika-Korps verwendet werden. So ist es mit der Zeit möglich, die deutschen Verbände und Einheiten zu identifizieren. Da jedoch die britischen Peilgeräte noch recht primitiv sind, gelingt es ihnen kaum, den Funkverkehr feindlicher Sender zu lokalisieren. Und den vorgeschobenen Y-Einheiten der britischen Funkaufklärung, die selbst einfache italienische Chiffre-Texte nur mühsam entziffern können, fehlt die nötige Erfahrung, um die deutschen Meldungen auszuwerten.

Im Juli 1941 wird von den Engländern ein deutscher Panzerkampfwagen IV in recht gutem Zustand erbeutet. Nach einer routinemäßigen Überprüfung schickt man ihn für eine detaillierte Untersuchung nach Großbritannien. Obwohl Informationen über deutsche Geschütze ständig zunehmen, es wird sogar eine 5-cm-Pak 38 erbeutet, bleiben den Engländern Einzelheiten über die gefürchtete 8,8-cm-Flak weitgehend unbekannt.

In der libyschen Wüste, Juli 1941: Rommels Panzer-Befehlswagen »Moritz«, ein britisches Beutefahrzeug AEC Matador mit Allrad-Antrieb (95 PS-Diesel)

Am wenigsten erfolgreich ist der SIS hinsichtlich der Operationsabsichten Rommels über die Mitte des Jahres 1941 hinaus. Eine der Ursachen: Der Operationswert der Heeres-Enigma-Berichte, der neuesten und wichtigsten Quelle über Rommels Absichten, ist durch Störungen und Verzögerungen beim Empfang begrenzt. So kann nur ein Teil der Funksprüche abgefangen werden. Zwar sind die Informationen über den Nachschub Rommels, Gliederung und Dispositionen des Deutschen Afrika-Korps ausreichend, doch beinhalten selbst die Meldungen des höchstrangigen Funkverkehrs kaum brauchbare Hinweise auf eine neue geplante Operation.

Im Sommer 1941 beziehen sich die Enigma-Berichte überwiegend auf alltägliche Angelegenheiten der Administration einzelner Verbände sowie deren Stäbe. Der GC and CS ist, was die Weitergabe der Enigma-Berichte betrifft, äußerst zurückhaltend: So werden z. B. die abgefangenen und entzifferten Funksprüche, die vom Comando Supremo in Rom über Drahtverbindung an das Führerhauptquartier weitergeleitet

◀
In der Funkstelle einer Luftwaffen-Nachrichteneinheit

Nach einem Gefecht mit einer Aufklärungseinheit der Panzergruppe Afrika: Britische Intelligence-Offiziere sichten Beutepapiere

werden, und Truppen, Ausrüstung, Nachschub sowie Anforderung von Verstärkungen betreffen, nur selten nach Kairo verschickt.
Zu dieser Zeit verbessert sich zunehmend der Stand des britischen technical Intelligence. Seine Quellen: Neben eigenen Kampferfahrungen, Berichten von Kriegsgefangenen, erbeuteten Dokumenten können jetzt, was am wichtigsten ist, die erbeuteten Waffen und Ausrüstungen getestet werden.
Die Lw-Enigma liefert im Sommer 1941 eine ganze Reihe wichtiger operativer und taktischer Informationen, die unter anderem beinhalten, daß sechs Focke Wulf FW 200 der Kampfgruppe 40 (KG 40) und sechs He 111 seit August 1941 auf Luftstützpunkten im östlichen Mittelmeerraum für Einsätze gegen den Suezkanal und das Rote Meer bereitgestellt sind.
Auch die geplanten Angriffe des X. Fliegerkorps gegen britische Versorgungs-Geleitzüge für Tobruk sowie Verminungsflüge in Gewässern um den Suez-Kanal, Tobruk und Alexandria werden Tage zuvor bekannt, dazu detaillierte Angaben über die Anzahl und Typen der eingesetzten Maschinen sowie eine genaue Lage der Minenfelder.

Am Freitag, dem 1. August 1941, heißt es in einer entzifferten Meldung der italienischen Marine-Enigma, daß sich die Treibstofflage der Panzergruppe Afrika sehr kritisch entwickelt, falls die RAF und Royal Navy ihre Angriffe weiter fortsetzen. Tatsächlich reicht zu diesem Zeitpunkt der Treibstoffbestand der Luftwaffe in den vorderen Frontabschnitten nur noch für zwei Einsatztage.

Am Montag, dem 4. August 1941, betont der MI 6, daß sich die Nachschublage der Achsentruppen im rückwärtigen Frontgebiet nicht verbessert hat, obwohl es mehreren Truppentransportern, Frachtern und Tankern im Monat Juli gelungen ist – trotz erfolgreicher Angriffe der RAF und Royal Navy –, nach Afrika durchzukommen.

Am Sonntag, dem 10. August 1941, erfährt der C-in-C Middle East dank Lw-Enigma zum erstenmal den Namen »Panzergruppe Afrika«. MI 6 vermutet in dieser neuen Bezeichnung den Hinweis, daß der Einsatz eines weiteren Korps, vielleicht eines Infanteriekorps, in Nordafrika vorgesehen ist.

Am Freitag, dem 22. August 1941, hofft der C-in-C Middle East immer noch auf Nachschubprobleme Rommels, die es mit Sicherheit unmöglich machen werden, eine Offensive zu starten. Im War Office ist man wiederum der Meinung, die bereits stattgefundenen Verstärkungen werden es Rommel ermöglichen, seine Operationen noch vor denen der Engländer zu beginnen.

Bis zum Montag, dem 25. August 1941, schließt der MI 6 »unmittelbar bevorstehende Operationen« gegen Tobruk aus. Man hat nämlich über Lw-Enigma erfahren, daß sich der Fliegerführer Afrika bis Mitte September nicht auf diesem Kriegsschauplatz aufhalten wird. Jedoch liefern die Lw-Enigma-Berichte ab 25. August 1941 eindeutige Beweise für Operationsvorbereitungen gegen Tobruk.

Bereits im August 1941 können die Deutschen regelmäßig den operativen Code des War Office entziffern, mit dem ein Großteil der Funksprüche der britischen 8. Armee bis hinunter zur Divisionsebene verschlüsselt wird. Da gleichzeitig die Erfolge des B.P. bei der Entzifferung der deutschen Heeres-Enigma (britischer Codename: Chaffinch) zunehmen, steht fest, daß Rommel mindestens so viel Nachrichten über Stärke und Kampfordnung der 8. Armee erhält, wie die 8. Armee über die Panzergruppe Afrika. Doch erst Ende August

Funklagebericht der 3. Horchkompanie (Oberlt. Seebohm) vom 1. August 1941 mit Funkaufklärungs-Ergebnissen

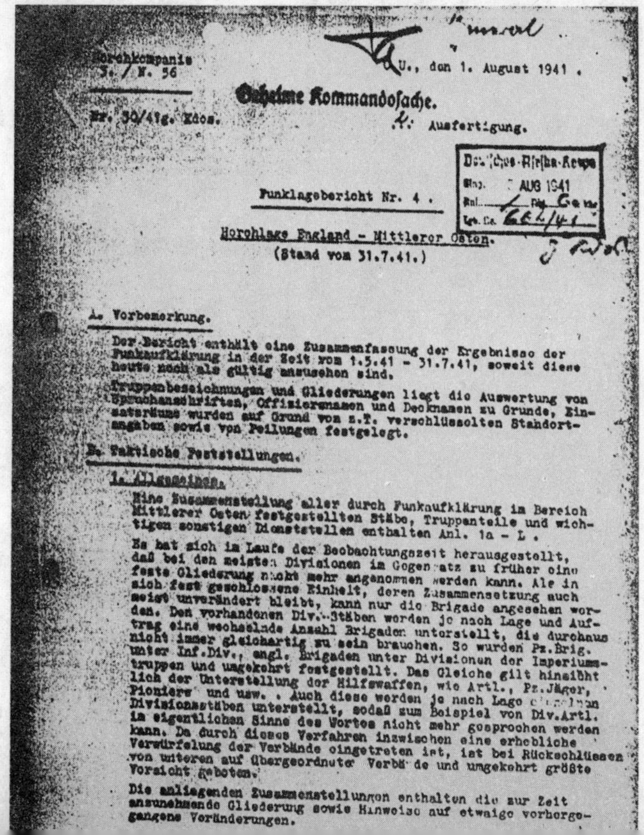

Horchkompanie
3. / N. 56

U., den 1. August 1941.

Geheime Kommandosache.

Nr. 30/41g. Kdos.

4. Ausfertigung.

Deutsches Afrika-Korps
Eing. [illegible] AUG 1941

Funklagebericht Nr. 4.

Horchlage England – Mittlerer Osten.
(Stand vom 31.7.41.)

A. Vorbemerkung.

Der Bericht enthält eine Zusammenfassung der Ergebnisse der Funkaufklärung in der Zeit vom 1.5.41 – 31.7.41, soweit diese heute noch als gültig anzusehen sind.

Truppenbezeichnungen und Gliederungen liegt die Auswertung von Spruchanschriften, Offiziersnamen und Decknamen zu Grunde, Einsatzräume wurden auf Grund von z.T. verschlüsselten Standortangaben sowie von Peilungen festgelegt.

B. Taktische Feststellungen.

1. Allgemeines.

Eine Zusammenstellung aller durch Funkaufklärung im Bereich Mittlerer Osten festgestellten Stäbe, Truppenteile und wichtigen sonstigen Dienststellen enthalten Anl. 1a – L.

Es hat sich im Laufe der Beobachtungszeit herausgestellt, daß bei den meisten Divisionen im Gegensatz zu früher eine feste Gliederung nicht mehr angenommen werden kann. Als in sich fest geschlossene Einheit, deren Zusammensetzung auch meist unverändert bleibt, kann nur die Brigade angesehen werden. Den vorhandenen Div.-Stäben werden je nach Lage und Auftrag eine wechselnde Anzahl Brigaden unterstellt, die durchaus nicht immer gleichartig zu sein brauchen. So wurden Pz.Brig. unter Inf.Div., engl. Brigaden unter Divisionen der Imperiumstruppen und umgekehrt festgestellt. Das Gleiche gilt hinsichtlich der Unterstellung der Hilfswaffen, wie Artl., Pz.Jäger, Pioniere und usw. . Auch diese werden je nach Lage [illegible] Divisionsstäben unterstellt, sodaß zum Beispiel von Div.Artl. im eigentlichen Sinne des Wortes nicht mehr gesprochen werden kann. Da durch dieses Verfahren inzwischen eine erhebliche Verwürfelung der Verbände eingetreten ist, ist bei Rückschlüssen von unteren auf übergeordnete Verbände und umgekehrt größte Vorsicht geboten.

Die anliegenden Zusammenstellungen enthalten die zur Zeit anzunehmende Gliederung sowie Hinweise auf etwaige vorhergegangene Veränderungen.

Mannschaft eines Funkbetriebswagens beim Ausfahren der Teleskop-Antenne

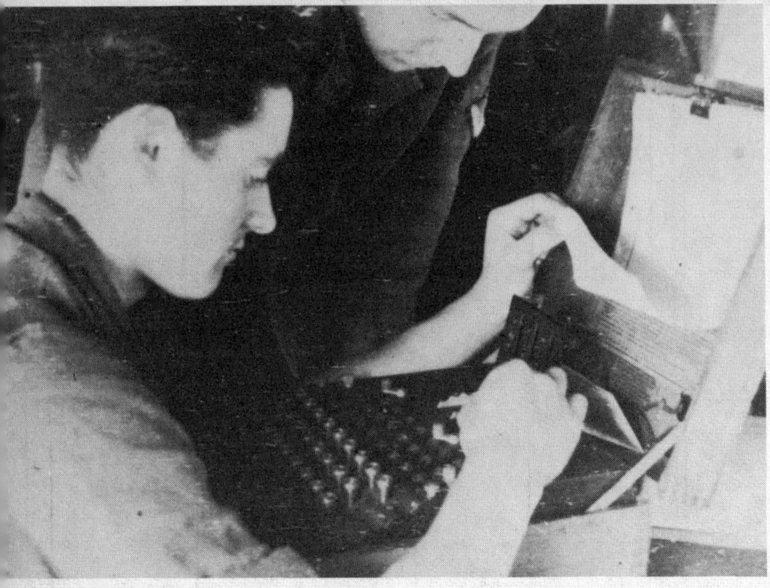

Funkstelle des Fliegerführers Afrika: Der Enigma-Tagesschlüssel wird eingestellt

1941 gelingt es dem GC and CS, allmählich in den operativen Marinecode der Italiener (C 38m) einzubrechen. Damit ist es möglich, wenn auch zuerst recht spärlich, sich Einblick in die Bewegungen der italienischen Schiffseinheiten zu verschaffen.

Ab September 1941 erhält MI 6 in Kairo eine wichtige Verstärkung, die RAF Y Field Unit. Diese, in Alexandria stationierte Einheit hört den taktischen Funkverkehr der Luftwaffe sowie Regia Aeronautica ab und kann so die Meldungen der Lw-Enigma ergänzen.

Am Freitag, dem 5. September 1941, beginnt für die britische Führung in Kairo eine neue Phase: An diesem Tag gelingt es nämlich im Bletchley Park (B.P.) erstmalig, den Heeres-Enigma-Schlüssel so weit zu brechen, daß man jetzt entzifferte Heeres-Enigma-Berichte der Panzergruppe Afrika nach Kairo liefern kann. Am gleichen Tag erfährt MI 6 auch, daß das Regiment 361 zur Division z.b.V. Afrika gehört und die 21. Panzerdivision eine verstärkte Version der 5. leichten Division ist.

Am Freitag, dem 12. September 1941, trifft bei B.P. die Mitteilung ein, daß Rommel seinen Angriff auf Tobruk aufgeben muß, wenn nicht durch konkrete Maßnahmen sein Nachschub gesichert wird.

Am selben Tag heißt es in dem Lw-Enigma-Bericht: Die Panzergruppe Afrika hat dringend Karten und Baupläne von den Tobruker Verteidigungsanlagen angefordert und das X. Fliegerkorps Vorbereitungen für besondere Einsätze gegen Tobruk getroffen.

▶

Kairo, 8. September 1941, zwei britische Heeresführer in Nordafrika bei der Lagebesprechung: General Sir Claude Auchinleck (links) und General Sir Archibald Wavell

Am Dienstag, dem 16. September 1941, wird die erste Gruppe der deutschen U-Boote (»Goeben«) mit sechs Booten ins östliche Mittelmeer verlegt. Sie untersteht nun der operativen Leitung des Marinegruppenkommandos Süd in Sofia. Hitler hat trotz der Einwände von Admiral Dönitz die Gruppe dorthin beordert, um die Nachschubwege für Geleitzüge nach Nordafrika zu sichern. Die U-Boote haben zwar große taktische Erfolge erzielt, doch erleiden sie dabei schwere Verluste und können den britischen Vormarsch in Nordafrika nicht verhindern.

Am Mittwoch, dem 17. September 1941, kann B.P. erstmals in großem Umfang in den Heeres-Enigma-Schlüssel (Chaffinch-Code) einbrechen. Seitdem wird er bis zum 19. Oktober 1941 zwar regelmäßig, doch unter recht großen Anstrengungen mitgelesen. Es dauert oft eine Woche oder mehr, bis einzelne Berichte restlos entziffert sind. Der Chaffinch besteht aus drei zusammenhängenden Schlüsseln: Zwei werden innerhalb der wichtigsten Nachschubbasen in Nordafrika, Rom und Saloniki verwendet. Der dritte Schlüssel ist für den Sonderfunkverkehr zwischen Nordafrika, Rom und Berlin, unter anderem für die täglichen Lagebeurteilungen.

An diesem Tag funkt Churchill aufgrund eines Chaffinch-Berichtes dem C-in-C Middle East nach Kairo: »Die Lage hat sich bereits verschlechtert . . . Verschiedene Namen bedeutender Orte tauchen nun allmählich in den besonderen Feindnachrichten auf. Ihre Transportbewegungen und die Bildung von Versorgungslagern im Freien sind vom Feind festgestellt worden . . .«

Am Donnerstag, dem 18. September 1941 um 4.15 Uhr, torpediert das britische U-Boot »Upholder« (Lt.Cdr. Wanklyn) auf der Höhe von Homs, etwa 60 Seemeilen von Tripolis, zwei Groß-Truppentransporter, die »Oceania« und »Neptunia«, beide etwa 19500 BRT, die in einem italienischen Geleitzug nach Tripolis fahren. Die Sicherungszerstörer bergen 6500 Soldaten, 384 kommen ums Leben. Es ist das Ergebnis einer Meldung, die die Admiralität über Abfahrtszeiten und Routen der beiden Ozeanriesen bekommen hat, nachdem B.P. rechtzeitig den italienischen Marinecode C 38m entziffern konnte.

Am Montag, dem 22. September 1941, heißt es in einem Enigma-Bericht: Das Deutsche Afrika-Korps sei angewiesen worden, den Verbrauch von Wasser, Nahrung und Treibstoff zu reduzieren. Am gleichen Tag wird ein Funkspruch der Lw-Enigma entziffert, der angibt, daß ein mit Bomben beladener Frachter am nächsten Tag in Bengasi eintreffen wird.

◄ *Raum Derna, September 1941, die oberste Führung der Achsentruppen in Nordafrika bei der Lagebesprechung: General Gariboldi (links) und General Rommel*

Am Donnerstag, dem 25. September 1941, erfahren die Engländer über Lw-Enigma, daß ein Frachter, der den gesamten Bestand eines besonderen Bombentyps für die Achsenstreitkräfte in Nordafrika an Bord hat, während eines RAF-Angriffs auf Bengasi in die Luft gejagt worden sei.

Bis zum Freitag, dem 26. September 1941, erfährt der SIS innerhalb einer Woche dank Heeres- und Lw-Enigma mehrere Informationen, die auf eine von Rommel beabsichtigte Operation hindeuten. Es soll eine Konferenz in Gambut, Rommels Hauptquartier etwa 45 Kilometer östlich von Tobruk, stattgefunden haben. Das Hauptquartier der Division z.b.V. Afrika sei in die vorderen Linien verlegt worden. Einige ihrer Einheiten befänden sich auf dem Weg von Tripolis zur Front. Außerdem habe man alle Teile des Hauptquartiers der Panzergruppe Afrika nach Gazala, 35 Kilometer westlich von Tobruk, verlegt. Auch soll Rommel mit dem Oberbefehlshaber des X. Fliegerkorps und den deutschen Dienststellen in Rom eine Reihe von Besprechungen abgehalten haben.

Libysche Wüste, September 1941: deutsche Truppen mit Beute-Ausrüstung auf dem Weg in die Bereitstellungen ▼

US-Colonel Bonner F. Feller

Seit dem 26. September 1941 kennt auch Rommel recht genau die Absichten des Gegners. Die Ironie des Schicksals will es, daß ihm der US-Militärattaché in Kairo, Colonel Feller, dies ohne sein Wissen ermöglicht. Zu den Pflichten des US-Colonel gehört nämlich unter anderem, dem State Department in Washington tagtäglich Lageberichte und Absichten der britischen 8. Armee zu übermitteln. Seine mit dem obligatorischen »Black Code«, den sämtliche US-Militärattachés verwenden und der als sicher gilt, verschlüsselten Berichte werden vom Egyptian Telegraph Office in Kairo zur Zentrale nach Washington weiterbefördert.
Der gut informierte Feller hält seine Chefs in den USA auf dem laufenden, sei es über außenpolitische Absichten oder über die Kampfkraft, Ausrüstung, Verstärkungen, Feldzugspläne und die Kampfmoral der britischen Alliierten in Nordafrika sowie im gesamten Mittleren

Eine der mächtigsten Fernbereich-Antennen am Gefechtsstand des Fliegerführers Afrika

Britischer Funkwagen inmitten der libyschen Wüste

Osten. Er weiß sowohl über Taktik und Fähigkeiten jedes einzelnen britischen Befehlshabers zu berichten, als auch über die Einsatzbereitschaft der RAF oder der Panzerverbände, dazu über Standorte der Royal Navy-Einheiten oder Konvoirouten. Man kann heute nicht mehr mit Bestimmtheit sagen, unter welchen Umständen es den Deutschen gelungen ist, den Black Code zu brechen. Es gibt dazu viele Versionen, und es ist schwer zu durchschauen, welche der Wahrheit entspricht.
Tatsächlich weiß Rommel Ende September 1941 per Funk vom OKW, dem der Abhördienst untersteht, bereits 24 Stunden nach Eintreffen des Feller-Berichtes in Washington, über dessen Inhalt Bescheid. »Meine gute Quelle« – nennt ihn Rommel. Ihm verdankt auch der »Wüstenfuchs« seinen umfassenden Einblick in die Lage und Absichten des Gegners. Und wie seine Erfolge zwischen Oktober 1941 und Juli 1942 beweisen (so lange blieb nämlich sein Geheimnis dem britischen Secret Intelligence Service verborgen), weiß er dies zu nutzen.
Unterdessen gelingt es B.P. immer öfter, den mit C 38m verschlüsselten italienischen Funkverkehr zu entziffern und die Bekämpfung der auf diese Weise erfaßten Nachschubkonvois der Achse zu organisieren.

Am Sonnabend, dem 27. September 1941, ist der JIC aufgrund der eingetroffenen Lw-Enigma-Berichte und Meldungen der Heeres-Enigma der Meinung, daß die Nachschublage des DAK lediglich einen begrenzten Feldzug von höchstens 14 Tagen erlaubt.

Am Montag, dem 29. September 1941, verstärkt sich im MI 6 die Ansicht, ein Angriff gegen Tobruk sei in unmittelbarer Zukunft mehr als wahrscheinlich.

Ende September 1941 erfahren die Engländer über die Lw-Enigma, daß das X. Fliegerkorps angewiesen worden sei, die Einsätze über Ägypten einzustellen. Seine Verbände sollen sich jetzt auf die Sicherung der Nachschub-Geleitzüge konzentrieren. Eine Fernbombergruppe und ein Teil von Me 110-Zerstörern wird nach Sizilien verlegt.

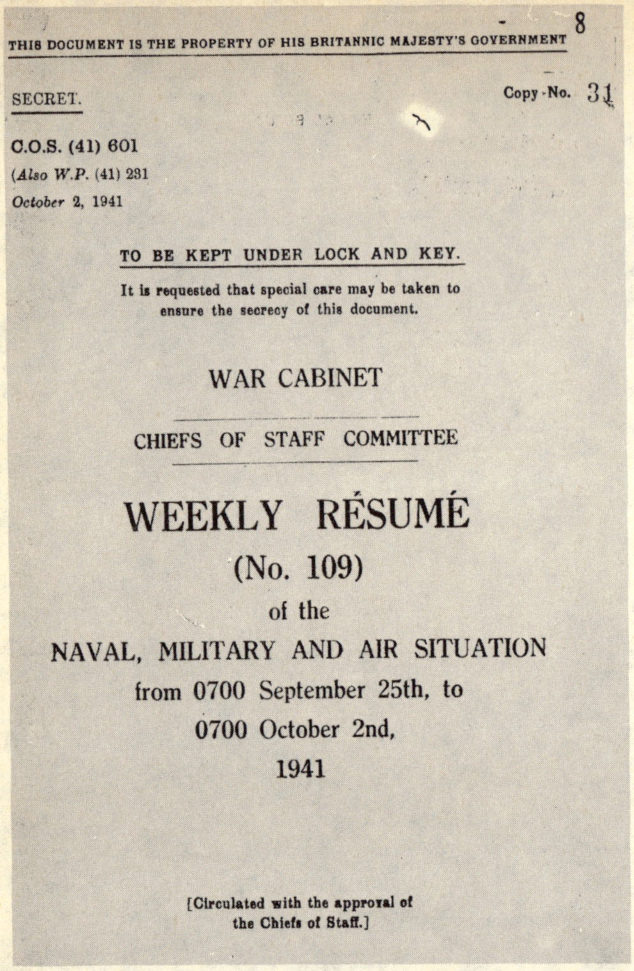

THIS DOCUMENT IS THE PROPERTY OF HIS BRITANNIC MAJESTY'S GOVERNMENT 8

SECRET. Copy No. 31

C.O.S. (41) 601
(Also W.P. (41) 231
October 2, 1941

TO BE KEPT UNDER LOCK AND KEY.

It is requested that special care may be taken to ensure the secrecy of this document.

WAR CABINET

CHIEFS OF STAFF COMMITTEE

WEEKLY RÉSUMÉ
(No. 109)
of the
NAVAL, MILITARY AND AIR SITUATION
from 0700 September 25th, to
0700 October 2nd,
1941

[Circulated with the approval of the Chiefs of Staff.]

Deckblatt des geheimen britischen Wochenberichtes des britischen obersten Generalstabs über Aktionen zur See, zu Lande und in der Luft

Die Supermarina ändert aus Gründen der Vorsicht gelegentlich den Zeitplan, die Zusammensetzung der Eskorte und die Route der Konvois, während diese bereits über die italienische Marine-Enigma bekanntgegeben und von B.P. entziffert worden sind. Merkt man in Rom, daß den Geleitzügen eine Gefahr droht, werden sie zurückbeordert. Oft wird das Auslaufen verschoben, oder die Konvois werden noch vor der Abfahrt aufgelöst.
Im Hauptquartier in Kairo führt man unterdessen stundenlange Diskussionen über die operativen Absichten der Achsenkräfte. Ende September 1941 liefert nun der Intelligence stichhaltige Hinweise, daß Rommel tatsächlich bereit ist, gegen Tobruk vorzugehen.

Am Freitag, dem 3. Oktober 1941, gibt ein entzifferter Chaffinch-Bericht General Auchinleck die Gewißheit, daß er noch etwas Zeit gewonnen hat: Die Störung des Schiffsverkehrs zwischen Italien und Afrika ist für die aus dem Urlaub zurückkehrenden Truppen dermaßen schwerwiegend, daß der Zeitverlust nicht innerhalb von zwei oder drei Wochen aufgeholt werden kann.

Mittelmeer, Oktober 1941, ein Nachschub-Konvoi der Achse, von einem RAF-Aufklärer entdeckt: der Hinweis von Enigma

SECRET Copy No. ....55.....

G.S.(Intelligence)

H.Q. EIGHTH ARMY

WEEKLY INTELLIGENCE REVIEW No. 1.

Based on information received up to 1800 hrs

5 Oct 1941

(a) Information sidelined in the margin is NOT to be reproduced.

(b) Information contained herein will on no account be reproduced for circulation below Brigade or equivalent Headquarters.

PART I.

In the Frontier Area enemy activity during the week appears to have been mainly directed towards the improvement of his defences. New minefields have been observed between HALFAYA and SIDI OMAR: the suspected presence of a new minefield some 9 miles N.W. of SIDI OMAR may indicate that the right flank of the defensive zone is being extended in that direction. On 30 Sep one of our armoured cars was damaged by a mine at a gap in the wire at B.P. 69.(some 12 miles NORTH of MADDALENA). Minefields so far South are new. It is to be noted that this gap is opposite the beginning of the track which leads North Westward towards BIR EL GUBI and TOBRUK. If the enemy has sufficient mines available he might be expected to distribute them along most of the tracks leading across the frontier into CYRENAICA.

Movement of tracked vehicles in the HALFAYA Area during Night 29/30 Sep is believed to have been connected with exercises.

On 27 Sep a ship of 2000 tons entered BARDIA harbour carrying a cargo believed to have been M.T. petrol.

Erste Seite von Teil I des wöchentlichen Intelligence-Berichtes der britischen 8. Armee . . .

PART II

G.S. (Intelligence) H.Q. Eighth Army. Weekly Intelligence Summary. No. 1.

1. ENEMY METHODS.

(a) Enemy Armd Car patrols took bearings on our own patrols at frequent intervals during their withdrawal on 29 Sep towards SHEFERZEN. Formerly, the enemy has more often relied on air for the location of our patrols.

(b) R.A.F. at TOBRUK again report the use of tin cans on wire as a warning signal. Our patrols on the [illegible] area (frontier) report the same device in the [illegible] night [illegible] Sep.

2. ENEMY EQUIPMENT. (a) ITALIAN.

Armament of C.V.3s. A captured photograph from a letter posted in Italy on 15 Sep 41 shows a C.V.3. Light Tank with a SOLOTHURN A/Tk Rifle on an outside mounting for A/Tk Defence.

There were instances of C.V.3.s being found equipped with SOLOTHURN Rifles, during the campaign last February.

Small numbers of this rifle were issued to the Italian forces in CYRENAICA in autumn 1940, and it now appears that it is part of the regular equipment of the infantry regiment on the scale of One per platoon, and One per Company in reserve.

One of the advantages of this weapon, which is of SWISS origin, is that it can use the 20mm BREDA H.M.G. ammunition.

(b) German:

(i) With reference to Eighth Army Intelligence Summary No 3 Captured Documents reveal that the Tank Regt in the German Army has a high proportion of recovery vehicles.

8 Tank Regt for an establishment of 148 Tanks has 12 Tractors which are presumably provided with Transporters. These are probably issued on a scale of two to each squadron.

5 Tank Regt for an establishment of 158 Tanks has 16 such machines, also issued at [illegible]

. . . die erste Seite von Teil II des Berichtes

Die Meldung des Verteidigungsministers, der diese Nachricht an Kairo direkt übermittelt, enthält den Zusatzvermerk: »Das War Office betont, daß die Nachricht General Auchinleck vorgelegt werden soll.« Dies ist einer von insgesamt drei Fällen, in denen Churchill veranlaßt, daß dem Oberbefehlshaber von Middle East Informationen von »Ultra Secret« aus B.P. im Rahmen der Vorbereitungen zur Operation »Crusader« enthüllt werden. Churchill, der wie kaum ein anderer einen klaren Überblick über alle Enigma-Berichte hat, findet die zögernde Haltung von General Auchinleck unverständlich.

Am Mittwoch, dem 8. Oktober 1941, funkt das Operative Intelligence Centre (OIC) den kurz zuvor im B.P. entzifferten Funkspruch der Supermarina an die Admiralität nach Malta: »Geleitzug Casaregis mit den Schiffen »Casaregis«, »Zeno«, »Giulia«, »Bainsizza« und »Proserpina« läuft aus Neapel heute um 21.30 Uhr, fährt westlich Malta vorbei und dann mit einer Geschwindigkeit von 9 Knoten Richtung Tripolis. Ankunftszeit: 11. 10. 1941 um 18.00 Uhr. Begleitet von vier Zerstörern. Die »Nirvo« und das T-Boot »Cascino« stoßen vor Trapani zum Geleitzug.« Bemerkenswert ist, daß der Konvoi Neapel noch nicht verlassen hat, als diese Nachricht bereits in Malta eintrifft.

Am Donnerstag, dem 9. Oktober 1941, funkt das OIC nach Malta: »Casaregis«, »Zeno«, »Giulia«, »Bainsizza«, »Proserpina« und »Nirvo«, begleitet von 5 Zerstörern, sind um 21.30 Uhr am 8. Oktober 1941 aus Neapel ausgelaufen. Geschwindigkeit 9 Knoten, Ankunft Tripolis am 11. Oktober 1941 um 18.00 Uhr.«

Am Freitag, dem 10. Oktober 1941 um 22.45 Uhr, erhellen plötzlich Leuchtbomben den Geleitzug »Casaregis«. In zwei Wellen greifen britische Maschinen den überraschten Konvoi an, die Dampfer »Casaregis« und »Zeno« werden von Torpedos getroffen. Am nächsten Nachmittag um 16.30 Uhr erreichen lediglich der Tanker »Proserpina« und der Frachter »Giulia« den Hafen von Tripolis.

Mittelmeer, Oktober 1941: Angriff der RAF-Bomber auf eines der italienischen Versorgungsschiffe

Rommel bei der Lagebesprechung in seinem Gefechtsstand

DAK, den Stand seiner Flugplätze und Stellungen, über Truppenverstärkungen sowie Versorgungslage, dazu Einzelheiten über Tagesziele, den beabsichtigten Einsatzbereich und operative Erfolgsberichte.

Am Freitag, dem 17. Oktober 1941, treffen beim SIS immer neue Berichte der Funkaufklärung ein, die auf Rommels Vorbereitungen für einen Angriff auf Tobruk hinweisen, so daß Churchill davon überzeugt ist, er stehe kurz bevor.

Am Dienstag, dem 21. Oktober 1941, erreicht die Force K (Capt. Agnew), bestehend aus den Kreuzern »HMS Aurora« (Capt. Agnew), »Penelope« (Capt. Nicholl) sowie den Zerstörern »Lance« und »Lively«, Malta. Ihre Aktivitäten in den kommenden zwei Monaten sind ein Beispiel des operativen Einsatzes von intelligence.
Es ist heute jedoch kaum noch feststellbar, wieviele Versenkungen der deutsch-italienischen Versorgungsschiffe seit dem Brechen des italienischen Code der Supermarina dieser Tatsache direkt zuzuschreiben sind.

Am Sonnabend, dem 25. Oktober 1941, führt die britische Force K (Capt. Agnew) mit den Kreuzern

Raum Tobruk: Funker von einer DAK-Einheit bauen eine Antenne auf

Mitte Oktober 1941 enthüllt ein Funkspruch der Supermarina, daß die Italiener den gesamten Geleitzugverkehr nach Tripolis aufgrund der ständig steigenden Verluste auf dieser Schiffsroute ab 18. Oktober 1941 einstellen werden.
Aus gleicher Quelle erfährt MI 6, daß die deutsche Führung ihre italienischen Bundesgenossen bedrängt, Maßnahmen zu ergreifen, um den Transport wichtiger Nachschubgüter um jeden Preis aufrechtzuerhalten. Die Truppenverstärkungen sollen notfalls auf dem Luftweg sowie mit Zerstörern befördert werden. Die U-Boote hat man mit Treibstoff und Ausrüstung nach Derna und Bardia beordert.
Zwar gibt es in diesen Tagen keine zuverlässigen Informationen über Rommels Pläne und deren zeitliche Verschiebung, offensichtlich ist aber, daß die Nachschubschwierigkeiten operative Konsequenzen haben: Sie zwingen Rommel, seinen Angriff auf Tobruk zu verschieben, zuerst von September auf Oktober und später bis Ende November.
Die Lw-Enigma-Berichte enthalten zur Zeit fast täglich Meldungen über Stärken und Einsatzbereitschaft des

»Aurora« und »Penelope« sowie den beiden Zerstörern »Lance« und »Lively« ihren ersten Einsatz von Malta aus durch, wenn auch ohne Erfolg. Eine Gruppe italienischer Zerstörer, mit Verstärkungen für Nordafrika an Bord, kann der Force K unbemerkt entkommen, obwohl B.P. genügend Informationen aus dem Funkverkehr der Supermarina über diese Zerstörergruppe vorliegen. Schuld daran ist der komplizierte und zeitraubende Übermittlungsweg der entzifferten Funksprüche vom B.P. an die Stellen, die sich dieser Information nur bei rechtzeitigem Eintreffen bedienen können.

So werden z. B. die auf Malta abgefangenen C 38m-Funksprüche nochmals kompliziert vercodet und dann per Funk oder Telex an B.P. geleitet. Nach Entzifferung der Funksprüche sendet sie B.P. per Telex an das SCU/SLU in Kairo, diese wiederum an den Vizeadmiral auf Malta. Nachdem der ursprüngliche Text aus Sicherheitsgründen noch weiter entfremdet wird, gibt der Vizeadmiral auf Malta ihn in Form von Einsatzbefehlen heraus. Bei der Force K bekommt den Einsatzbefehl der Senior Officer, Captain Agnew, der schon wegen seines niedrigen Dienstgrades keine Direkt-Informationen vom B.P. erhält.

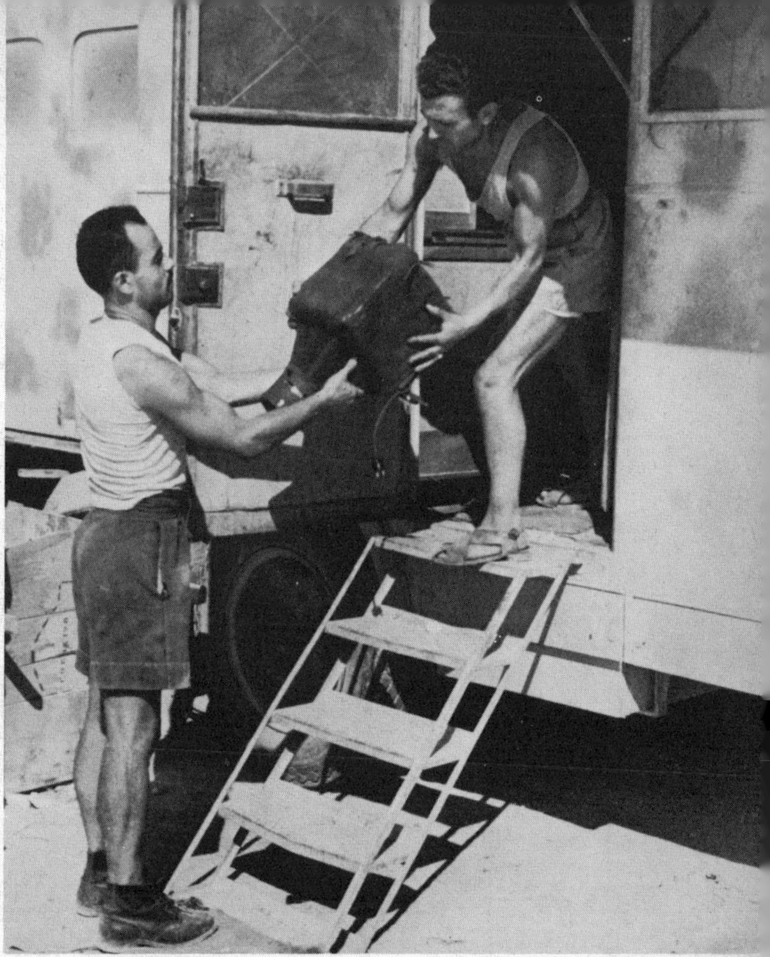

Raum Derna, Oktober 1941: eine Luftbildbearbeitungsstelle der Regia Aeronautica

Horchstelle der Royal Navy: WRNS-Funkerinnen beim Abhören von Funksprüchen der Achsen-Seestreitkräfte

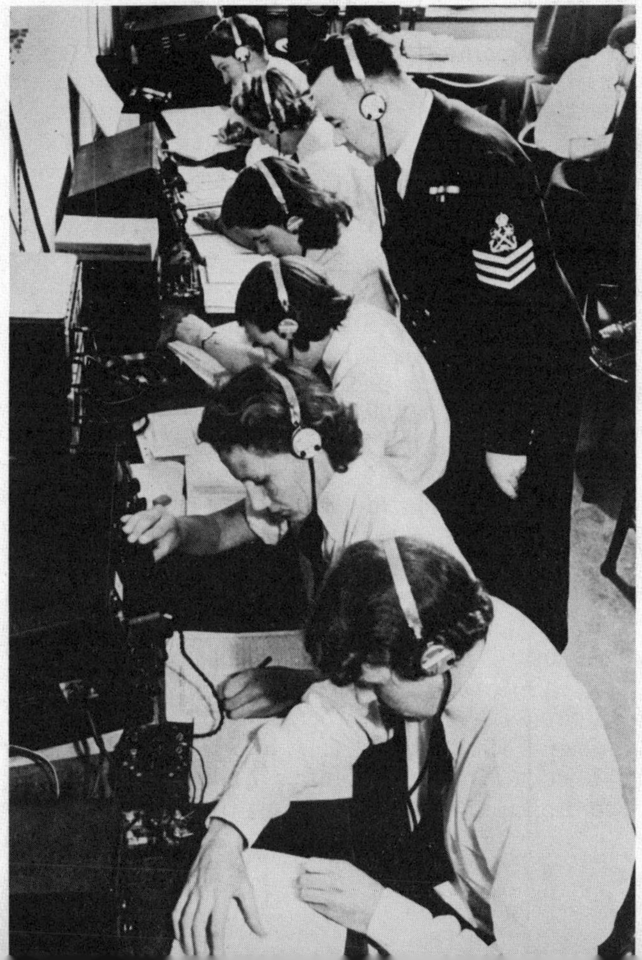

Um diesen komplizierten Übermittlungsweg zu vereinfachen, macht GC and CS Churchill einen Vorschlag, die Entzifferung des C 38m-Funkverkehrs der Supermarina nicht mehr im B.P. sondern direkt an Ort und Stelle auf Malta vorzunehmen, was erheblich den operativen Wert der entzifferten Berichte steigern würde. Obwohl dies im Interesse der Admiralität liegen sollte, weigert sich diese, den Vorschlag zu unterstützen.
Es ist übrigens die erste Anregung zur Vereinfachung des Übermittlungsweges, die B.P. an Churchill richtet, und die der Premier aufgreift.

Seit dem 25. Oktober 1941 werden nun die abgefangenen Funksprüche der Supermarina direkt auf Malta von einem extra hierfür vom B.P. beorderten Spezialistenteam entziffert.

Am Sonntag, dem 26. Oktober 1941, verfaßt B.P. auf Anfrage aus Kairo eine Analyse der Feindabsichten. Das Hauptquartier in Kairo will vor allem wissen, ob Rommel die höchstgeheimen britischen Vorbereitungen zur Operation »Crusader« eventuell aufgedeckt hat. B.P. kommt zu der Erkenntnis, »daß der Feind eine

... die entwickelten Luftbilder werden getrocknet

In einer italienischen Luftbildauswertungsstelle ...

britische Offensive erwarte und jeden Nerv angespannt halte, um hierfür bereit zu sein, und daß er weit davon entfernt sei, einen eigenen Angriff zu unternehmen.«
Dies beweist unter anderem die Zuführung neuer Jagdmaschinen vom Typ Me 109 F, die jedem RAF-Jäger auf diesem Kriegsschauplatz überlegen sind, dazu verstärkte Aktivitäten der deutsch-italienischen Luftaufklärung und die eilige Beförderung deutscher Verstärkungen auf italienischen Zerstörern.
Die ständigen Forderungen nach mehr Treibstoff sowie das ununterbrochene Suchen des deutschen Funkabhördienstes nach Anzeichen einer britischen Offensive bestätigen ebenfalls diese Ansicht. Die Lagebeurteilung schließt mit einem entzifferten Funkspruch des Oberkommandos der Regia Aeronautica, der besagt, daß man eine britische Offensive erwartet und dies auch den Deutschen mitgeteilt hätte.
Im Juli 1941 sind etwa 40 Prozent des geladenen Treibstoffes verlorengegangen. Im September und Oktober 1941 trafen durchschnittlich 13 000 von 16 000 Tonnen Treibstoff ein, während in den ersten drei Monaten 1941 sogar 28 000 Tonnen von durchschnittlich 31 000 Tonnen Nordafrika erreichten.
Durch das endgültige Brechen des italienischen Marinecodes C 38m kann B.P. ab Juli 1941 jeden Geleitzug und jeden Einzeltransport von Bedeutung präzis mit Schiffsnamen, Art und Gewicht der Ladung, Zahl der

eingeschifften Truppen, die sie begleitenden Schiffe und Sicherungseinheiten sowie die vorgesehene Route dem Hauptquartier in Kairo weitermelden.
Dies ist jedoch für die Kryptologen ein keineswegs leichtes Unterfangen: Die von den Italienern sorgfältig vercodeten Angaben über Schiffsrouten, Häfen, Leuchttürme, Lichtbaken usw. sind nur mit Decknamen bezeichnet. Das Codesystem der C 38m-Schlüsselmaschine ist außergewöhnlich kompliziert und noch durch zusätzliche Verschlüsselungen der vorgesehenen Abfahrts- und Ankunftszeiten erschwert.
Zwischen Juni 1941 und Ende Oktober 1941 kommen etwa 16 Prozent des Nachschubs für Nordafrika nicht in den Bestimmungshäfen an.
Während der deutsche Funkabhördienst beinahe perfekt funktioniert, steckt die Y-Organisation der britischen Armee immer noch in den Anfängen. Die britischen Funker gehen recht sorglos mit ihrem taktischen Code und dem ganzen Funkverkehr um. Die Benutzung der offenen Sprache sowie der unkontrollierte Sprechfunkverkehr in den vorderen Linien von der Brigadeebene bis zur Bataillonsebene ermöglichen Rommel zumindest Einblick in die taktischen Pläne des Gegners.

Sonntag, der 2. November 1941, ist ein großer Tag für B.P.: Zum drittenmal seit dem 5. September 1941 gelingt der Einbruch in den Heeres-Enigma-Schlüssel (Chaffinch-Code). Die entzifferten Texte beinhalten Anforderungen von präzisen und möglichst großen Reihenbildern der Stadt Tobruk sowie Karten vom Hafen, der Stadt und Festung. Rommel verlangt weitere Sendungen an Sturmausrüstung und äußert zugleich seine Besorgnis darüber, ob dies noch rechtzeitig eintreffen wird.

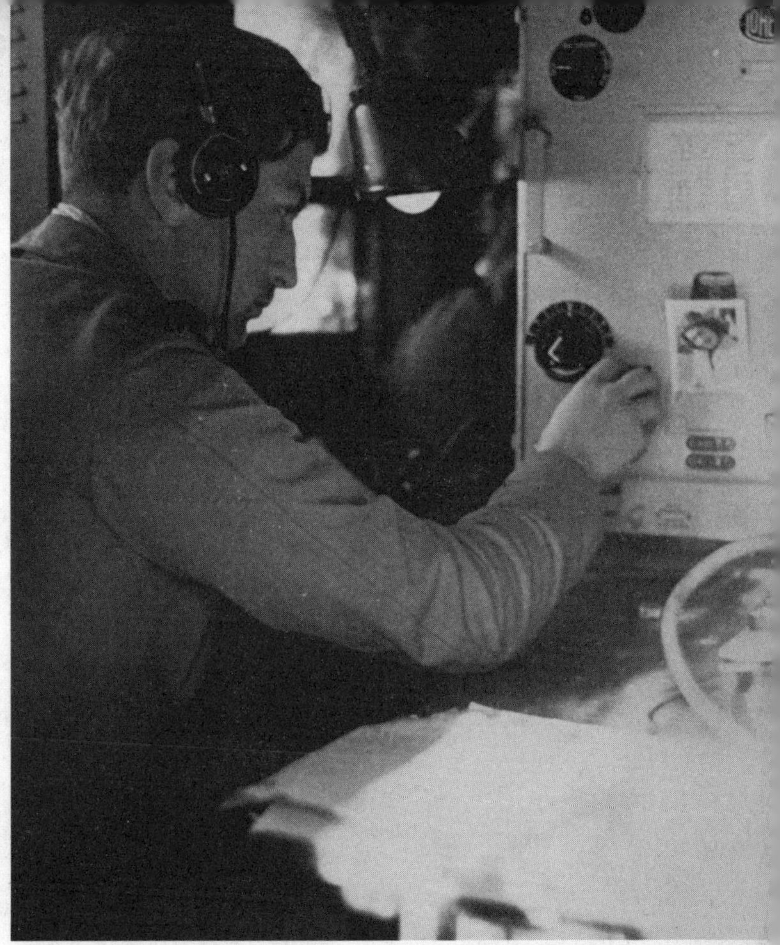

In der libyschen Wüste, November 1941: Ein italienischer Funker sucht Frequenzen

...ein italienischer Bildauswerter beim »Lesen« der Luftaufnahmen

In den nächsten Funksprüchen fordert Rommel zusätzlich 100 Pak-Geschütze an, und das X. Fliegerkorps will unbedingt bis zum 20. November 1941 eine verstärkte Versorgung mit Flugbenzin.

In den am Freitag, dem 7. November 1941, abgehörten und entzifferten Funksprüchen der Heeres-Enigma wird zum erstenmal der »bevorstehende Angriff« erwähnt. Die Einbrüche in den »Chaffinch-Funkverkehr« erfolgen zur Zeit noch sporadisch, werden aber von Mitte des nächsten Jahres an regelmäßig durchgeführt.

Am frühen Nachmittag des 8. November 1941 erhält auf Malta der diensthabende Offizier der 69. RAF-Squadron einen Anruf. Sofort muß die Besatzung eines Aufklärers vom Typ Maryland starten, um nach einem italienischen Konvoi Ausschau zu halten. Die Force K wird ebenfalls in Alarmbereitschaft versetzt.
Außer ein paar Eingeweihten weiß niemand, daß der Einsatz des Aufklärers Maryland nur zur Täuschung für den Feind gedacht ist: Im B.P. hat man gerade vor einigen Stunden einen C 38m-Funkspruch entziffert, der

genaue Details über die Route, Zusammenstellung und Art der Ladung eines großen Geleitzuges enthält, der die am 18. Oktober 1941 wegen hoher Verluste eingestellte Tripolis-Route benutzen soll. Durch die von Churchill nach Malta entsandten Entzifferer des C 38m-Code der Supermarina erreicht diese Nachricht den Vizeadmiral von Malta früh genug.

In der Nacht vom 8./9. November 1941 greift kurz nach Mitternacht die Force K den italienischen Groß-Geleitzug, der bereits am späten Nachmittag durch den Maryland-Aufklärer gemeldet worden ist, auf seinem Weg nach Tripolis an. Die Force K kann sich mit Hilfe von Radar unbemerkt in eine günstige Angriffsposition manövrieren und das Feuer auf den Geleitzug eröffnen, ohne daß die nicht über Radar verfügende italienische Deckungsgruppe, bestehend aus den Schweren Kreuzern »Trieste« (Kpt.z.S. Rouselle) und »Trento« (Kpt.z.S. Parmigiano) sowie der 13. Zerstörerflottille (Kpt.z.S. Capponi) mit den Schiffen »Granatiere«, »Fuciliere«, »Bersagliere«, »Alpino«, wirksam angreifen kann.

▶ *Mittelmeer, November 1941: ein italienischer Groß-Geleitzug mit Kurs Tripolis . . .*

Der Force K gelingt es, alle sieben Transporter zu versenken: »Duisburg« (7389 BRT), »San Marco« (3113 BRT), »Maria« (6336 BRT), »Sagitta« (5153 BRT), »Rina Corrado« (5180 BRT), die Tanker »Conte di Misurata« (5014 BRT) und »Minatitlan« (7599 BRT). Einer der sechs Geleitzerstörer »Fulmine« sowie die beiden Zerstörer der Nahsicherung »Grecale« und »Euro« werden beschädigt.

Bereits am Sonntag, dem 9. November 1941, bestätigt ein Funkspruch der Supermarina die Tragödie vor der nordafrikanischen Küste, die sich in der vorangegangenen Nacht abgespielt hat: Mit dem gesamten Geleitzug ist eine große Anzahl von Kampfwagen, das von Rommel dringend benötigte Sturmgerät sowie der vom X. Fliegerkorps verlangte Treibstoff verlorengegangen. Dieses Debakel ist für die deutsche Führung ein Beweis mehr, daß bei den Oberbefehlshabern der italienischen Supermarina ein Verräter sitzt, der seinen britischen Auftraggebern die Bewegungen der italienischen Flotte meldet. Diese Ansicht vertreten noch jahrelang nach Ende des Zweiten Weltkrieges die höchsten Offiziere der italienischen Marina.

. . . einer der italienischen Frachter sinkt nach dem Angriff der Force K

Am Montag, dem 10. November 1941, lesen die Codebrecher im B.P., daß man in der Panzergruppe Afrika eine Urlaubssperre verhängt hat und die italienische motorisierte Division »Trento« bei dem Angriff auf Tobruk eingesetzt werden soll. Auch ist die Rede von einem Plan Rommels, mit Schlauchbooten und anderen Seefahrzeugen bei Tobruk Truppen von See her zu landen.

In der zweiten November-Woche 1941 sind die Vorbereitungen für eine britische Gegenoffensive, die Operation »Crusader«, abgeschlossen. General Auchinleck beabsichtigt, Rommels Panzerverbände zu zerschlagen, Tobruk zu entsetzen sowie Libyen und Tripolitanien den Italienern zu entreißen. Churchill erhofft einen mit Waterloo vergleichbaren Sieg. Um seinen Gegner von vornherein auszuschalten, ist ein Attentat auf Rommel geplant, mit dem die Operation »Crusader« eröffnet werden soll.

Schweigt! Wer nicht schweigt, ist ein Verräter – mahnen Plakate die italienischen Streitkräfte

So sieht ein Londoner Karikaturist die britischen Schläge gegen italienische Versorgungskonvois für die Truppen in Nordafrika

Raum Tobruk, November 1941: Besatzung eines Achtrad-Panzerspähwagens (Büssing-NAG), während des Erkundungs-Einsatzes ▼

Ebenfalls am 10. November 1941 geht in Alexandria ein 59 Mann starker Commando-Trupp (Col. Laycock) an Bord der U-Boote »Talisman« und »Torbay«. Ihr Auftrag: Überfall auf Rommels Hauptquartier bei Apollonia.

Am Mittwoch, dem 12. November 1941, weist ein recht belangloser Funkspruch auf die bevorstehende Offensive der Rommel-Truppen hin: Die Heeres-Enigma meldet, daß die 15. Panzerdivision (GenMaj. Neumann-Silkow) die Lieferung von 800 Sturmabzeichen als Tapferkeitsauszeichnung für ihre Soldaten anfordert.

Am Sonntag, dem 16. November 1941, entziffert B.P. einen Enigma-Bericht, in dem es heißt, daß das italienische Marinebataillon »San Marco« gerade in Nordafrika angekommen sei: Eine weitere Bestätigung dafür, daß Rommel zusätzlich zur Operation seiner motorisierten Verbände gegen Tobruk auch einen Angriff von See her plant.

Am Montag, dem 17. November 1941, werden die Befehlshaber des britischen XIII. Korps (Lt.Gen. Godwin-Austen) und des XXX. Korps (Lt.Gen. Norrie) vertraulich vom Generalhauptquartier davon in Kenntnis gesetzt, daß Rommel einen Angriff auf Tobruk plane und entschlossen sei, jeden britischen Entsatzversuch entschieden zurückzuschlagen.

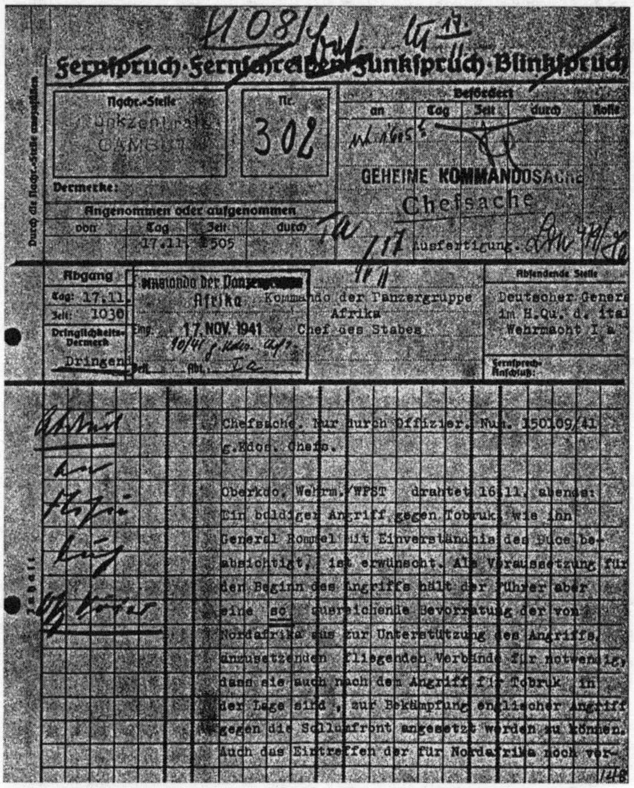
Fernspruch · Fernschreiben · Funkspruch · Blinkspruch

Nr. 302

GEHEIME KOMMANDOSACHE

Chefsache

Abgang: Tag 17.11. Zeit 1030

Dringlichkeits-Vermerk: Dringend

Afrika: Kommando der Panzergruppe Afrika, Chef des Stabes

17. NOV. 1941

Deutscher General im H.Qu. d. ital. Wehrmacht I a

Chefsache. Nur durch Offizier. Num. 150109/41 g.Kdos. Chefs.

Oberkdo. Wehrm./WFST drahtet 16.11. abends:
Ein baldiger Angriff gegen Tobruk, wie ihn General Rommel mit Einverständnis des Duce beabsichtigt, ist erwünscht. Als Voraussetzung für den Beginn des Angriffs hält der Führer aber eine so ausreichende Bevorratung der von Nordafrika aus zur Unterstützung des Angriffs anzusetzenden fliegenden Verbände für notwendig, dass sie auch nach dem Angriff für Tobruk in der Lage sind, zur Bekämpfung englischer Angriff gegen die Sollumfront angesetzt werden zu können. Auch das Eintreffen der für Nordafrika noch ver-

»Geheime Kommandosache«, ein Funkspruch vom 17. November 1941 für General Rommel: »Ein baldiger Angriff gegen Tobruk ist erwünscht«

Die beiden Generäle sind zwar verblüfft, weil sie noch vor einigen Tagen davon überzeugt waren, Rommels Vorhaben sei »ganz und gar defensiv« und der deutsche Oberbefehlshaber habe die Absicht, sich zurückzuziehen.
Das Generalhauptquartier gibt als Quelle für seine Nachricht die Vernehmungsprotokolle von Kriegsgefangenen an. Richtig ist dagegen: Diese Beurteilung beruht auf entzifferten Luftwaffen- und Heeres-Enigma-Berichten. Möglich ist, daß die Gefangenenaussagen diese Erkenntnisse bestätigt haben.
Am gleichen Tag erfährt B.P. über die Heeres-Enigma, daß Rommel am 1. November 1941 nach Rom geflogen sei und am Abend des 18. November 1941 in seinem Hauptquartier in Nordafrika zurückerwartet werde. Diese Information geht sofort als Eilmeldung an den C-in-C Middle East.

In der Nacht vom 17./18. November 1941 greift der von zwei britischen U-Booten bei Apollonia an Land gesetzte Commando-Trupp, unter Colonel Keyes, das Präfekturgebäude in Beda Littoria an, in dem sich aufgrund von Informationen des britischen Geheimdienstes das Hauptquartier von Rommel befinden soll, den man mit seinem Stab liquidieren will.

Bei strömendem Regen dringen eine halbe Stunde nach Mitternacht etwa 30 Männer vom Commando in das Gebäude ein. Nach einem kurzen, aber heftigen Feuerwechsel muß sich das Commando zurückziehen. Die stürmische See hindert jedoch die vor der Küste wartenden beiden U-Boote, die Männer wieder an Bord zu nehmen.
Bei Tagesanbruch werden sie von Deutschen eingekreist und die Überlebenden gefangengenommen. Nur zwei von ihnen gelingt es zu entkommen. Nach tagelangem Marsch durch die Wüste erreichen sie wieder die eigenen Linien. Übrigens hat sich in dem angegriffenen Präfekturgebäude nie das Hauptquartier von Rommel befunden, außerdem war der General in dieser Nacht in Athen.
Als Rommel von dem Überfall erfährt, befiehlt er, die Commandos als normale Kriegsgefangene zu behandeln, obwohl sie keine Uniformen sondern Overalls trugen und ihr Kombattanten-Status zweifelhaft ist.

Am Dienstag, dem 18. November 1941, beginnt während eines in der Wüste seltenen Wolkenbruchs die Operation »Crusader«, die Gegenoffensive der britischen 8. Armee (Lt.Gen. Cunningham). Sie rollt aus dem Raum des Wüstenforts Maddalena in Richtung Tobruk, um der belagerten Festung zur Hilfe zu kommen und die Cyrenaika zu besetzen.

Libysche Wüste 1941: Chef der RAF in Nordafrika, Air Vice-Marshal Coningham (links) mit General Ritchie und Brigadier Galloway

Libysche Wüste, Raum Tobruk, November 1941: Kommandierender General des britischen XXX. Korps, Lt. Gen. Norrie neben seinem Befehlswagen

Bildauswerter der britischen 8. Armee überprüfen die neuesten Luftaufnahmen

Die britischen Verbände zählen 724 Panzer, die deutschen und italienischen dagegen 558. Trotzdem ist die Lage für die Panzergruppe Afrika nicht ungünstig: Bei Angriffsbeginn stehen beide deutschen Panzerdivisionen östlich von Tobruk und können von dort aus sofort in den Kampf eingreifen.
Den Engländern gelingt zuerst die Überflügelung der deutschen Südgruppe durch die Wüste sowie Umfassung der Achsenkräfte bei Sollum. Obwohl sie den Einkreisungsring im Raum Sidi Rezegh schließen können, verzetteln sich die britischen Panzerverbände derart in Einzelkämpfen, daß es zu keiner koordinierten Aktion kommt.
Heftige Regenstürme verwandeln die deutschen Luftstützpunkte in Morastfelder und machen den Start der Aufklärer unmöglich. Nach Rommels Rückkehr am Abend des 18. November 1941 meint er aufgrund des vorliegenden Lageberichts, bei den Angriffen der Engländer handelt es sich keineswegs um die erwartete Gegenoffensive. Rommels Beurteilung: Es ist lediglich eine verstärkte, gewaltsame Aufklärung.
Eine der Ursachen dieses schwerwiegenden Irrtums: Sowohl die RAF als auch die britische Armee haben es verstanden, die feindliche Luft- und Erdaufklärung weitgehend zu erschweren und sie von den wichtigen Bereitstellungsräumen fernzuhalten. Selbst aus der an diesem Abend erfolgten Funkstille bei den sonst so geschwätzigen britischen Funkern zieht Rommel falsche Rückschlüsse.
Der Oberbefehlshaber der britischen 8. Armee (Lt.Gen. Cunningham) verläßt sich bei der Operationsplanung weitgehend auf seine Feindlage-Bearbeiter. Danach soll z. B. das XIII. Korps (Lt.Gen. Godwin-Austen) vorwiegend mit Infanteriedivisionen entlang der Küste vorstoßen, aber nur für den Fall, daß Einheiten der Achsenmächte in den Kampf verwickelt werden. Auch die Bereitstellungen für das XXX. Korps (Lt.Gen. Norrie) sind nach der erkannten Gruppierung der feindlichen Panzerdivisionen ausgewählt worden.
Bei Planung der britischen Offensive liefern Heeres-Enigma-Berichte wertvolle Einzelheiten über die deutsche Kampfordnung. Sie ergänzen die spärlichen Informationen über die Bodentruppen der Achse, die das MI 6 in diesen Tagen über die Lw-Enigma erfahren hat. Aus diesen beiden Quellen schöpft die britische Führung ihre Erkenntnisse, abgerundet durch britische Luft- und Erdaufklärung, für die Planung der Operation »Crusader«.

Dank der Heeres-Enigma-Funksprüche kann MI 6 in zahlreichen Fällen die deutschen Einheiten und Verbände identifizieren und sich Klarheit über die Zusammenstellung der Panzerbrigaden verschaffen. Von unschätzbarem Wert sind die aus den Heeres-Enigma-Berichten gewonnenen Angaben über Bewegungen des Gegners, die unmittelbar vor der Operation »Crusader« stattfinden sollen, wie z. B. die Verlegung

Nach einem Gefecht im Raum Tobruk, November 1941: ein britischer Intelligence-Offizier bei der Bergung von Beutegut

»Unbedachtes Geschwätz kostet Leben« – warnen Plakate die britischen Soldaten

der italienischen Division »Ariete« nach Bir Gubi. Durch ergänzende Aussagen von Kriegsgefangenen und Berichte der britischen Aufklärung wird die Anwesenheit der italienischen Division »Trieste« im südlichen Raum bei Bir Hacheim erkannt.

Am Mittwoch, dem 19. November 1941, meldet B.P. gegen Mittag aufgrund eines Heeres-Enigma-Berichtes: Im Hauptquartier von Rommel sei man weiterhin der Ansicht, daß die Engländer lediglich eine gewaltsame Aufklärung größeren Ausmaßes durchführen.
Am Abend erfährt das britische Hauptquartier durch die erste Meldung des höchstrangigen Funkverkehrs von der Reaktion der deutschen Führung auf die britische Operation: Die Luftwaffe hat »wegen eines starken britischen Vorstoßes in Richtung Tobruk« Stukas und andere Fliegertruppen aus Kreta nach Nordafrika beordert. Die italienische Supermarina glaubt wiederum, daß die erkannten Bewegungen der britischen

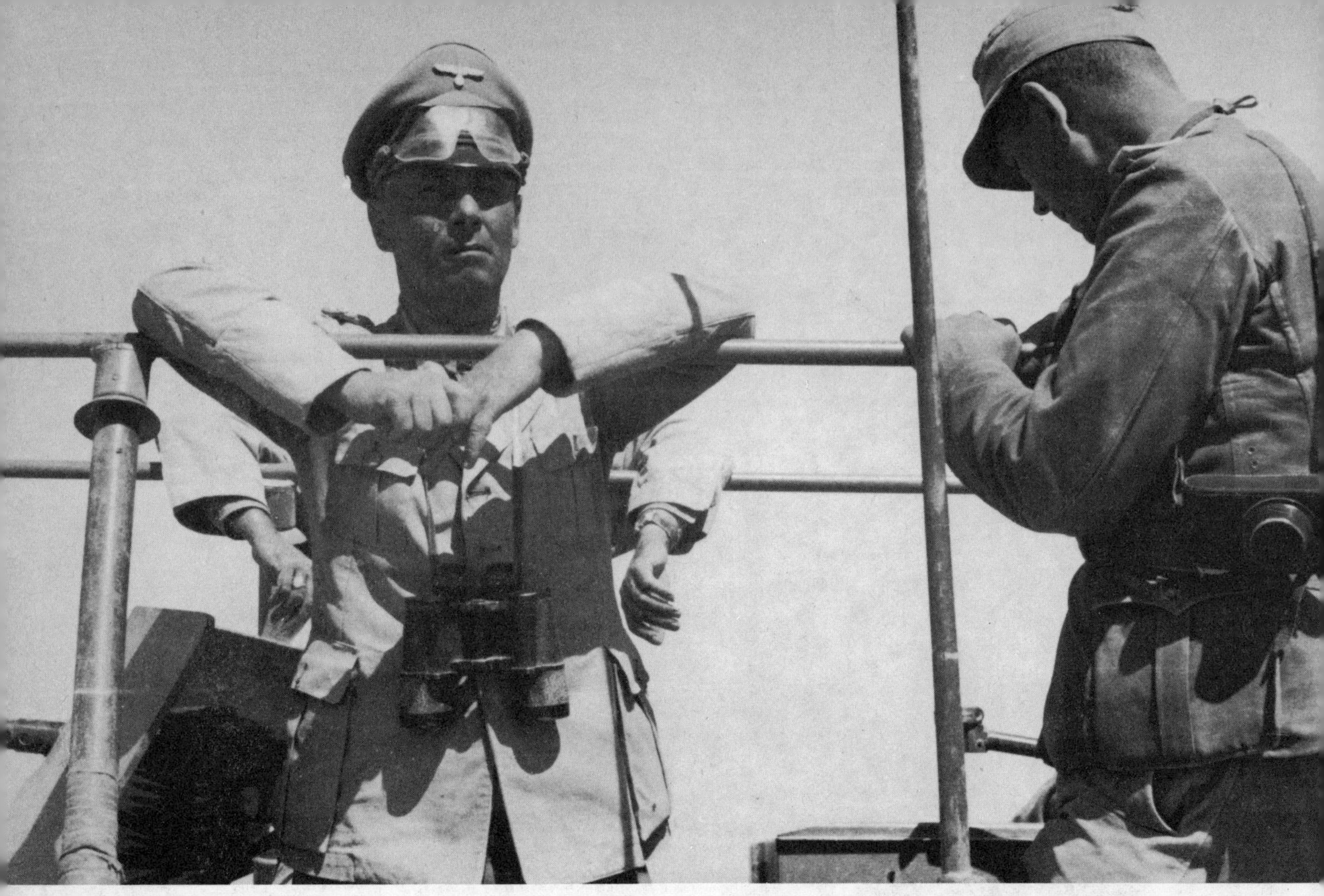

General Rommel in seinem Befehlsfahrzeug »Greif«, ein Funk-Panzerwagen Sd. Kfz. 250/3

Mittelmeer-Flotte mit dem Beginn einer Offensive in der Cyrenaika zusammenhängen.
Inzwischen befiehlt Rommel seine Panzerdivisionen in die vorderste Linie: Er hat nach Überprüfung der neuesten Lageberichte erkannt, daß die Engländer versuchen werden, seinen Angriff auf Tobruk zu stören.

Am Donnerstag, dem 20. November 1941, bemerkt das britische Hauptquartier bereits am Vormittag, daß Rommel jetzt den wahren Umfang des britischen Vorstoßes richtig einzuschätzen weiß. Das britische XXX. Korps bekommt die Warnung, übrigens der erste Beitrag des Y-Dienstes der britischen Armee, daß die deutsche 4. motorisierte Brigade der 15. und 21. Panzerdivision in wenigen Stunden angreifen wird.
Erst an diesem Abend kommt Rommel zu der Überzeugung, daß die Engländer eine Offensive mit Einsatz aller zur Verfügung stehenden Kräfte eröffnet haben.

Am Freitag, dem 21. November 1941, erhält das Hauptquartier Middle East eine Reihe von Enigma-Berichten über die Versorgungslage der Rommel-Truppen: In Bengasi selbst liegen Vorräte für höchstens zwei oder drei Tage, die zur Zeit nicht aufgefüllt werden können, weil die Bedrohung durch britische Wüsten-Commandos die Nachschubkolonnen aufhält. Die Vorräte im Raum Bengasi sind wiederum so knapp, daß die Versorgung von Derna nur mit Zerstörern und U-Booten erfolgen kann. Es stehen auch nicht genügend Nachschubkolonnen zur Verfügung, um den Versorgungsbedarf der deutschen Truppen zu decken.

Am Sonnabend, dem 22. November 1941, erfährt B.P. durch eine entzifferte Meldung der Supermarina, daß der einzige italienische Konvoi, dessen Schiffe seit dem 8. November 1941 mit Panzern beladen sind, einen italienischen Hafen verlassen hat, jedoch aus Furcht vor Angriffen der Force K nach Taranto zurückbeordert worden ist.

Am Sonntag, dem 23. November 1941, funkt das OIC die Nachricht nach Malta, daß um 7.00 Uhr die Tanker »Maritza« und »Procida« mit insgesamt 1700 Tonnen Treibstoff für die Panzergruppe Afrika in Richtung Bengasi ausgelaufen sind.

Raum Tobruk, britische Soldaten bergen einen deutschen Achtrad-Panzerspähwagen, den sog. »Waffenwagen« (2 cm KwK): eine wertvolle Beute für den britischen Technical Intelligence

Am gleichen Tag befiehlt Rommel, alle motorisierten deutschen und italienischen Verbände zu einem konzentrischen Angriff gegen die Masse der auf Tobruk vorstoßenden britischen Panzerkräfte zusammenzufassen.

Nachdem die Ausbruchsversuche der Besatzung von Tobruk vereitelt werden, greifen zwei deutsche Panzerdivisionen die von Südosten auf Tobruk vorgehenden beiden britischen Divisionen an den Flanken sowie im Rücken an und fügen ihnen schwere Verluste zu.

Ebenfalls am 23. November 1941 wird das britische XXX. Korps aus dem vor kurzem genommenen Sidi Rezegh zurückgeworfen. Die Panzerverbände der Panzergruppe Afrika und das gesamte italienische XXI. Korps fügen ihm erhebliche Verluste zu: 200 Panzer gehen verloren und die südafrikanischen Verbände werden schwer angeschlagen. Die »Schlacht am Totensonntag« bedeutet für Rommel einen vollen Erfolg.

Funker einer Nachrichteneinheit des DAK an seinem Gerät im kleinen Funkkraftwagen

Ein britischer Gefangener bei der Vernehmung

Am selben Tag hat der C-in-C Middle East eine Zusammenfassung aus dem Bericht der Panzergruppe Afrika über die Operationen vom 21. November 1941 erhalten. Sie bestätigen ihm, daß die Treibstoffknappheit für Rommel ein ungelöstes Problem sei. Die anderen Informationen, die durch Funkaufklärung zur Verfügung stehen, besagen: Der Feind war gestern bis in den späten Abend damit beschäftigt, Gambut zu räumen. Außerdem häufen sich die Meldungen, daß Rommel bei einem Vorstoß gegen Bengasi um sein rückwärtiges Gebiet besorgt ist.

Am Montag, dem 24. November 1941, liefert B.P. in den Morgenstunden zum erstenmal während des Krieges eine rechtzeitige Meldung über die operativen Absichten des Gegners: Das Hauptquartier der britischen 8. Armee weiß jetzt durch die Lw-Enigma-Meldung des Fliegerführers Afrika vom Vortag, daß »die Panzergruppe zuversichtlich sei und damit rechne, die britischen Streitkräfte bei Rezegh zu vernichten, um dann Operationen an der Sollum-Front durchzuführen«.
Man entnimmt dieser Information, daß Rommel beabsichtigt, die Verbindungslinie der 8. Armee zu durchtrennen und den Halfaja-Paß zu entsetzen. Das Tragische dabei: Trotz dieser rechtzeitigen Warnung kann die britische 8. Armee Rommel nicht davon abhalten, das Hauptquartier des XXX. Korps zu überrennen und das britische rückwärtige Gebiet in ein Chaos zu verwandeln.
Am selben Tag bricht die Panzergruppe Afrika im Raum südlich von Tobruk den Kampf gegen die dezimierten britischen Panzerbrigaden ab und stößt nach Osten in Richtung Ägypten vor. Rommel macht jedoch einen entscheidenden Fehler: Er geht zu schnell und zu großräumig vor. So verlieren die deutschen Panzerverbände zum Teil den Zusammenhalt und erleiden im Feuer der britischen Artillerie empfindliche Verluste, ohne die gegnerischen Truppen wesentlich zu schwächen.
Gegen 12.00 Uhr fängt die Force K mit den beiden Kreuzern »Aurora« und »Penelope« sowie den Zerstörern »Lance« und »Lively« die Tanker »Procida« und »Maritza« ab. Kurz darauf werden die beiden Schiffe versenkt.

Am Dienstag, dem 25. November 1941, funkt Churchill – besorgt über das »Ultra«-Material – an General Auchinleck: »Bitte verbrennen Sie das ganze Spezialzeug und die Telegramme an der Front.«

Am selben Tag erfährt B.P. dank Lw-Enigma-Bericht, daß die Versenkung der beiden Frachtdampfer »Maritza« und »Procida« die deutschen Operationen in Nordafrika »in echte Gefahr« gebracht haben. Jetzt muß der Transport von Treibstoff durch den Einsatz aller verfügbaren Flugzeuge, italienischen U-Boote sowie Zerstörer bewältigt werden.
Der deutsche Gegenstoß nach Osten verwirrt die britische Führung derart, daß General Cunningham bereits den Rückzug der ganzen 8. Armee befehlen will, als General Auchinleck in seinem Gefechtsstand erscheint und ihn durch General Ritchie ablösen läßt.

Am Mittwoch, dem 26. November 1941, greift die britische 8. Armee (jetzt unter Gen. Ritchie) erneut das von den Achsentruppen belagerte Tobruk an, dessen Besatzung nach dem Ausbruch bei El Duda Verbindung mit den vorstoßenden britischen Panzern aufnehmen kann. Rommels Versuch, mit konzentrierten Kräften zum Gegenschlag anzutreten, bringt vor allem durch die britische Luftüberlegenheit keinen Erfolg.

Am Donnerstag, dem 27. November 1941, fangen in den Morgenstunden die britischen Horchstellen des Y-Dienstes der 8. Armee Funksprüche ab, in denen Rommel seine Verbände an die Zufahrten von Tobruk zurückbeordert. Er bezeichnet dabei die Situation als »äußerst kritisch«.

Raum Tobruk, November 1941, in der Wüste steckengeblieben: ein britischer Panzer-Befehlswagen (AEC-Matador), genannt Mammut

Zur selben Zeit bestätigen Berichte der Lw-Enigma die sich ständig verschlimmernde Treibstoffkrise des X. Fliegerkorps sowie dessen chronischen Mangel an Jägern und die als erdrückend empfundene britische Luftherrschaft.

Am Freitag, dem 28. November 1941, fallen den Engländern wichtige Dokumente in die Hand: Sie erbeuten während eines Gefechts mit der deutschen 15. Panzerdivision mehrere Geheimakten und Karten, darunter Enigma-Schlüssel für den Monat November 1941.

Jetzt gelingt es B.P., die bis jetzt noch unentzifferten Funksprüche zu lesen. Dieselben Geheimdokumente ermöglichen es der GC and CS, eine Woche lang ständig in den Funkverkehr der Panzergruppe Afrika auf operativer Ebene zwischen dem Hauptquartier der Armee, dem Korps und den einzelnen Divisionen einzubrechen. Ebenfalls am 28. November 1941 erfahren die Engländer durch den C 38m-Code der Supermarina von italienischen Zerstörern, die fast regelmäßig Treibstoff als Deckladungen in Fässern und Kanistern nach Derna befördern. Die Behälter werden am Kai sofort über Bord gekippt, um den Aufenthalt im Hafen wegen der Gefahr eines RAF-Angriffs auf ein Minimum zu beschränken.

Am Sonntag, dem 29. November 1941, machen Soldaten der neuseeländischen 2. Division (Lt.Gen. Freyberg) einen überraschenden Fang: Generalmajor

◄
Raum Tobruk, 28. November 1941, nach einem Gefecht mit der deutschen 15. Panzerdivision: mehrere Geheimakten auf dem Schlachtfeld gefunden

In der Wüste verirrt: Generalmajor v. Ravenstein während der ersten »behutsamen« Vernehmung

v. Ravenstein, Kommandeur der deutschen 21. Panzerdivision, der mit seinem Kübelwagen auf dem Weg zur morgendlichen Befehlsausgabe ist, die bei der 15. Panzerdivision stattfindet, hat sich in der Wüste verirrt. In seiner Aktentasche: Karten der Minenfelder sowie operative Unterlagen für den gerade eröffneten deutschen Angriff.
Unterdessen gelingt es B.P., die über die Heeres-Enigma gehenden Operationsbefehle Rommels für den Einschließungsangriff am gleichen Tag so rechtzeitig zu entziffern, daß sie Kairo erreichen, bevor der Angriff beginnt.

Am Nachmittag wiederum hat der britische Funkabhördienst die Lage der feindlichen Panzer, die sich gerade zum Angriff rüsten, ermittelt.
An diesem Tag gibt die Luftwaffen(Lw)-Enigma die Ernennung von Generalfeldmarschall Kesselring, dem Chef der Luftflotte 2, zum Oberbefehlshaber Süd (OB Süd) bekannt. Rommel wird Generalfeldmarschall Kesselring zwar nachgeordnet, ihm aber keineswegs direkt unterstellt, obwohl Kesselring als OB Süd und Luftflottenchef ein Mitsprache- und Einspruchsrecht vorbehalten ist. Das OKW fühlt sich zwar verantwortlich, doch ist Rommel über General Bastico weiterhin dem Comando Supremo unterstellt.

Ein morgendliches Gespräch inmitten der Wüste: GFM Kesselring (rechts) begrüßt General Rommel

Inzwischen bestätigt sich erneut die Bedeutung von Blechtley Park: Aus der entzifferten C 38m-Meldung erfährt die Admiralität Einzelheiten über den nächsten Versorgungs-Geleitzug, seine Zusammenstellung, seine Route und Bestimmungshafen sowie über dessen Deckungsgruppe. Es ist der erste Konvoi, den die Italiener mit Schlachtschiffen sichern. Diese Information trifft nicht ganz 24 Stunden vor dem monatlichen, obligatorischen Wechsel der C 38m-Schlüssel ein.

Im November 1941 wird beschlossen, eine Auswertungsstelle für Feindnachrichten ME CIU mit Abteilungen im Western Desert, in der Levante, im Irak und auf Malta aufzustellen. Wie wichtig die Erkenntnis der Feindlage bei den Kämpfen in der Wüste ist, zeigt, daß wertvolle Informationen, die nicht weitergeleitet werden, gleichbedeutend mit einem Vorteil für den Feind sind: Das britische technical intelligence hat z. B. bereits im Laufe des November 1941 festgestellt, daß eine Anzahl deutscher Panzerkampfwagen vom Typ III und IV mit besonderen Panzerplatten verstärkt ist und auch neuere, bessere Kanonen hat.
Der technical intelligence hat es jedoch versäumt, die Warnung vor diesen beiden Panzerausführungen, die den meisten britischen Panzern weit überlegen sind, an die Truppe weiterzugeben. Diese Tatsache kommt erst in der zweiten Hälfte Januar 1942 ans Licht, als es Rommel mit seinen neuen Panzern bei Agedabia gelingt, das britische XXX. Korps aufzureiben.

Am Montag, dem 1. Dezember 1941, erreicht den Oberbefehlshaber der britischen 8. Armee am frühen Morgen eine Heeres-Enigma-Meldung, die Rommel am vorigen Abend dem Oberkommando des Heeres übermittelt hat. Der Inhalt: Rommel kündigt seinen Entschluß an, am Morgen des 1. Dezember 1941 den Angriff wieder aufzunehmen.

Am Dienstag, dem 2. Dezember 1941, läuft von sechs Transportern, die Treibstoff für Panzer, Munition und Versorgung für die Panzergruppe Afrika an Bord haben und auf See stark gesichert sind, nur ein einziges Schiff in den Hafen von Bengasi ein. Drei Transportschiffe mit insgesamt 15992 BRT werden versenkt, und zwei schwer beschädigte Transporter haben sich nur durch schnelle Umkehr retten können.

◄

Libysche Wüste, November 1941: ein Funkkraftwagen der 3. Horchkompanie (Oberlt. Seebohm)

Mit solchen oder ähnlichen Plakaten versucht das britische Oberkommando seine Truppen vor den Aktivitäten des deutschen Geheimdienstes zu warnen

Erfolg oder Niederlage von Rommels Verbänden werden jetzt immer mehr zu einem Nachschubproblem. Rommel muß nun einsehen, daß er seine Kräfte überschätzt hat. An Ort und Stelle weiterzukämpfen, wäre für die geschwächte Panzergruppe Afrika sinnlos, und so erwägt Rommel einen Rückzug.

Am Freitag, dem 5. Dezember 1941, stellen bereits am Morgen zugleich der Y-Dienst als auch die Luft- und Bodenaufklärung erste Anzeichen vom Rückzug der Panzergruppe Afrika fest: Alle Verbände der Achse –

Eine Aufklärungseinheit des DAK auf Erkundungseinsatz in einem britischen Beutewagen

mit Ausnahme der Grenzgarnisonen – werden zurückgenommen, selbst die Panzerdivisionen räumen den Raum Rezegh.
Trotz der sofort von der britischen 8. Armee (Gen. Ritchie) aufgenommenen Verfolgung, setzt sich die Panzergruppe Afrika in voller Ordnung nach Westen ab und führt sogar über 9000 Gefangene mit.
Am selben Tag erfährt B.P. über eine C 38m-Meldung, daß die Supermarina sich entschlossen hat, die Kreuzer »Alberico di Barbiano« und »Alberto di Giussano« zur Beförderung von Treibstoff nach Nordafrika einzusetzen. Die beiden Kriegsschiffe sollen die Route Palermo–Tripolis befahren.

Am Sonnabend, dem 13. Dezember 1941, laufen in Palermo die Kreuzer »Alberico di Barbiano« (Kpt.z.S. Rodocannacchi) und »Alberto di Giussano« (Kpt.z.S. Marabotto) in Richtung Tripolis aus. Die kritische Treibstofflage der Achsentruppen in Nordafrika zwingt jetzt, die beiden Kriegsschiffe als Frachter zu verwenden. Das OIC kann noch, als die beiden Kreuzer am Kai liegen, deren Auslaufzeit, Geschwindigkeit und Zielhafen nach Alexandria und Malta durchgeben. Die britischen Zerstörer »Sikh« (Cdr. Stokes), »Legion« und »Maori« sowie der niederländische Zerstörer »Isaac Sweers« erreichen die beiden Kreuzer vor Kap Bon und versenken sie durch Torpedoangriff.
Am gleichen Tag sollen fünf Dampfer mit Sicherung von acht Zerstörern in drei Geleitzügen in See stechen. Die Deckungsgruppe bilden die Schlachtschiffe »Littorio« und »Vittorio Veneto« mit vier Zerstörern. Daraufhin läßt der C-in-C Mediterranean sofort drei Kreuzer von Alexandria auslaufen. Die Force K, Force B und die Zerstörergruppe »Sikh« sollen sich ihnen von Malta aus anschließen. Wegen fehlender Zerstörer-Sicherung bleiben die stärkeren Einheiten »Queen Elizabeth« und »Valiant« im Hafen, doch läßt man die Italiener durch Funktäuschung in dem Glauben, auch diese beiden Schlachtschiffe hätten Alexandria verlassen.

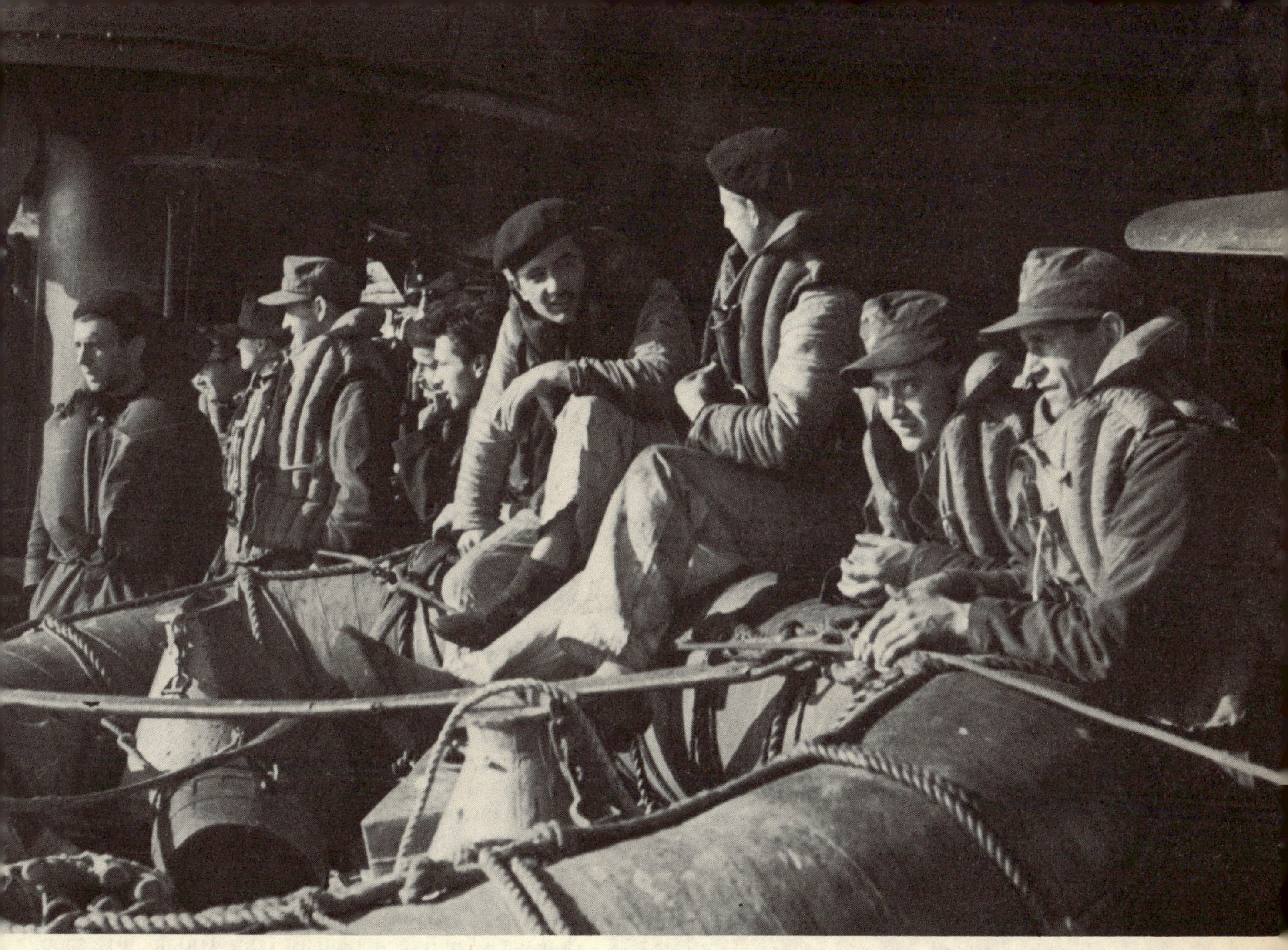

Eine gefährliche Seereise: deutsche und italienische Truppen auf dem Weg nach Nordafrika

Als der deutsche Beobachtungsdienst (B-Dienst) die britische Mittelmeerflotte in See erfaßt, kehren die Geleitzüge und die italienische Flotte in ihren Ausgangshafen zurück. Unterwegs torpediert das britische U-Boot »Urge« (LCdr. Tomkinson) das Schlachtschiff »Vittorio Veneto« und beschädigt es schwer.
Ebenfalls am 13. Dezember 1941 bestätigt der Lw-Enigma-Bericht, daß Gazala »gehalten wurde«. Darin heißt es auch, Rommel ziehe es in Betracht, sich innerhalb von 48 Stunden bis zur Derna-Stellung zurückzuziehen. Die Luftwaffe erwäge dagegen, ihren Derna-Stützpunkt zu räumen. Eine weitere Meldung besagt, Kesselring habe Rommel nahegelegt, die Stellung vor Derna unbedingt zu halten, ohne diese ist eine Unterstützung der Luftwaffe unmöglich.

Nach einem Enigma-Hinweis von britischen Bombern entdeckt: ein italienischer Versorgungskonvoi mit Kurs Tripolis

In Bildauswertungsstelle einer RAF-Aufklärungseinheit: Der Bildauswerter bei Montage der Reihenluftaufnahmen

Am Montag, dem 15. Dezember 1941, finden unter der Leitung von Generalfeldmarschall Kesselring die entscheidenden deutsch-italienischen Gespräche über eine Fortführung der Operationen in Nordafrika statt. Rommel funkt das Ergebnis der Besprechung an das OKW, daß »die Armee daher beabsichtigt, den Raum um Gazala am 16. Dezember 1941 noch zu halten. Der Rückzug über El Mekili-Derna, spätestens in der Nacht vom 16./17. Dezember, wird aber unvermeidlich sein, um der Überraschung durch den überlegenen Gegner und damit der Vernichtung zu entgehen.«

Am Mittwoch, dem 17. Dezember 1941, legt B.P. Admiral Cunningham einen entzifferten Funkspruch des Codeschlüssels C 38m vor, der das ungewöhnliche Interesse der Supermarina an den Stützpunkten der Royal Navy in Ägypten zeigt. In dem Bericht heißt es unter anderem, daß die beiden Schlachtschiffe (Autor: Queen Elizabeth und Valiant) sich an ihren üblichen Ankerplätzen befänden und die See ruhig sei. Nach Meinung von B.P. kann es sich hier ausschließlich um die Planung eines Luftangriffs handeln.

Nicht ganz 24 Stunden später, am Morgen des 18. Dezember 1941, wird Admiral Cunningham von B.P. über einen neuen C 38m-Funkspruch informiert, der beinhaltet, »daß eine erneute Aufklärung über Alexandria dringend notwendig sei«. Admiral Cunningham, beunruhigt durch die geheimnisvollen Funksprüche, wittert irgendeinen Verzweiflungsakt der Italiener, die um jeden Preis eine Behinderung der Nachschubgüter nach Nordafrika unterbinden wollen, während sich Rommel bereits auf dem Rückzug befindet.

Um 10.25 Uhr wird im Seestützpunkt Großalarm gegeben: »Angriffe auf Alexandria sind zu erwarten, aus der Luft, von Schiffen oder bemannten Torpedos, wenn das bisherige ruhige Wetter anhält. Wachtposten und Streifen sollen in Kenntnis gesetzt werden.«

Am selben Tag informiert der C-in-C Middle East die ihm unterstellten Verbandskommandeure über die Feindlage aufgrund des neuesten entzifferten Funkspruchs: »Die gegnerische Treibstoff-, Munitions- und allgemeine Versorgungslage ist wahrscheinlich derart kritisch, daß, wenn nicht Geleitzüge mit Nachschub in den nächsten Tagen Bengasi oder Tripolis erreichen,

Trotz aller Gefahren in Tripolis glücklich gelandet: Treibstoff für Rommels Panzerverbände

Im Hauptquartier GFM Kesselrings: Eine Nachrichtenhelferin setzt einen Funkspruch ab: vom britischen SIS mitgehört

Rommel mit der Tatsache konfrontiert wird, seine Truppen in der Cyrenaika zu verlieren oder sich aus der Cyrenaika zurückzuziehen.«
Was der C-in-C Middle East nicht vermutet: Sowohl sein Stab als auch der Stab der 8. Armee verfügen über Hinweise durch Meldungen der Funkaufklärung, daß eines der Schiffe, die zur Zeit auf dem Weg nach Nordafrika sind, eine Ladung von 22 Panzerkampfwagen der neuen Ausführung III an Bord hat.
Unterdessen melden gleichzeitig die Luftaufklärung und auch der Y-Dienst deutliche Anzeichen für eine Rücknahme der deutschen Truppen bis unterhalb Derna. Und der C-in-C Middle East erfährt durch einen entzifferten Funkspruch, daß die Supermarina alle verfügbaren leeren Schiffe angewiesen habe, sofort nach Bengasi zu fahren. Dem italienischen Oberbefehlshaber bleibe es überlassen, Vorbereitungen für eine Evakuierung der Truppen über See zu treffen.

In der Nacht vom 18./19. Dezember 1941 muß kurz nach Mitternacht die Mittelmeerflotte einen weiteren ernsten Rückschlag hinnehmen: Bei der Verfolgung des italienischen Geleitzuges gerät die Force K, der Schrekken der italienisch-deutschen Nachschubkonvois, in eine italienische Minenfalle. Der Zerstörer »Kandahar« und der Leichte Kreuzer »Neptune« sinken, die beiden Kreuzer »Penelope« und »Aurora« werden schwer beschädigt. Jetzt verbleiben Admiral Cunningham nur noch U-Boote, einige Zerstörer und ein paar Kreuzer zur Bekämpfung der Geleitzüge.

Am Freitag, dem 19. Dezember 1941, erreicht der italienische Konvoi mit Verstärkungen für Rommels Panzerverbände Tripolis und Bengasi. Diese bravouröse Aktion können die Italiener der Tatsache verdanken, daß B.P. zur Zeit nur selten imstande ist, den Hauptcode für höchste Stellen der Supermarina zu entziffern. So hat B.P. auch früher die Einsätze der italienischen Torpedoreiter gegen Gibraltar durch Funkaufklärung nicht wahrnehmen können.
Ebenfalls am 19. Dezember 1941 läuft das deutsche Motorschiff »Ankara« (4768 BRT) in den Hafen von

Gut verborgen: ein Troßwagen an einem britischen Gefechtsstand in der Wüste

Bengasi ein. Der »Fall Ankara« ist ein Beispiel der verhängnisvollen Rolle, die das Abhören der Enigma-Berichte verursacht. Der Frachter, für die deutsche Levante-Linie Hamburg gebaut, hat 22 werkneue, einsatzbereite Panzer für Rommel an Bord.
Bereits einige Tage zuvor erfährt der C-in-C Middle East von B.P., daß die »Ankara« in Bengasi einlaufen soll. Die Spezialisten der Royal Navy halten jedoch den Hafen für eine Ausladung von Panzern für völlig ungeeignet: Die Zerstörungen der Hafenanlagen von Bengasi, durch britische Räumkommandos und Bombenangriffe der RAF, sind dermaßen groß, daß den Engländern dieses Vorhaben unmöglich erscheint. Durch eine starke Meeresströmung gelingt jedoch der »Ankara« die Zufahrt durch den versperrten Hafenkanal. Sie erreicht den Pier und kann die Ladung löschen.
Die 22 Panzer werden sofort von der 15. Panzerdivision übernommen. Damit erhöht sich die Stärke der Panzergruppe Afrika auf 68 schlagkräftige Panzer. Dies kommt Rommel sehr gelegen, denn er plant für den 23. Dezember 1941 einen Gegenangriff.
Brigadier Shearer, der Feindlage-Offizier von General Auchinleck, hält wiederum die Stärke der gegnerischen Panzerverbände für niedriger, als sie in Wirklichkeit ist.

Am Sonnabend, dem 20. Dezember 1941, liegt dem B.P. eine Lw-Enigma-Meldung vor, in der sich Rommel

Bis jetzt der sicherste Nachschubweg: die Transportmaschinen Ju 52/3 m bringen Versorgung für Rommels Truppen

Rollende Angriffe gegen Malta: Auf einem Feldflugplatz auf Sizilien wird ein Junkers Ju 88-Bomber startklar gemacht

über das Fehlen des Jagdschutzes beschwert, was ihn in seinen Bewegungen behindert. Gleichzeitig fordert er dringend, alle verfügbaren Transportflugzeuge für den Nachschub von Treibstoff einzusetzen.

Während am 20. und 21. Dezember 1941 die Aufklärung den Rückzug des italienischen XXI. Korps durch Bengasi meldet, lauten die Berichte über Enigma, daß sich die Panzergruppe Afrika darauf vorbereitet, die Linie östlich von Bengasi so lange wie möglich zu halten, damit die Vorräte noch weggeschafft werden können.

Man nimmt auch an, daß angesichts der langsamen britischen Verfolgung Bengasi bis zum 22. Dezember zu halten ist. Weitere Meldungen über Enigma enthalten vollständige Informationen über Flugplätze, die von der Luftwaffe für Operationen sowie für den Transport von Treibstoff benutzt werden.

Am Sonntag, dem 21. Dezember 1941, beginnen die von der Ostfront nach Sizilien verlegten Verbände der Luftflotte 2 ihre rollenden Angriffe auf Malta. Der Hauptstoß richtet sich gegen die Flugplätze der Insel und den Flugbootstützpunkt Kalafrana. Während die britischen Hurricane-Jäger versuchen, die Bomberverbände abzuwehren, fliegen die Blenheims Gegenangriffe auf sizilianische Luftstützpunkte.

Am Montag, dem 22. Dezember 1941 um 6.45 Uhr, beordert der Oberbefehlshaber der britischen 8. Armee seinen Stabsoffizier zum XIII. Korps mit einem Schreiben an General Godwin-Austin, das lautet: »Ich bin der Meinung, daß ich Ihnen gestern eindeutig klargemacht habe, daß es wichtige Hinweise darauf gibt, daß der Gegner alles Erdenkliche tun wird, um den Rückzug seiner Streitkräfte im Süden abzudecken, indem er eine Linie östlich von Bengasi hält. Aus den besten Geheimquellen habe ich erfahren, daß dies so ist.« In diesem Schreiben wird General Godwin-Austin bedrängt, Magrun anzugreifen, das südlich von Bengasi liegt und für die gegnerischen Operationen »absolut lebenswichtig« ist.

Rommel auf einer Erkundungsfahrt

An diesem Tag entscheidet Rommel, dem seine örtliche Überlegenheit an Panzern bewußt ist, sofort zum Gegenangriff überzugehen. Er hält seinen Entschluß äußerst geheim und setzt weder Rom noch Berlin davon in Kenntnis. So kann auch kein Enigma-Funkspruch B.P. warnen.
Durch die Ankunft von Versorgungsschiffen der Achsenmächte in Bengasi und Tripolis, insbesondere durch Panzerverstärkungen, ändert sich die taktische Situation in Nordafrika. Diese Entwicklung, die einen wichtigen Faktor für den Erfolg von Rommels Gegenoffensive im Januar 1942 darstellt, hat ihre Ursache unter anderem in der Eliminierung der Force K und ist zum Teil der Ankunft des II. Fliegerkorps (Gen.d.Fl. Loerzer) auf Sizilien zu verdanken, ein Ereignis, das die Bedeutung Maltas als See- und Luftstützpunkt erheblich mindert.

Am Dienstag, dem 23. Dezember 1941, geht die 15. Panzerdivision zum Angriff über. Diese Operation überrascht die britische Führung um so mehr, da ihr intelligence keine Anzeichen irgendwelcher Vorbereitungen bemerkt hat.

Am Sonnabend, dem 27. Dezember 1941, stößt Rommel mit 60 Panzern unerwartet in die britische 22. Panzerbrigade (Brig. Scott-Cockburn). 37 britische Panzer bei sieben eigenen Verlusten fallen dem Überraschungsangriff zum Opfer.
Noch an diesem Tag meldet die 22. Panzerbrigade nach Kairo, sie sei im Raum von Agedabia auf neuartige Panzerkampfwagen III gestoßen, die man offensichtlich gerade erst eingesetzt hat, denn sie tragen einen frischen Farbanstrich und haben noch keine DAK-Zeichen. Den Engländern gelingt es, einen der Panzerkampfwagen III zu erbeuten, dessen Tachometer lediglich 400 Kilometer anzeigt. MI 6 vermerkt in seinem Bericht, daß die 8. Armee von der Stärke der deutschen Panzer völlig überrascht war.

Bereits am Montag, dem 29. Dezember 1941, erfährt B.P. über den C 38m-Funkverkehr Angaben über den nächsten Nachschub-Geleitzug unter Sicherung von Schlachtschiffen, der nach Tripolis gehen soll. Außer der Information, daß es sich um neun Schiffe von je 10000 BRT handelt, sind die Art der Ladung und Schiffsroute exakt angegeben.

Am Dienstag, dem 30. Dezember 1941, wiederholt Rommel seinen erfolgreichen Angriff und verliert dabei sieben Panzer. Die Engländer müssen dagegen 23 Panzer auf dem Schlachtfeld lassen. So haben die Deutschen in zwei Angriffen 60 Panzer der britischen

22. Panzerbrigade (Brig. Scott-Cockburn), also zwei Drittel ihrer Gesamtstärke, vernichtet. Nun hat Rommel die Panzerspitzen der Operation »Crusader« zerschlagen und die Engländer auf die Gazala-Stellung zurückgeworfen.
Um wenigstens einen Bruchteil des für erforderlich gehaltenen Nachschubs zu bekommen, malt Rommel jedesmal ein düsteres Bild von seiner Panzerstärke und Treibstofflage, so daß das OKW in Berlin – ebenso wie B.P. – Opfer seiner pessimistischen Lageberichte werden. Übrigens mit ungeahntem Ergebnis: Als Churchill die ihm vorgelegten, entzifferten Versorgungsberichte liest, ist er jedesmal so beeindruckt, daß er die britischen Oberbefehlshaber in Nordafrika gegen deren Absichten immer wieder zu Offensiven drängt, die wie bisher alle fehlschlagen.
Die Enigma-Berichte spielen in Churchills Entscheidungen eine wichtige Rolle. Seine Phantasie und Intuition, verbunden mit Informationen aus dieser Quelle sprechen dafür. »Wo sind meine Eier?« pflegt Churchill zu fragen, wenn er sich nach dem Verbleib der Enigma-Unterlagen erkundigt. Seine engste Umgebung nennt diese »Boniface«, im Mittleren Osten und Nordafrika werden sie »Uncle Henry« bezeichnet, während die Admiralität sie schlicht »Z-Informationen« nennt.

Raum Agedabia, Dezember 1941: Funker einer italienischen Einheit beim Absetzen eines Funkspruches . . .

Ende Dezember 1941 zieht sich die Panzergruppe Afrika in die taktisch günstige Marsa-Brega-Stellung an der Großen Syrte, westlich von El Agheila, zurück, wo Rommel im Frühjahr 1941 so erfolgreich seine erste Offensive begonnen hat. Es ist zwar ein harter Rückschlag, doch sind Geländegewinn und -verlust im Wüstenkrieg kaum von Bedeutung. Entscheidend allein ist, daß die Verbände keine hohen Verluste erleiden und die Lage sich stabilisiert. So gerät die Cyrenaika mit dem Hafen Bengasi vorerst wieder in britische Hand.

. . . »Feind hört mit« auf italienisch

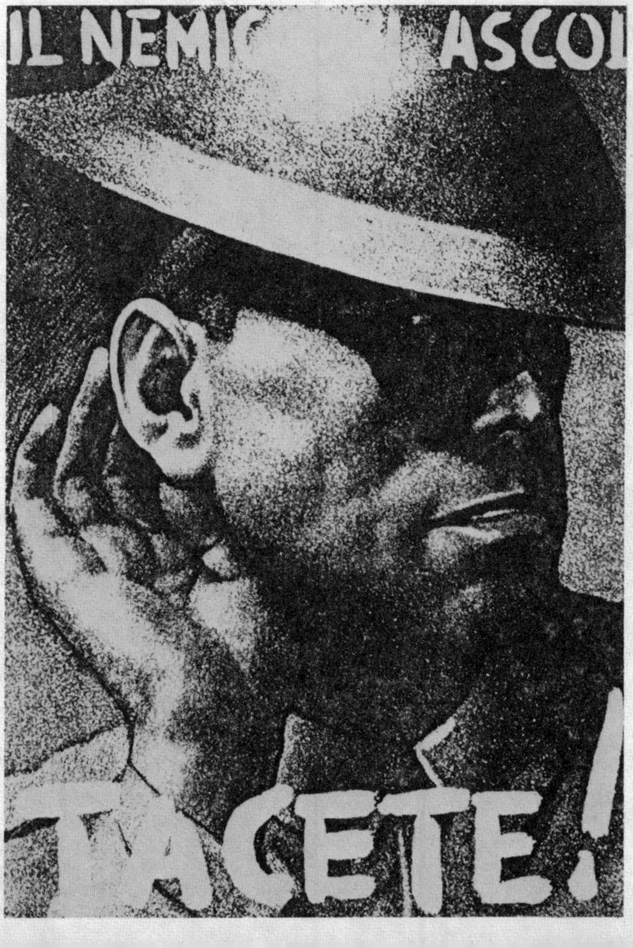

Gegen Ende des Jahres 1941 ist B.P. nur sporadischer Erfolg beim Knacken des von der Panzergruppe Afrika benutzten Heeres-Enigma-Schlüssels beschieden. Den Ausgleich dafür bietet die Lw-Enigma: Den grundsätzlichen Enigma-Schlüssel (Rot – Red) sowie einen modifizierten Schlüssel verwenden der Fliegerführer Afrika (GenLt. Fröhlich) und das X. Fliegerkorps (Gen.d.Fl. Geisler) bis zum 1. Januar 1942 (Hellblau – Light Blue). Im Funkverkehr dieser beiden Stellen, der sich mit den Belangen der Luftwaffe befaßt, gibt es auch eine Anzahl wertvoller Informationen die Panzergruppe Afrika betreffend.
Ende Dezember 1941 sind die Möglichkeiten der britischen See- und Luftstreitkräfte, den Nachschub der Achsenmächte zu stören, vor allem durch das Ausscheiden der Force K sowie Aktionen der deutschen Luftwaffe im Zentralen Mittelmeerraum stark eingeschränkt.

1942

JANUAR – JUNI

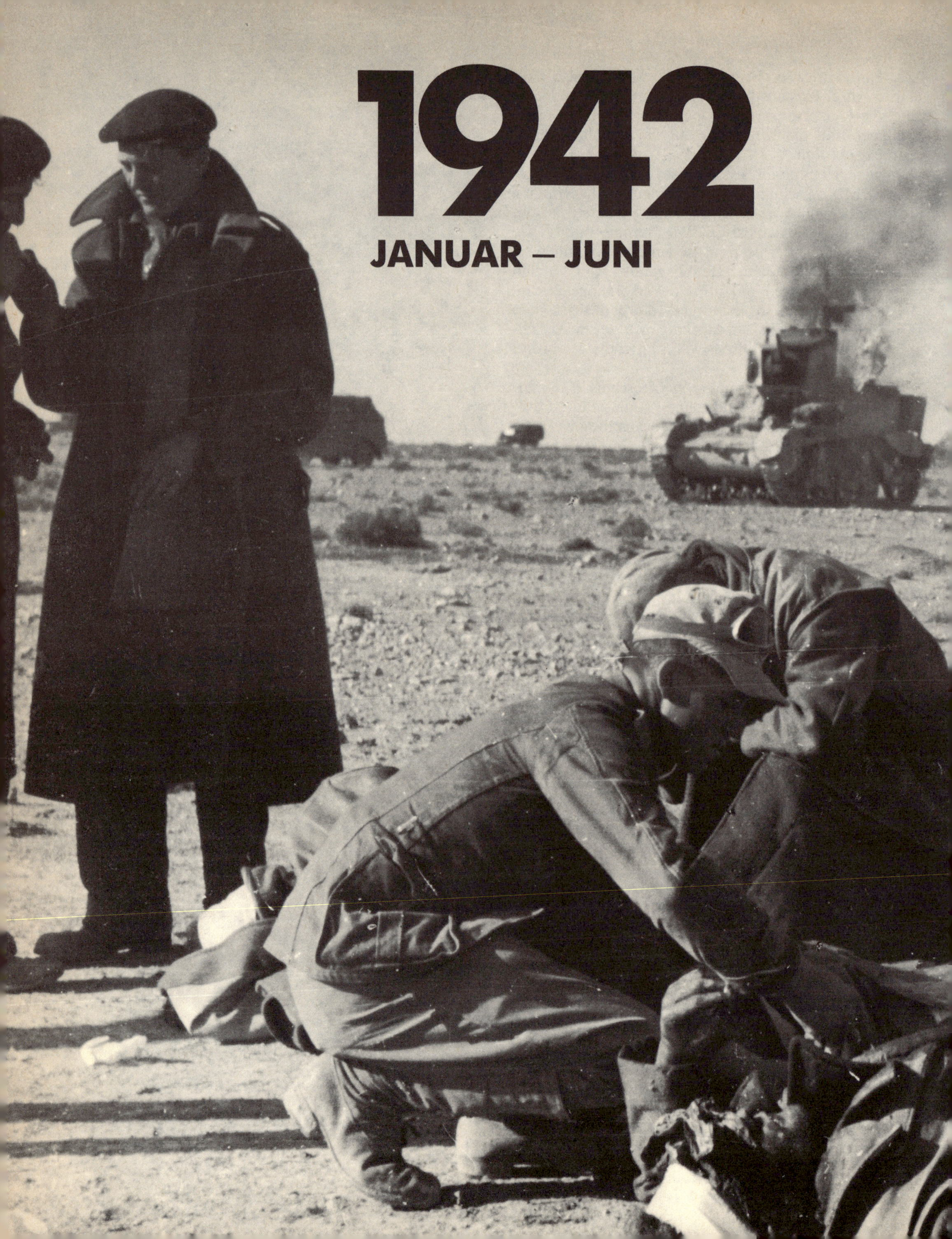

Rommel im Gespräch mit Fliegerführer Afrika Gen. Fröhlich

Seit Anfang 1942 schließen es die Stabschefs in London nicht aus, daß die Achsenmächte versuchen werden, Malta, den wichtigsten britischen Stützpunkt für die Bekämpfung der deutsch-italienischen Nachschubrouten nach Nordafrika, durch eine Luftlandeoperation – so wie auf Kreta – auszuschalten.

Am Freitag, dem 2. Januar 1942, streckt Generalmajor A. Schmitt mit seinen in Bardia eingeschlossenen Truppen bedingungslos die Waffen: Es ist der erste deutsche General, der im Zweiten Weltkrieg kapituliert.

Am Montag, dem 5. Januar 1942, meldet die italienische Marina das sichere Eintreffen eines Geleitzuges in Tripolis: Der Mangel an britischen, auf Malta stationierten Aufklärungsmaschinen und die rollenden Einsätze der Luftwaffe auf die Insel hindern die RAF, den Konvoi rechtzeitig zu erkennen. So werden die Schiffe mit Nachschub erst kurz vor ihrem Bestimmungshafen gesichtet. Was B.P. aber nicht erfahren hat: Unter der Ladung befinden sich auch 54 Panzer.

Am Donnerstag, dem 8. Januar 1942, heißt es in einem Funkspruch der Supermarina, daß dieser Geleitzug neben großen Mengen Treibstoff für die Luftstreitkräfte und Erdtruppen auch Ausrüstung »von großer Bedeutung für die Panzergruppe Afrika« an Bord hatte.

Im Januar 1942 wird ein Mitglied des Operational Intelligence Centre (Admiralty), OIC, von London nach Alexandria beordert, um dort beim C-in-C Mediterranean (Adm. Cunningham) einen Tracking Room (Aufklärungsabteilung) zu errichten. Der Grund einer solchen verspäteten Aktivität: Die Enigma-Funksprüche haben bis jetzt kaum Informationen über die Bewegungen sowie Positionen der im Mittelmeer operierenden deutschen U-Boote geliefert.

Der »Fall Ankara« gibt dem C-in-C Middle East den Anstoß, die nachrichtendienstliche Auswertung und Koordinierung organisatorisch zu verbessern: Im Januar 1942 wird in Kairo eine Abteilung der Teilstreitkräfte für die Auswahl der Ziele zur Bekämpfung des gegnerischen Nachschubs aufgestellt. Zu ihrem Aufgabenbereich gehört unter anderem: Das Vergleichen von Enigma- und C 38m-Berichten mit Informationen aus allen anderen nachrichtendienstlichen Quellen, dazu die Herausgabe einer täglichen Zusammenfassung aller gegnerischen Schiffsbewegungen für sämtliche Kommandostellen im Mittelmeer, eine Analyse der gegnerischen Nachschublage sowie Anfertigung einer Prioritätenliste der Ziele. Diese Abteilung hält über die SCU/SLU-Verbindungen ständig Kontakt mit allen Kommandostellen, was Planung sämtlicher Operationen gegen Nachschublinien der Achse betrifft.

Am Montag, dem 12. Januar 1942, meldet der C-in-C Middle East in seiner Lagebeurteilung, daß die Streitkräfte der Achsenmächte »sehr desorganisiert seien und es ihnen sowohl an erfahrenen Offizieren als auch an Material fehle. Sie scheinen in Wirklichkeit nicht so stark zu sein wie ihre Gesamtstärke vermuten lasse.« General Auchinleck: »Ich bin überzeugt, daß der Gegner mehr unter Druck steht als wir vermuten.« Als Bestätigung seiner Lagebeurteilung zitiert der C-in-C »recht ausführliche und interessante Aufzeichnungen der täglichen Gespräche zwischen den gefangenen Generälen v. Ravenstein und A. Schmitt«.

Die beiden Generäle v. Ravenstein und Schmitt werden in Sonderquartieren für höhere Offiziere des Combined Services Detailed Interrogation Centre (CSDIC) nahe Kairo untergebracht. Sie besuchen sich gegenseitig in ihren Zimmern, führen lange Gespräche und tauschen Erfahrungen aus: Sie machen keinen Hehl aus ihren Bedenken gegen Rommels Führung. Eines ahnen die beiden Herren jedoch nicht: Der MI 6 hat vorsorglich in ihren Zimmern eine komplette Abhöranlage eingebaut, und ihre Verlegung in die Sonderquartiere ist keineswegs zufällig erfolgt. Nach dieser altbewährten Methode kann MI 6 aus erster Hand emotional unverfälschte Informationen gewinnen, die ihm bei der Auswertung anderer Quellen unschätzbare Dienste leisten. Generalmajor v. Ravenstein enthüllt viele Einzelheiten, von denen die Engländer bisher nichts wußten: Die schweren Verluste der Panzergruppe Afrika, deren mangelhafte Führung, vor allem aber die weitverbreitete »Unzufriedenheit über Rommels Führung«.

Am Dienstag, dem 13. Januar 1942, informiert das Joint Intelligence Committee (JIC) über die neueste, derzeitig geschätzte Stärke der Rommel-Verbände: Das JIC nimmt an, daß entgegen vorausgegangener

Raum Bardia, Januar 1942: Rast während des Aufklärungs-Vorstoßes, links ein Stabs-Verbindungsflugzeug Fiseler Fi 156 Storch

Raum Kairo, Sonder-KG-Lager des CSDIC: eine komplette Abhöranlage

Schätzungen folgendes zutreffend wäre: eine höhere Anfangszahl von 108000 Mann, dagegen eine niedrigere Schätzung von 11000 Gefallenen, Gesamtverluste 49000. Nach dieser Rechnung soll Rommel im ganzen noch über 59000 Mann verfügen. Bereits 24 Stunden später moniert der C-in-C die vom JIC geschätzten Verlustzahlen Rommels als »viel zu niedrig«.

Am Mittwoch, dem 14. Januar 1942, hat B.P. einen C 38m-Funkspruch entziffert, in dem angefragt wird, ob im Hafen von Tripolis die Ausladung von 25-t-Panzern möglich sei.
Am gleichen Tag informiert Rommel den Stab der Panzergruppe Afrika über seine Absicht, einen starken Gegenstoß mit begrenzten Zielen zu unternehmen. »Ich muß angreifen, ehe es die Briten tun.« Rommel, von bösen Vorahnungen geplagt, weiht vorsichtshalber weder das OKW noch das Comando Supremo in seine Pläne ein.
Rommel geht sogar noch einen Schritt weiter: Er läßt den Angriffsbefehl für die ihm unterstellten Verbände nicht wie üblich per Funk übermitteln, sondern an Anschlagtafeln in allen Rasthäusern entlang der Via Balbia bis zur Front nach der X-Zeit, die er für 8.30 Uhr am 21. 1. 1942 festlegt, anheften. Und dies entscheidet über den Erfolg seiner Operation, denn es gibt darüber keinen Enigma-Bericht.

Am Donnerstag, dem 15. Januar 1942, stellt der C-in-C Middle East in seiner Feindlage-Einschätzung fest, es sei kaum wahrscheinlich, daß Rommel in absehbarer Zeit irgendwelche neuen deutschen Truppen zur Verstärkung erhält. Man schließt jedoch nicht aus, daß innerhalb eines Monats eine frische italienische Division mit rund 140 Panzern zur Verfügung stehen könne. Die Berater von General Auchinleck halten es jedoch für undenkbar, daß die Achsentruppen, die an den schweren Kämpfen im Raum El Agheila teilgenommen haben, jetzt bereits aufgefrischt und verstärkt sowie für einen Gegenangriff ausreichend ausgestattet seien.
Ebenfalls bezweifelt man, daß der Geleitzug, der am 5. Januar 1942 durchgekommen ist, Panzerverstärkungen an Bord hatte. Ihre Beurteilung stützt sich auf die ihnen zugänglich gemachten Enigma-Informationen,

die tatsächlich keine Panzer unter der Ladung dieses Konvois erwähnen. In Wirklichkeit hat aber dieser Geleitzug eine größere Stückzahl von Panzern ausgeladen: Laut einer späteren Meldung 54 Stück. Ein anderer Bericht spricht sogar von 80 Stück (40 deutsche und 40 italienische).
Noch am selben Tag meldet der C-in-C Middle East an das JIC: Die Nachschublage Rommels sei »offensichtlich akut«. Man rechne damit, daß Rommel dort bleiben würde, wo er zur Zeit steht, bis ihn entweder die britische Offensive oder weitere Nachschubschwierigkeiten zum Rückzug zwingen.

Am Freitag, dem 16. Januar 1942, verzeichnet der Intelligence Summary, der Feindlage-Sammelbericht, der britischen 8. Armee, neueste Erkenntnisse: Rommels Truppen befinden sich weiterhin in den Verteidigungslinien und graben sich jetzt ein.

Am Sonnabend, dem 17. Januar 1942, beinhaltet der Lw-Enigma-Bericht eine Beschwerde vom Fliegerführer Afrika an Generalfeldmarschall Kesselring. Er weist auf den Mangel an 50-kg-Bomben hin und fordert, Kesselring müsse alle Maßnahmen ergreifen, um »angesichts der Operationen der nächsten paar Tage« zumindest 50 Stück zu den vorgeschobenen Flugplätzen zu befördern.
Am selben Tag kapitulieren im Raum Sollum-Halfaja-Paß die von britischen Verbänden eingeschlossenen deutsch-italienischen Truppen (GenLt. de Georgis).

Am Sonntag, dem 18. Januar 1942, informieren Kriegsgefangene bei ihrer Vernehmung den MI 6, in Wadi Faregh hätte das vollständige Panzerregiment 9 der 15. Panzerdivision Stellung bezogen. Tatsächlich geht von hier aus die 15. Panzerdivision am 21. Januar 1942 zum Angriff über.

Ein Funkwagen der 3. Horchkompanie (Oberlt. Seebohm) mit einer Stern-Antenne

Am 19. und 20. Januar 1942 vermerkt der Intelligence Summary der britischen 8. Armee keine auffallenden gegnerischen Aktivitäten. Und am Nachmittag des 20. Januar 1942 erscheint der örtliche Senussi unerwartet bei den vorderen britischen Linien. Er erzählt, die Deutschen würden sich gerade darauf vorbereiten, ihre Truppen weiter nach Westen zurückzunehmen.
Am gleichen Tag meldet ein RAF-Aufklärer, der trotz Sandsturm und Regen gestartet ist, daß der Gegner den von Schiffen herangebrachten Nachschub in seine Stellungen bei El Agheila schafft. Ebenso ungewöhnlich ist

Eine Ladung Fässer mit Treibstoff für Rommels Truppen an Bord einer Transportmaschine Junkers Ju 52/3 m

RAF-Aufklärer habe am Vortag eine große Anzahl von feindlichen Fahrzeugen auf der Küstenstraße beobachtet.
Zur Zeit kann wegen heftiger Sandstürme kein Aufklärungsflugzeug starten. Daß Rommel zu einer Gegenoffensive angetreten ist, können die britischen Soldaten erst in dem Augenblick feststellen, als deutsche Panzer ihre ersten Stellungen überrollen. Seinen Überraschungserfolg verdankt Rommel nicht nur der Tatsache, daß es ihm gelungen ist, seine Vorbereitungen zu verheimlichen, sondern erneut dem US-Militärattaché in Kairo, Colonel Feller, der mit bemerkenswerter Beobachtungsgabe und dank seiner Beziehungen zu den höheren britischen Offizieren wirklich zutreffende Meldungen über Stand und Absichten der 8. Armee regelmäßig nach Washington funkt.
Die Erfolge Rommels, besonders in den ersten drei Tagen seines Gegenangriffs, führt der C-in-C Middle East darauf zurück, daß die 8. Armee völlig überrascht wurde. Einer der Gründe: Der britische Nachrichtendienst hat weder vor einer möglichen gegnerischen

Ein Beobachtungsposten des DAK beim Erdaufklärungseinsatz

Erste Überprüfung der Gefangenen: wichtige Einzelheiten für die Feindlagebearbeiter

eine starke Fahrzeug-Konzentration dicht vor den gegnerischen Linien. Die britischen Armee-Beobachtungsposten stellen dagegen nichts Besonderes fest. Auch die Funkaufklärung, die sich zur Zeit auf jene Meldungen beschränkt, die B.P. durch Lw-Enigma- und C 38m-Meldungen erfährt, kann Rommels wirkliche Absichten nicht rechtzeitig erkennen.

Am Mittwoch, dem 21. Januar 1942, halten sich der C-in-C Middle East in Palästina und der Oberbefehlshaber der britischen 8. Armee in Kairo auf, um einen Vorstoß in Richtung Tripolis vorzubereiten.
An diesem Tag heißt es in dem neuesten Intelligence Summary der britischen 8. Armee kommentarlos: ein

Operation noch vor deren Zeitpunkt und Umfang gewarnt.
Auch die RAF-Luftstreitkräfte bringen, bedingt durch schlechtes Wetter und den Verlust einiger vorgeschobener Flugplätze, keine wertvollen Erkenntnisse. Der Y-Dienst der britischen Armee kann zwar einige Feindeinheiten identifizieren, ist aber außerstande, etwas Näheres über deren Bewegungen oder Absichten zu erkunden.

Noch am Sonnabend, dem 24. Januar 1942, glaubt der C-in-C Middle East, Rommels Operation werde sich letzten Endes als üblicher Störangriff entpuppen und gibt sich daher optimistisch. Und der Oberbefehlshaber

der 8. Armee, Major General Ritchie, ist davon überzeugt, daß Rommel seine Leistungsgrenze bereits erreicht habe.
Lediglich der Kommandierende General des XIII. Korps, dessen Verbände jetzt im Kampf stehen, sieht die Lage nicht so rosig: Er drängt darauf, seine Kräfte nach El Mekili zurückzunehmen und macht darauf aufmerksam, daß man die Kampfkraft von Rommels Truppen ernsthaft unterschätzt habe.
An diesem Tag erreicht ein weiterer Geleitzug, mit Schlachtschiffen als Sicherung, fast unversehrt Tripolis. B.P. hat zwar im voraus aus einem C 38m-Funkspruch Einzelheiten über die Zusammenstellung und Route des Konvois erfahren, ebenso über die große Anzahl von Kraftfahrzeugen an Bord, doch das Wichtigste stand nicht in dem Funkspruch der Supermarina: Auf den Frachtern des Geleitzuges befinden sich auch 71 Panzer.
Am Sonntag, dem 25. Januar 1942, ordnet der Kommandeur des XIII. Korps den Rückzug an. Er hat zwar die Erlaubnis – falls erforderlich – entsprechende Maßnahmen für den Rückzug zu ergreifen. Doch das Hauptquartier der 8. Armee mißbilligt trotzdem seine Entscheidung und versichert ihm zugleich, daß es sich bei dem Vorstoß der Rommel-Truppen »nicht um eine Gegenoffensive handelt«.
Das Hauptquartier der 8. Armee beruft sich dabei auf Informationen seines Nachrichtendienstes, nach dessen Ansicht Rommel seine Kräfte bereits überbeansprucht habe. Man instruiert den Kommandeur des XIII. Korps, »offensivste Maßnahmen zu ergreifen« und die »größten Risiken« auf sich zu nehmen, um Rommels Vorstoß zu stoppen.
Am Montag, dem 26. Januar 1942, erfährt Rommel von seinem Ic-Offizier, dem Feindlage-Bearbeiter, daß die Engländer bereits in Erwägung ziehen, Bengasi zu evakuieren, und daß unter den britischen Kommandeuren ernste Meinungsverschiedenheiten herrschen.

Ein deutscher Nahaufklärungs-Beobachter übergibt seine Erkundungsergebnisse

Mittelmeer, Januar 1942: RAF-Bomber greift einen italienischen Nachschubkonvoi an

Sie erwarten übrigens, daß Rommel nordostwärts von Msus nach El Mekili vorstoßen wird.
Die neue deutsche Offensive zeigt von Anfang an Erfolg: Innerhalb von wenigen Tagen artet der bisherige Vormarsch der britischen 8. Armee in einen panikartigen Rückzug aus, noch verstärkt durch den Mangel an Treibstoff und eine Führung, die vermuten läßt, daß sie ohne einheitliche Planung ist. Nun beschließt Rommel, einem britischen Vorstoß zuvorzukommen.

Am Dienstag, dem 27. Januar 1942, befiehlt Rommel seinen in drei Stoßkeilen vordrängenden Truppen, sich für einen Überraschungsangriff auf Bengasi zusammenzuschließen und nach Nordwesten zu marschieren.

▶ *Raum Bengasi, Februar 1942, Rast in der Wüste: Rommel mit seinen Begleitoffizieren*

Raum El Mekili, Januar 1942: britischer Beobachtungsposten mit Sprechfunkgerät

Unterdessen soll die Panzergruppe Afrika einen Scheinangriff auf Mekili durchführen, um so den Engländern ihre Überlegenheit zu zeigen.
Unfreiwillig hilft ihnen dabei der MI 6: Es beginnt mit der Entzifferung eines C 38m-Funkspruchs durch GC and CS, den das Comando der Regia Aeronautica nach Rom geschickt hat. Da die italienischen Verbündeten nichts von Rommels Täuschungsplan wissen, wird in der Meldung bekanntgegeben, daß die deutsch-italienischen Streitkräfte ihren Offensiv-Vorstoß in Richtung El Mekili fortsetzen und versuchen werden, zugleich Bengasi zu erreichen.
Als dem Oberbefehlshaber der britischen 8. Armee der Inhalt dieses Funkspruchs vorgelegt wird, handelt er sofort und verlegt noch am gleichen Tag seine schlagkräftige 1. Panzerdivision (Churchill: Die 1. Panzerdivision war eine unserer besten) aus Bengasi in Richtung El Mekili, »um den gefährlichen deutschen Vorstoß abzufangen«, während die indische 4. Division den Befehl bekommt, gegen die in Richtung Bengasi marschierenden Achsentruppen vorzurücken. Die beiden britischen Verbände können so nur knapp und unter schweren Verlusten einer vollständigen Einkesselung und Vernichtung entgehen.
Da der C-in-C Middle East keine Informationen aus Enigma-Berichten über die Verluste der Achsentruppen bekommt, unterschätzt Kairo die verbleibende Gesamtstärke des Gegners um mehr als 100 Prozent.

Am Mittwoch, dem 28. Januar 1942, rollt die Panzergruppe Afrika in Bengasi ein und stößt weiter über die Küstenstraße in Richtung Derna vor. Rommel gelingt es, die britischen Truppen auf die Linie El Gazala, westlich von Tobruk zurückzudrängen. Churchill: »Der beinahe 500 Kilometer weite Rückzug zerstörte unsere Hoffnungen und brachte den Verlust Bengasis und all der Depots mit sich, die Auchinleck für die erhoffte Offensive Mitte Februar angelegt hatte.«

Am Freitag, dem 30. Januar 1942, wird Rommel nach der Einnahme von Bengasi – trotz Mißachtung der strikten Anweisungen Hitlers – von ihm zum General-

oberst befördert. Damit erreicht der »Wüstenfuchs« einen neuen Höhepunkt seiner Karriere.
Nach der Eroberung von Bengasi ruhen die Kriegshandlungen wieder für einige Monate bis Ende Mai 1942. Die gegnerischen Truppen liegen entlang der sogenannten Gazala-Stellung, einer von der Mittelmeerküste bis tief nach Süden, nahe Bir Hacheim, reichenden Kette von gut ausgebauten und miteinander in Verbindung stehenden Feldstellungen und Wüstenforts, vor denen man – so hofft das britische Oberkommando – die Deutschen aufhalten kann. Doch die Ruhe trügt: Beide Seiten bereiten sich auf einen neuen Angriff vor.

Anfang Februar 1942 beträgt die Verzögerung bei Entzifferung der Heeres-Enigma (Chaffinch)-Berichte in der Regel etwa 24 Stunden, das bedeutet, daß gewöhnlich vom Empfang eines Heeres-Enigma-Funkspruchs bis zur Entzifferung seines Textes ein Tag vergeht. Ist aber an einem Tag die »Ausbeute« des Funkabhördienstes besonders ergiebig, so daß die GC and CS mit der Entzifferung nicht schnell genug nachkommt, entsteht eine weitere Verzögerung, da die entzifferten Meldungen nochmals durchgesehen, in einer Kartei erfaßt, sortiert und umgearbeitet werden müssen, um jeden Hinweis auf den Ursprung zu verwischen.
In einer Zusammenfassung werden dann die Meldungen an den C-in-C Middle East weitergeleitet. Und die Befehlshaber der 8. Armee können von Glück reden, wenn die Informationen über Bewegungen und Absichten der Rommel-Truppen noch so rechtzeitig eintreffen, daß sie sie operativ oder taktisch auswerten können.
Um die Sache zu beschleunigen, gibt B.P. jetzt den Enigma-Funksprüchen der Rommel-Truppen erste Priorität, und die Tageszusammenfassungen über die Panzerarmee Afrika werden noch spätabends abgefertigt.

Die Funker einer Nachrichteneinheit des DAK bei Montage der Antenne

Bis zum Ende der ersten Februar-Woche ist General Auchinleck über die nächsten Absichten Rommels noch völlig im unklaren. Erst in der Nacht vom 8./9. Februar 1942 übermitteln abgefangene Enigma-Funksprüche dem britischen SIS Rommels Pläne: Das Deutsche Afrika-Korps soll von Msus nach vorn verlegt werden, ebenso das italienische XX. Korps, das zur Zeit südlich von Bengasi aufgefrischt wird.

Am Sonnabend, dem 21. Februar 1942, wird die von Generaloberst Rommel geführte Panzergruppe Afrika in »Panzerarmee Afrika« umbenannt. Rommel verfügt zur Zeit über zwei deutsche Panzerdivisionen, eine deutsche leichte Division, eine italienische Panzerdivision, eine italienische Infanteriedivision (mot.) und vier italienische Infanteriedivisionen.

Am Montag, dem 23. Februar 1942, erreicht ein großer deutscher Konvoi, der vierte seit Mitte Dezember 1941, Tripolis. Der von der italienischen Flotte eskortierte Geleitzug trifft unbeschädigt im Hafen ein.

Im Februar 1942 bekommt die Desert Air Force zwölf Aufklärer vom Typ Spitfire D. Diese allerneuesten Maschinen ersetzen die veralteten Hurricanes, mit denen sich die Photographic Reconnaissance (PRU) bis zu diesem Zeitpunkt abquälen mußte. Jetzt kann die Luftaufklärung erheblich verstärkt werden und ist von Unbilden des Wetters weniger abhängig.

Ende Februar 1942 wird Brigadier Shearer, der Feindlage-Bearbeiter von General Auchinleck, abgelöst. Er hat Ende 1941 im »Fall Ankara« die Panzerstärke Rommels falsch eingeschätzt, dies wird ihm zum Verhängnis. Der C-in-C Middle East ernennt jetzt Colonel de Guingand, einen Offizier seines Planungsstabes, zum Deputy Director Military Intelligence (DDMI). Auf die heftigen Proteste von Guingand, er hätte keine Erfahrungen auf nachrichtendienstlichem Gebiet, antwortet ihm General Auchinleck: »Ausgezeichnet, eben deshalb habe ich Sie ernannt.« Colonel de Guingand wird später Generalstabschef von Montgomery.

Am Dienstag, dem 10. März 1942, sendet B.P. einen Bericht der Lw-Enigma nach Kairo, der den C-in-C Middle East und seinen Stab in helle Aufregung versetzt: Der Fliegerführer Afrika verlangt darin vom Oberkommando der Luftwaffe (OKL) erneut Fotos von den Befestigungen in und um Tobruk – wie schon einmal im November 1941 angefordert –, als Rommel

Raum Msus, Februar 1942: Funkwagen einer Luftwaffeneinheit mit Stern-Antenne

Kairo, 29. März 1942, Konferenz der drei Middle East Service Chiefs (von Mitte nach rechts): C-in-C Sir Moncton, Admiral Cunningham und Air Marshal Tedder. Links außen – Gen. Auchinleck

eine Offensive plante. Und Rommels Hauptquartier braucht jetzt wiederum diverse Informationen über alle Befestigungen, Forts, feste Flakbatterien, Elektrowerke und Wasserversorgungsanlagen zwischen der ägyptischen Grenze und dem Suez.

In diesen Tagen ist der britische SIS etwas unschlüssig und eher ratlos bei der Beurteilung der Absichten Rommels. Man ist der Meinung, daß die Aktivitäten der Achse im südlichen Frontabschnitt absichtlich geführt werden, um die Truppen auf einen späteren Vorstoß in östlicher Richtung vorzubereiten. MI 6 betont aber, sie seien »in erster Linie defensiver Natur«.

Am Freitag, dem 13. März 1942, erhält B.P. einen Lw-Enigma-Funkspruch mit Angaben über Stärke der Panzerkräfte von Rommel, die ersten, die B.P. seit November 1941 dem C-in-C Middle East vorlegen kann. Die Liste beinhaltet sämtliche, nach Typen aufgeteilten einsatzbereiten Panzer, insgesamt 87 italienische und 159 deutsche Panzer. Überraschenderweise stimmen die Zahlen in etwa mit den Schätzungen des MI 6 vom 27. Februar 1942 überein: 100 italienische und 160 deutsche Panzer unter Rommels Kommando, so die Vermutung des britischen SIS.

Am Sonntag, dem 15. März 1942, erstellt das JIC seine neueste strategische Lagebeurteilung. Seiner Ansicht nach sind die Streitkräfte der Achsenmächte in Libyen nicht stark genug, um ihre Position vor Mitte Juni 1942 auszuweiten.

Im Februar und März 1942 verlieren die Achsenmächte lediglich neun Prozent des für Nordafrika vorgesehenen Nachschubs.

Am Mittwoch, dem 1. April 1942, trifft MI 6 in Kairo ein harter Schlag: Die Luftwaffe ändert, vermutlich aus funktechnischen Gründen, ihren Code für den Luft-Boden-Funkverkehr (Auka). Bis jetzt werden die Ergebnisse des Abhördienstes für den taktischen Funkverkehr in Cheadle (Großbritannien) gesammelt und von dort an die RAF-Y-Base Unit, Abteilung Funkabhördienst, in Kairo übermittelt, wo man die Funk-

Raum Tmimi, 21. April 1942, zwei deutsche Gefangene im Gespräch mit einem britischen Intelligence-Offizier: links Feldwebel Kurt Gerhardt (Dr. phil.), daneben Schütze Erich Frystatzki, Fahrer von Gen. Schmitt

sprüche entziffert. Durch das Brechen des Auka-Code ist es dem RAF-Y-Dienst bis jetzt möglich gewesen, laufend Meldungen über die allgemeine Luftlage zu erstellen und vor allem rechtzeitige Warnungen über Angriffe auf britische Konvois sowie auf Alexandria und den Suezkanal zu geben.

Wie wechselseitig es im nachrichtendienstlichen Bereich in Nordafrika vor sich geht, beweist die Tatsache, daß bereits 10 Tage nach Änderung des Auka-Code die GC and CS es am 10. April 1942 wieder schafft, in den Heeres-Enigma-Schlüssel (Chaffinch) einzubrechen. Das Entziffern dieses komplizierten Code ist äußerst schwierig, und es gelingt erst nach und nach, etwa die Hälfte der abgefangenen Funksprüche, oft mit einer Verzögerung von sechs Tagen und mehr, zu entziffern.

Am Freitag, dem 17. April 1942, wird die 3. Kompanie der Nachrichtenabteilung 56 aus Geheimhaltungs- und Täuschungsgründen in Fernaufklärungskompanie 621 umbenannt.

Am Sonntag, dem 19. April 1942, einige Tage nachdem Rommel sich entschieden hat, seine Offensive bis Ende Mai zu beginnen, häufen sich in den Lw-Enigma- und Heeres-Enigma-Berichten Hinweise darauf, daß die Panzerarmee Afrika eine operative Aktion vorbereite. Offen bleibt nur noch die Frage: Wo? und Wann? Jetzt sind sich selbst die obersten Instanzen des Intelligence in Whitehall sicher, daß Rommel die Initiative ergreifen wird, ohne eine britische Offensive abzuwarten. Und man ist überzeugt, daß dies noch vor Mitte Juni der Fall sein kann.

Am Freitag, dem 24. April 1942, gelingt es B.P., einen Lw-Enigma-Funkspruch mit einer Feindlage-Beurteilung von Generalfeldmarschall Kesselring zu entziffern. Verblüfft muß MI 6 erkennen, daß der deutsche Generalfeldmarschall in seinem Funkspruch betont, er könne sich dabei auf Informationen stützen, die aus absolut verläßlicher Quelle stammen, und er weiß, daß »ein britischer Vorstoßversuch nach Bengasi nicht vor Anfang Juni möglich sei«. Kesselring fügt noch hinzu: ». . . weil er vor Juni nicht möglich ist, wird er zu spät kommen.«

Jetzt beginnt beim SIS das große Rätselraten. Man ahnt zur Stunde noch nicht, daß es sich bei der von Kesselring genannten »absolut verläßlichen Quelle« um den US-Militärattaché Colonel Feller in Kairo handelt, dessen Funksprüche der deutsche Abhördienst regelmäßig entziffert. Die Anspielung, der britische Vorstoßversuch werde »zu spät« kommen, bereitet dem MI 6 einiges Kopfzerbrechen. Entweder ist damit ein Angriff auf Malta oder Rommels neuer Vorstoß in Richtung ägyptische Grenze gemeint. Da die Luftwaffenverbände nach neuesten Enigma-Berichten fast restlos aus Sizilien zurückgenommen werden sollen, käme wohl nach Ansicht des MI 6 nur Rommels neue Gegenoffensive in Frage.

Am Tag darauf, dem 25. April 1942, erfährt B.P. aus einem Lw-Enigma-Bericht, daß eine deutsche Fallschirmjägerbrigade zur Unterstützung »einer Operation gegen die britische 8. Armee und für einen Angriff auf Tobruk« in der zweiten Mai-Hälfte nach Afrika verlegt werden soll.(*Autor:* Es handelt sich dabei um die Fallschirmbrigade Ramcke, die tatsächlich erst Ende Juli 1942 eintrifft.)
In seiner Lagebeurteilung vom 25. April 1942 gibt der C-in-C Middle East zwar zu, Rommel könnte Anfang Mai einen Angriff gegen Tobruk versuchen, doch sei dies kaum wahrscheinlich, da der Mai ein ausgesprochen schlechter Monat für eine solche Operation wäre.

Am Donnerstag, dem 30. April 1942, entziffert B.P. einen Heeres-Enigma(Chaffinch)-Funkspruch, der dem MI 6 bestätigt, daß die Panzerverbände der Achse überwiegend im nördlichen Frontabschnitt stehen. Nur schwache Teile des DAK befinden sich im Süden der Front, »um die südliche Flanke zu sichern«.
An diesem Tag werden auch die Befragungsergebnisse eines Majors aus dem Stab von Rommel ausgewertet. Dieser Offizier ist während eines Aufklärungseinsatzes im südlichen Frontabschnitt in Gefangenschaft geraten. MI 6 hat sich dabei einer besonderen List bedient: Ein aus Österreich stammender Offizier des Stabes der britischen 8. Armee wird in die Uniform eines Hauptmanns des DAK gesteckt und als Leidensgenosse des Majors im gleichen Zelt untergebracht.
Sofort nach der Begrüßung und der ersten Zigarette diskutieren die beiden über die Lage ihrer Truppen.

Ein Erkundungs-Trupp des DAK bei Erdaufklärung

Der Major kritisiert zwar ein wenig Rommels Entscheidung, bestätigt jedoch erneut, daß sein Aufklärungsauftrag ganz und gar rein defensiver Natur war, da er die Möglichkeit eines britischen Vorstoßes zur Umfassung der Achsenstellungen im südlichen Frontabschnitt erkunden sollte. Übrigens bestätigen auch die Unterlagen, die man bei dem Major findet, das gleiche.
Churchill achtet jetzt besonders darauf, daß gerade

Raum Tobruk, April 1942: Deutscher Sonderführer vernimmt einen britischen Gefangenen

während des ständigen Bewegungskrieges und der Gefahr einer Gefangennahme sowie der Präsenz der deutschen Funkaufklärung keiner der Frontkommandeure über die Enigma-Berichte informiert wird. Der Verteiler dieser Berichte ist auf seine Anordnung hin bis auf ein Minimum eingeschränkt. So bekommen diese Berichte im Hauptquartier Middle East lediglich der Oberbefehlshaber, General Auchinleck, der Chef seines Planungsstabes und der Chef des militärischen Nachrichtendienstes sowie der Feindlage-Bearbeiter, Colonel de Guingand. Selbst dem Befehlshaber der 8. Armee, General Ritchie, wird kein Einblick gewährt. Für den Fall, daß die Enigma-Berichte für Operationspläne von General Ritchie von Bedeutung sind, muß General Auchinleck ein schriftliches Resümee verfassen, ohne jedoch die Quelle zu nennen. Nach Einsichtnahme durch General Ritchie wird das Resümee sofort verbrannt. Meistens fliegt aber der Feindlage-Bearbeiter zum Hauptquartier der 8. Armee und weiht, ohne Erwähnung der Quelle, General Ritchie persönlich ein.

Von Ende April bis Anfang Mai 1942 kann die Luftflotte 2 (GFM Kesselring) durch rollende Bombenangriffe auf Malta die Tätigkeiten der dort stationierten RAF-Verbände und Royal Navy-Einheiten entscheidend stören.

Im Tiefflug über dem Mittelmeer, Richtung Nordafrika: ein Verband der Transportmaschinen Junkers Ju 52/3 m

April 1942: Gen. Auchinleck auf einer Erkundungsfahrt entlang der Küstenstraße im Abschnitt Tobruk-El Gazala

So steigt in diesen Tagen sofort der Nachschub für die Panzerarmee Afrika und sichert eine ausreichende Versorgung. Nachdem jedoch die Luftflotte 2 die Kämpfe im Raum Gazala-Tobruk verstärkt unterstützen muß, behindern die RAF und Royal Navy von Malta aus erneut die Versorgung der Rommel-Truppen.

Über die Absichten Rommels ist sich selbst der C-in-C Middle East nicht ganz sicher: Am 2. Mai 1942 gibt General Auchinleck in seinem Lagebericht zwar zu, daß man die verstärkten Aktivitäten der Rommeltruppen womöglich als Vorbereitungen zu einem Vorstoß in Richtung ägyptische Grenze werten kann, doch handelt es sich seiner Meinung nach um eine defensiv angelegte Operation.
Am gleichen Tag legt B.P. dem War Office und Churchill eine neue Heeres-Enigma(Chaffinch)-Meldung vor: Daraus ist zu ersehen, daß die Panzerarmee Afrika dank ihrer günstigen Nachschublage bereits in nächster Zeit ausreichende Mengen an Treibstoff für eine 30tägige Operation haben würde. Seitdem glaubt die britische Führung fest daran, daß Rommel für Ende Mai eine Offensive plant.

Am Sonntag, dem 3. Mai 1942, verfaßt der C-in-C Middle East eine Meldung für das War Office. General Auchinleck deutet in seinen Erwägungen an, während des Sommers 1942 keine Operation zu beginnen. Er versichert erneut, daß auch Rommel seine nicht ausreichenden Vorräte daran hindern werden, im Laufe der nächsten drei Monate irgendwelche Operationen von Bedeutung zu starten. Sein Vorschlag: Es sei vernünftiger, im Middle East in der Defensive zu bleiben, den Gedanken einer Offensive in Nordafrika im Sommer 1942 aufzugeben und alle verfügbaren Landstreitkräfte wegen der Gefahr einer japanischen Invasion nach Indien zu verlegen.
Es wird sich für den MI 6 als verhängnisvoll erweisen, daß zur Zeit über Hitlers strategische Absichten im Mittelmeerraum nichts durchsickert und sie in keinem Enigma-Bericht erwähnt werden. Somit liegen außer ein paar eher dürftigen Hinweisen in entzifferten Bruchstücken des diplomatischen Funkverkehrs der Achsenmächte sowie einigen Gerüchten, darüber keine Erkenntnisse vor.

Am Dienstag, dem 5. Mai 1942, weiht Rommel in El-Kerima seine Kommandierenden Generäle in das Unternehmen »Theseus«, die neue Gegenoffensive, ein. Sein Ziel: Die Einschließung und Vernichtung der britischen 8. Armee und Eroberung von Tobruk. Rommels Absicht: Nach Fesselung und Ablenkung der britischen Kräfte durch einen scheinbaren Frontalangriff gegen die Gazala-Stellung will er mit drei deutschen

und zwei italienischen motorisierten Divisionen den Gegner im Süden bei Bir Hacheim umgehen und die 8. Armee im Rücken fassen. Danach soll Tobruk im Handstreich genommen werden, um über dessen Hafen die Versorgung seiner Panzerarmee zu erleichtern. Außerdem erhofft er sich reiche Beute in den dortigen Versorgungsdepots.
Am gleichen Tag erfährt B.P. aus einer Lw-Enigma-Meldung von der wiederholten Anfrage nach Fotos und Karten von Tobruk und Umgebung.

Am Mittwoch, dem 6. Mai 1942, heißt es in der vom B.P. aufgrund der letzten Enigma-Berichte verfaßten Lagebeurteilung: »Eine deutsche Offensive in der Cyrenaika mit dem Ziel der Einnahme von Tobruk wird wahrscheinlich etwa 20. Mai beginnen. Hat diese Offensive Erfolg, so könnte Rommel den Versuch unternehmen, einen Großangriff auf Ägypten in den kommenden Wintermonaten vorzubereiten.«

Am Freitag, dem 8. Mai 1942, betont Churchill mit Nachdruck in einer persönlichen Botschaft an den C-in-C Middle East, daß es richtig sei, die Offensive im Mai zu eröffnen, besonders angesichts »der Tatsache, daß der Gegner selbst einen Angriff für Anfang Juni plant«.

Am Sonnabend, dem 9. Mai 1942, heißt es in der neuen Lagebeurteilung des JIC: »Der gegnerische Angriff auf Tobruk ist jederzeit nach der dritten Mai-Woche möglich. Trotz einiger Hinweise, daß Rommel daran interessiert sei, eine weitere Operation – etwa einen Vorstoß auf das Nil-Delta – im Juni zu starten, würde dies schon aufgrund seines Treibstoffmangels in der zweiten Juni-Hälfte kaum noch möglich sein.

Am Sonntag, dem 10. Mai 1942, liegt dem War Cabinet die Meldung des Middle East Defence Committee vom 9. Mai 1942 vor, in dem die Ansicht bekräftigt wird, daß es »kaum Anzeichen« für einen gegnerischen Angriff Anfang Juni gäbe.
Unterdessen hat Rommel, was MI 6 noch nicht weiß, bereits seine umfangreichen Truppenverschiebungen im Rahmen des Unternehmens »Theseus« so gut wie abgeschlossen.

Am Freitag, dem 15. Mai 1942, informiert der C-in-C Middle East den Chief of the Imperial General Staff (CIGS), den Generalstabschef des Empire, daß anhand vorliegender Informationen doch ein Angriff Rommels um den 20. Mai 1942 zu vermuten sei, »möglicherweise sogar schon früher, wahrscheinlich aber irgendwann zwischen diesem Datum und Ende Mai«. Der C-in-C

◄
Raum Tobruk, Mai 1942: zerschlagene britische Aufklärungs-Abteilung

Luftbild eines britischen Aufklärers: italienische Bomber am Rande eines Feldflugplatzes nahe Agedabia

Middle East versichert jedoch, »unsere Pläne sind angesichts eines solchen Angriffs erstellt und alle gegnerischen Vorbereitungen unter Kontrolle«.

Am Sonnabend, dem 16. Mai 1942, liegt der 8. Armee ein Bericht der Aufklärungseinheit vor, die im Raum Asida neue Truppenansammlungen, Schützengräben und Flakstellungen festgestellt hat. Einer Meldung der Lw-Enigma entnimmt B.P., daß ab 17. Mai 1942 Generalfeldmarschall Kesselring einen Gefechtsstand in Derna hat.

Ab Montag, dem 18. Mai 1942, treffen bei MI 6 die ersten Meldungen aus den vorgeschobenen britischen Stellungen ein, daß der Gegner die Tätigkeiten seiner Aufklärungstrupps verstärkt. Währenddessen beginnt die Luftwaffe mit systematischen Angriffen auf britische Feldflugplätze und Nachschublinien. Es kommt immer wieder zu Luftkämpfen zwischen deutschen Jägern und britischen Aufklärern, und deutsche Patrouillen unternehmen alles, um die britischen Spähtrupps an ihren Einsätzen zu hindern.

Am Mittwoch, dem 20. Mai 1942, heißt es in dem Bericht des JIC ME zur Lagebeurteilung des C-in-C Middle East: Da es »ziemlich wahrscheinlich ist, daß

Personalpapiere eines Soldaten der britischen 8. Armee: wichtige Unterlage für den Feindlagebearbeiter

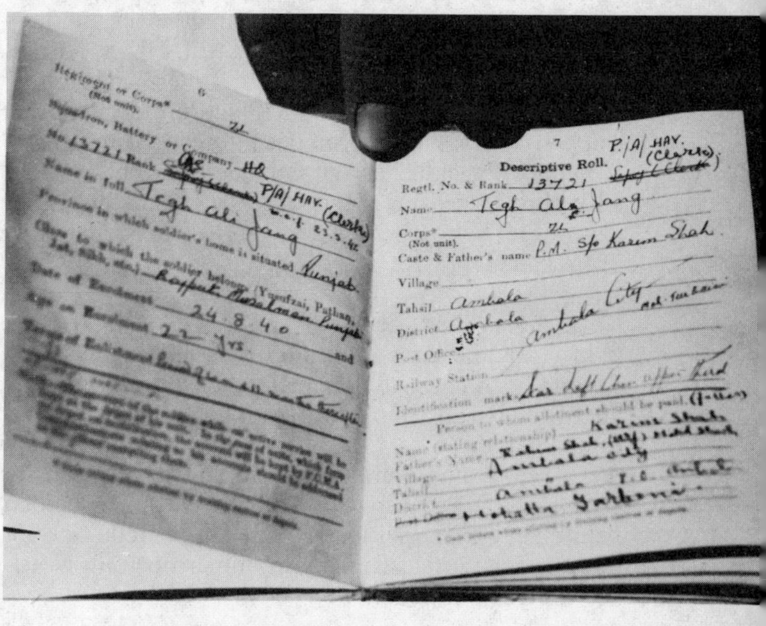

Raum Tobruk, Mai 1942: Intelligence-Offiziere der 8. Armee untersuchen eine deutsche schwere 15-cm-Feldhaubitze 13/1 auf Geschützwagen (ex. franz. Lorraine Schlepper)

Am gleichen Tag erfährt B.P. dank der Lw-Enigma, daß Generalfeldmarschall Kesselring für diesen Tag in Derna eine Konferenz einberufen hat. Eine andere wichtige Nachricht über den Heeres-Enigma(Chaffinch)-Funkverkehr besagt, General Crüwell, Oberbefehlshaber des Deutschen Afrika-Korps, wird am 24. oder spätestens 25. Mai 1942 von seinem Berlin-Urlaub in Nordafrika zurückerwartet.

Sowohl am 22. als auch am 23. Mai 1942 melden britische Patrouillen verstärkte deutsche, diesmal im Stabswagen unternommene Aufklärungsaktivitäten.

Am Sonnabend, dem 23. Mai 1942, wird im südlichen Frontabschnitt des britischen XIII. Korps ein Unteroffizier vom Stab der 90. leichten Division gefangengenommen. Er erklärt während des Verhörs: Seine Stabskompanie und das Infanterieregiment 155 der 90. leichten Division befänden sich im südlichen Frontabschnitt. Zwei weitere motorisierte Regimenter der leichten Division seien ebenfalls von der Küste nach

der Gegner nicht weiß, daß wir seine geplanten Aktionen kennen, hofft er, ein großes Maß an Überraschungseffekt zu erreichen«. Aus diesen Gründen soll die 8. Armee – laut JIC ME – nichts unternehmen, was darauf hinweisen könnte, daß man Rommels Angriff erwartet.

Am Donnerstag, dem 21. Mai 1942, stellen britische Aufklärer ungewöhnlich starke Fahrzeugansammlungen und Zeltlager im Raum Asida fest. Die 8. Armee meldet sofort dem War Office, daß diese Erkenntnis ein weiterer Beweis für die Umgruppierung der Achsentruppen sei und zugleich auf das Interesse Rommels im Abschnitt der südlichen Wüste hindeute. Der 8. Armee fehle aber das entsprechende Aufklärungsmaterial über das, was im Nordabschnitt der von Rommel gehaltenen Front geschieht.

Noch am Freitag, dem 22. Mai 1942, ist man beim C-in-C Middle East aufgrund der Angaben des MI 6 davon überzeugt, daß Rommel neben seinem Frontalangriff eine Täuschungsoperation gegen Bir Hacheim führen werde. Der C-in-C rechnet aber damit, daß diese Täuschungsoperation das im Süden festgestellte italienische XX. Korps übernehmen wird. Die beiden deutschen Panzerdivisionen und Truppenteile der 90. leichten Division scheinen sich immer noch im Nordabschnitt zu befinden.

Süden verlegt worden. Eine große Anzahl deutscher Panzer – er schätze sie auf 300 Stück – gehören nach seiner Meinung zur 21. Panzerdivision, die sich dort hinter den Stellungen seiner Kompanie gruppiert.
Nach Angaben eines Offiziers des XIII. Korps, der bei der Vernehmung des Unteroffiziers anwesend war, habe der Deutsche seine Informationen so »bereitwillig« gegeben und sich »derart bemüht, sich an so viele Einzelheiten wie möglich zu erinnern«, daß »einige der Anwesenden der Meinung waren, daß dies eine Irreführung sei«.
Wie das JIC später feststellt, sind die Aussagen des deutschen Unteroffiziers tatsächlich echt, nur das Generalhauptquartier in Kairo ist fest davon überzeugt, daß der deutsche Angriff . . . von Westen her im Küstenraum stattfinden wird, und die Meldungen der Funkaufklärung über Truppenkonzentrationen im Süden lediglich die Besorgnis des Gegners über seine exponierte Flanke bestätigen, obwohl durch Funkaufklärung klar darauf hingewiesen wird, daß sich die 21. Panzerdivision jetzt im Süden befindet.
Schlimmer noch: Diesen Tatsachen wird so wenig Glauben geschenkt, daß trotz der Meldungen von Nahaufklärern über Zeltlager, Fahrzeuge, Stellungen und Verbindungswege im ursprünglichen Bereitstellungsraum der 21. Panzerdivision, MI 6 dem Generalhauptquartier in Kairo erklärt, dann müsse sich die Aufklärung wohl irren. So fällt der MI 6 auf Rommels Täuschungsmanöver herein.

Raum Derna, Mai 1942: Fiesta auf einem Feldflugplatz: In Erwartung ihres Einsatzbefehls suchen die Besatzungen und Bodenwarte vor der sengenden Sonne Schutz unter den Tragflächen einer Ju 52/3 m

Libysche Wüste, Cyrenaika, nahe Via Balbia, Mai 1942: Ein Beobachtungsposten der Long Range Desert Group, LRDG, erkundet den Nachschubverkehr der Achsentruppen auf den Küstenstraßen

Da man im Generalhauptquartier in Kairo vom Ergebnis der Nahaufklärung so überzeugt ist, wird unterlassen, eine Aufklärung weiter südlich durchzuführen. Und dies ist der entscheidende Fehler. Hätte man nämlich Nahaufklärer in den südlichen Abschnitt beordert, wäre dort die 21. Panzerdivision entdeckt worden.

Übrigens weiß auch am Dienstag, dem 26. Mai 1942, der für den Y-Dienst (Funkabhör) zuständige Offizier im Hauptquartier der 8. Armee noch nichts von den Aussagen des Unteroffiziers der deutschen 90. leichten Division. Andererseits liegt dem XXX. und XIII. Korps sowie dem Generalhauptquartier in Kairo noch nicht das Resultat des Y-Dienstes vor, aus dessen Bericht unmißverständlich zu entnehmen ist, daß Rommel beabsichtigt, seinen Hauptangriff im Süden durchzuführen.

Die Lehre, die GS Int der 8. Armee später aus diesem Irrtum zieht: Die Intelligence Staffs der Y-Gruppen, die für die Auswertung des abgehörten Y-Materials verantwortlich sind, werden mit ihren Operations Intelligence Staffs enger zusammengefaßt. Da den Y-Offizieren aus Sicherheitsgründen auch weiterhin der Zugang zu Enigma-Berichten verwehrt wird, erhalten sie nun Informationen, die das Operational Intelligence Staff aus anderen Quellen zufließen.

An diesem Tag wird die Horchkompanie des zum Hauptmann beförderten Seebohm für das Unternehmen »Theseus« in zwei Staffeln eingeteilt. Die eine davon wird südlich Tmimi verlegt, die andere schließt sich dem Stab der Panzerarmee Afrika an und hält direkte Verbindung zu Rommel.

Ebenfalls am 26. Mai 1942 fängt der Y-Dienst, mehr als 24 Stunden vor dem Angriff, das Codewort »Venezia« ab und wertet es richtig als Tarnbezeichnung für den Beginn der deutsch-italienischen Operation. Auch B.P. entnimmt einem entzifferten Enigma-Funkspruch den bevorstehenden Angriff und sendet sofort eine Warnung an den C-in-C Middle East.

Am Nachmittag entdeckt gegen 15.00 Uhr ein Nahaufklärer im nördlichen Frontabschnitt zwar einige Panzer, die als deutsche identifiziert werden, doch sind sie nicht so zahlreich, wie man vermutet hat. Einige Stunden später stellt ein anderer RAF-Nahaufklärer weiter südlich einen starken Panzerverband fest, der nach Nordosten in den mittleren britischen Frontabschnitt rollt.

◄
Westlich El Gazala, Mai 1942: Funker mit ihren Geräten in der Batteriestellung einer deutschen leichten Feldhaubitze: vom britischen Y-Dienst abgehört

Westlich El Gazala bei Chechiban, Mai 1942: getarnter Funktruppwagen der DAK.-Div.-Nachrichtenabt. 200

Ohne etwas davon zu ahnen, werden die britischen Piloten Zeuge eines ausgeklügelten Täuschungsmanövers: Rommel befiehlt nämlich seinen Panzerkräften, um den Gegner zu verwirren, bei Tageslicht in Richtung Nordosten zu marschieren. Nach Einbruch der Dunkelheit sollen sie aber sofort kehrtmachen und den Weg nach Südosten einschlagen.
In dem Lagebericht des britischen XXX. Korps wird der gemeldete Panzervorstoß als ein gewaltsames Aufklärungsunternehmen bewertet. Um 23.00 Uhr stellt der Oberbefehlshaber der 8. Armee in seiner Lagebeurteilung fest: Der Gegner hat seine Offensive begonnen, aber es ist noch nicht zu erkennen, wo sein Hauptangriff stattfinden wird.
Um die Kräfte der Engländer in der Gazala-Linie zu binden und zu veranlassen, Verstärkungen heranzuziehen, befiehlt Rommel, dort mit italienischer Infanterie anzugreifen. Unterdessen wirbeln herumfahrende Panzer und Lkw Staub auf, um starke Panzerbereitstellungen vorzutäuschen. Und während die italienische Infanterie die Kräfte der Engländer mit Frontalangriffen an der Hauptfront bindet, umfahren Panzer und motorisierte Verbände in weitem Bogen die Gazala-Linie an ihrer südlichen, an der offenen Wüste endenden Flanke.

Am Mittwoch, dem 27. Mai 1942, ist das Wüstenfort Bir Hacheim bereits bei Tagesanbruch im Süden umfahren. Nach einer kurzen Versammlung rollen die Verbände im Rücken der britischen Frontlinie. Gegen 11.00 Uhr stoßen Teile der Panzerarmee Afrika am alten Karawanenweg Trigh el Abd, nordostwärts von Bir Hacheim, auf die britische 4. Panzerbrigade und die indische 3. motorisierte Brigade mit ihren neuen Grant-Panzern.
Nun beginnt eine für beide Seiten verlustreiche Panzerschlacht. Die indische 3. motorisierte Brigade wird überrannt und die britische 7. Panzerdivision schwer geschlagen. Vergeblich versucht dagegen die italienische Panzerbrigade »Ariete« gegen Bir Hacheim vorzugehen. Hier kämpfen äußerst zäh die Fremdenlegionäre und Kolonialtruppen von General Koenig, dem Kommandeur der französischen 1. Brigade.

Sie leisten auch der Division »Trieste« und der 90. leichten Division erfolgreichen Widerstand und fügen ihnen erhebliche Verluste zu. Bei Einbruch der Dunkelheit sind die Rommel-Truppen heftigen Gegenangriffen des britischen XXX. Korps ausgesetzt. Die motorisierten Verbände der Achse werden abgeschnitten und verlieren in den Minenfeldern den Zusammenhalt.

Am Donnerstag, dem 28. Mai 1942, sowie am darauffolgenden Tag wird die Lage für die deutsch-italienische Angriffsgruppe äußerst kritisch: Die Engländer haben die drohende Gefahr erkannt und ziehen nun alle vorhandenen Kräfte zusammen, um die getrennt kämpfenden Teile der Armee Rommels zu vernichten.
Die Grant-Panzer fügen den im Rücken der Gazala-Linie angreifenden deutschen Panzerverbänden empfindliche Verluste zu, und als der Kampf beendet ist, gerät die Panzerarmee Afrika an einen britischen Pak-Sperriegel. Rommels Truppen werfen die Engländer zwar bis in den Raum El Adem zurück, doch hier kann sich die britische 4. Panzerbrigade so lange halten, bis die herbeieilenden britischen Panzerverbände ins Gefecht eingreifen können.

Bis zum Freitag, dem 29. Mai 1942, hat B.P. noch keinen einzigen Hinweis aus Enigma-Meldungen über Lage und Absichten der Rommel-Offensive. Erst am Abend legt der Y-Dienst (Funkabhördienst) dem

Oberbefehlshaber der 8. Armee einen umfangreichen Bericht vor. Darin heißt es: »Nachschubschwierigkeiten bei allen deutschen Verbänden. Einzelnen Panzerkompanien ist bereits der Treibstoff ausgegangen. Die 15. Panzerdivision hat die Operation mit einem Wasservorrat für lediglich 4 Tage begonnen, und die Soldaten leiden jetzt unter starkem Durst. Die Division wird ermahnt, äußerst sparsam mit der Munition umzugehen.«

Am Sonnabend, dem 30. Mai 1942, tritt die Schlacht an der Gazala-Linie in eine entscheidende Phase: Mitten in den Minenfeldern der britischen Verteidigung geraten die Deutschen an eine bis dahin von der Aufklärung nicht erkannte Verteidigungsstellung (Box) der britischen 150. Brigade, die den weiteren Vorstoß der Verbände Rommels aufhält. Die zwischen den Minenfeldern und der Verteidigungslinie (Box) eingeklemmten deutschen Panzer sind fast ohne Treibstoff, Munition und Verpflegung. Während aber die britischen Generäle zwei Tage lang überlegen, gruppiert Rommel inzwischen seine Kräfte um.

Am selben Tag bekommt der C-in-C Middle East endlich von B.P. verschiedene Berichte der Heeres-Enigma für den 27., 28. und 29. Mai 1942, darunter die tägliche Abendmeldung der Panzerarmee. Dies bestätigt dem C-in-C Middle East, General Auchinleck, die ernste Versorgungskrise der Rommel-Verbände.

An diesem Tag schaltet sich Churchill persönlich in die Übermittlung der Enigma-Berichte an den C-in-C ein: Als Sofortmaßnahme veranlaßt er den »C« (traditionelle Tarnbezeichnung für den Chef des SIS), dafür zu sorgen, daß erstens – entgegen seiner bisherigen Anordnung – zwei Enigma-Lageberichte vom B.P. sofort in vollem Text und wortgetreu an den C-in-C Middle East übermittelt werden. Zweitens sollen »während der derzeitigen Kampfhandlungen . . . alle Meldungen von strategischer Bedeutung, die Absichten und Lage des Gegners erkennen lassen, grundsätzlich persönlich und in vollem Wortlaut an General Auchinleck gesandt werden«.

Der Entschluß Churchills bedeutet: Außer dem üblichen Service und Verteiler, der streng beachtet werden muß, erhält jetzt der C-in-C Middle East sämtliche Enigma-Berichte. Damit ist für B.P. das Verbot aufgehoben, die entzifferten Enigma-Texte in ihrem ursprünglichen Wortlaut aus der Hand zu geben. Sie mußten vorher aus Sicherheitsgründen sorgfältig umredigiert werden, damit ihr wahrer Ursprung geheim blieb.

Trotz der jetzigen Vereinfachung in der Übermittlung der höchstgeheimen Berichte ist jedoch die Gefahr nicht auszuschließen, daß die Führung in London aufgrund der Enigma-Berichte zu anderen Schlußfolgerungen gelangt als der C-in-C Middle East in Kairo.

Feld-Fernschreibestelle im Lager der Div.-Nachrichtenabt. 200: Ein Fernschreiben wird fernmündlich angemeldet

Hier im HQ des SIS in Kairo laufen die Nachrichtenverbindungen zusammen: ein Wirrwarr von Fernsprech- und Fernschreibkabeln

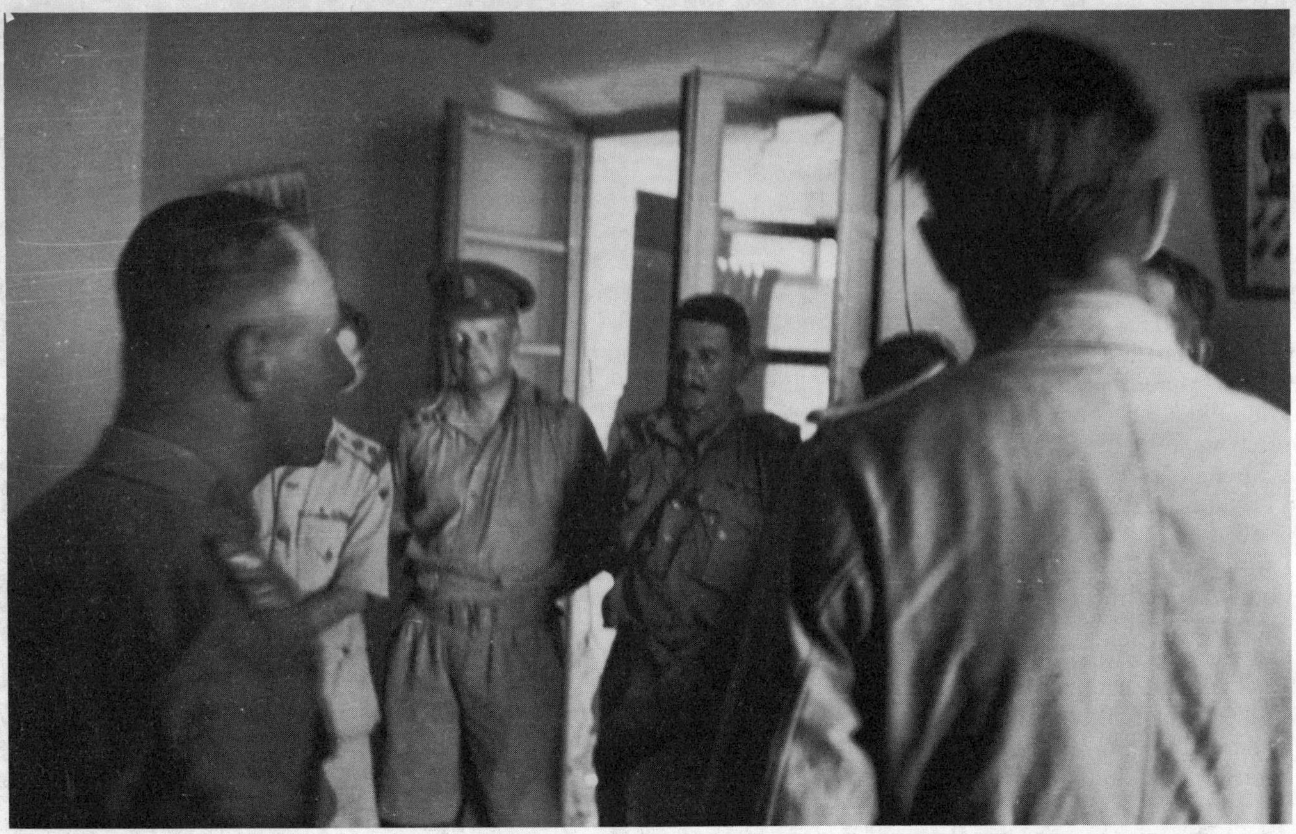

Raum Tobruk, Mai 1942: Rommel vernimmt persönlich die auf einem Aufklärungsvorstoß in Gefangenschaft geratenen britischen Offiziere

Am Sonntag, dem 31. Mai 1942, erfährt der C-in-C Middle East durch einen Enigma-Bericht, daß Rommel über den für die folgende Nacht geplanten Gegenangriff der 8. Armee Bescheid weiß. Er beabsichtigt jedoch nicht, seine Truppen zurückzuziehen, sondern wertet die britische Operation als günstige Gelegenheit, den Gegner erheblich zu treffen.
In diesen Tagen errichtet die RAF zusammen mit der 8. Armee ein gemeinsames Hauptquartier, um die PR (Photographic Reconnaissance)-Operationen der Luftaufklärung besser zu koordinieren. Diese Maßnahme hat zwar einige Vorzüge, doch gelingt es auch jetzt nicht, die Ergebnisse der Luftaufklärung mit Erkenntnissen anderer nachrichtendienstlicher Quellen für eine bessere Beurteilung der Feindlage zufriedenstellend auszuwerten.

Ende Mai 1942 schafft es B.P. endlich, einen neuen Schlüssel der Heeres-Enigma (britische Codebezeichnung »Thrush«) zu brechen. Jetzt ist die GC and CS imstande, wertvolle Informationen über den täglichen Lufttransport von Nachschub und Truppenverstärkungen nach Nordafrika zu liefern. Und Chaffinch ist nicht mehr der einzige Heeres-Enigma-Schlüssel, der entziffert werden kann.

Ab Juni 1942 wird übrigens der 24-Stunden-Tagesschlüssel der Enigma alle acht Stunden gewechselt, um die Schlüsselmaschine »noch sicherer« zu machen. Die damit verbundenen Veränderungen der Schlüsselwalzanordnungen werden jedoch nach einem feststehenden System durchgeführt, was den britischen Kryptologen das Entziffern der neuen Schlüsselsysteme erheblich erleichtert.

Am Montag, dem 1. Juni 1942, fällt nach heftigen Stuka-Angriffen die den Vormarsch sperrende britische Verteidigungsstellung »Box«. Jetzt wendet sich Rommel nach Süden, um Bir Hacheim zu erobern, und wehrt gleichzeitig einige schwache britische Vorstöße aus Norden ab. Eine Nachschubkolonne mit Verpflegung, Treibstoff und Munition erreicht endlich die an Versorgungsmangel leidenden deutschen Verbände. So ändert sich schlagartig die Lage auf dem Schlachtfeld: Die nach Meinung der Engländer kurz vor dem Zusam-

▶

Mittelmeer, Juni 1942: ein italienischer Frachter mit Nachschub für die Panzerarmee Afrika nach einem RAF-Bombenangriff

TOP SECRET U.

This note on the use of Ultra is written from the point of view of a British consumer. It should not be necessary to stress the value of the material in shaping the general Intelligence of the war. Yet it should be emphasised from the outset that the material was dangerously valuable not only because we might lose it but also because it seemed the answer to an Intelligence Officer's prayer. Yet by providing this answer it was liable to save the recipient from doing Intelligence. Instead of being the best, it tended to become the only, source. There was a tendency at all times to await the next message and, often, to be fascinated by the authenticity of the information into failing to think whether it was significant at the particular level at which it was being considered. To be "Flivo-minded" at an Army HQ was permissible: at an Army Group it was to forget one's proper function. Probably essential wood was ignored because of the variety of interesting trees on view. The information purveyed was so remarkable that it tended, particularly if one were tired or overbusy, to engulf not only allother sources but that very commonsense which forms the basis of Intelligence.

TOP SECRET U.

15

out for ourselves, as a cover for the source, sometimes gave us a reputation for ability which made us feel extremely dishonest. Yet it is contended that very few Armies ever went to battle better informed of their enemy, and it is recognised by those who ostensibly provided the information that they were but useful hyphens between the real producers at Bletchley Park and the real consumer, the soldier in the field whose life was made that much easier by the product.

/s/ E. T. WILLIAMS
Brigadier

5 October 1945

»Über den Umgang mit Ultra-Berichten«, verfaßt von Brigadier Williams, dem Intelligence-Chef von Gen. Montgomery: Noch im Oktober 1945 als ULTRA STRENG GEHEIM behandelt und erst nach über 30 Jahren freigegeben (Dok.Nr. P20 WO 208/3575)

menbruch stehenden Angriffsverbände Rommels stoßen jetzt nach Osten in Richtung Ägypten vor.
Am frühen Morgen liegt dem C-in-C Middle East ein Enigma-Bericht vor, den B.P. um 6.04 Uhr abgesandt hat, und der ihm Rommels weitere Absichten aufzeigt: Die Panzerarmee Afrika will die gegnerischen starken Pak-Stellungen angreifen und nach Vernichtung der britischen Panzer sowie Panzerabwehr-Sperriegel zum Gegenangriff ausholen.
Von diesem Tag an kann B.P. einen weiteren Erfolg verbuchen: Bis Ende Mai 1942 hat die oft sogar nur lückenhafte Entzifferung der täglichen Heeres-Enigma-

Raum Tobruk, Juni 1942: Rommel, nach der Beförderung zum Generalfeldmarschall, auf einer Frontfahrt

Rommel-Offensive in Richtung Alexandria mit den Augen eines Londoner Karikaturisten

Berichte bis zu 10 Tagen gedauert. Somit war die operativ wichtige Information kaum noch zu gebrauchen. Jetzt beträgt die Zeit vom Abhören eines Funkspruchs bis zur Weitergabe eines entzifferten Textes an den C-in-C Middle East durchschnittlich nur noch 24 Stunden. Der Grund dafür: Die Nachrichtenübermittlung zwischen Nordafrika, Italien und dem OKH sowie umgekehrt wird jetzt überwiegend per Funk und nicht wie bisher per Telex bewältigt.

In der Nacht vom 1./2. Juni 1942 drängen die 90. leichte Infanteriedivision und die italienische Division »Trieste« gegen Bir Hacheim, den südlichsten Eckpfeiler der britischen Front, und schließen das Wüstenfort von Osten her ein. Die Aufforderung zur Übergabe wird von dem Kommandeur der französischen 1. Brigade, General Koenig, abgelehnt.

Am Dienstag, dem 2. Juni 1942, treten mittags die italienische Division »Trieste« von Norden und die deutsche 90. leichte Infanteriedivision von Süden her gegen das Wüstenfort Bir Hacheim zum Angriff an. Die eingeschlossenen Truppen verteidigen sich jedoch hartnäckig. Rommel: »Nur selten wurde mir auf dem afrikanischen Kriegsschauplatz ein derart hartes Gefecht geliefert.«

Bereits Anfang Juni 1942 kann die britische Funkaufklärung, der Y-Dienst, ohne größere Schwierigkeiten den emsigen Funkverkehr der Seebohm-Horchkompanie ausmachen und deren Standort anpeilen. Die abgehörten Funksprüche, die in B.P. entziffert und dem C-in-C Middle East mit anderen wichtigen Enigma-Berichten vorgelegt werden, lassen keinen Zweifel zu, daß sich hier die wichtigste Nachrichtenquelle für Rommel befindet.

Seit Ende der ersten Juni-Woche wird die britische Feinderkundung immer ergiebiger: Erbeutete Dokumente und Ausrüstung, die Aussagen von Kriegsgefangenen sowie ständige Luft- und Erdaufklärung runden das Bild der Enigma-Berichte ab. Aber auch dies schützt die 8. Armee nicht vor schweren Rückschlägen.

Nach den bereits eine Woche dauernden Kämpfen hofft Rommel, über Sollum und Bardia weiter vorstoßen zu können. Er gibt jetzt dem linken Flügel Anweisung, durch Nebelgeräte, Panzerattrappen, Fahrzeuge mit Propellern, die Staub aufwirbeln, und mit Beutepanzern eine Bereitstellung für eine große Offensive vorzutäuschen. Die Befehlshabenden Generäle sollen ihre Divisionskommandeure unterrichten und danach alle schriftlichen Befehle verbrennen.

Am Montag, dem 8. Juni 1942, erhält der C-in-C Middle East den Abend-Lagebericht der Panzerarmee Afrika vom 7. Juni 1942. Darin heißt es: Rommel habe seit Beginn seiner Offensive bis zu 40 Prozent seiner Panzerkräfte sowie Mannschaften eingebüßt.

Einige Stunden später trifft in Kairo eine weitere Enigma-Meldung ein: Rommel hätte am 6. Juni 1942 dem Angriff auf Bir Hacheim Vorrang gegeben und die Führung dieser Operation persönlich übernommen.

Am Dienstag, dem 9. Juni 1942, liegt dem C-in-C Middle East ein Enigma-Bericht mit einer wichtigen Nachricht vor: Rommel soll sich weigern, Panzer gegen Bir Hacheim einzusetzen. Er befürchte, daß dies seine Pläne, mit der geringsten Verzögerung auf Tobruk vorzustoßen, negativ beeinflussen könnte. Colonel de Guingand fliegt sofort in das Hauptquartier von General Ritchie, um den Armeebefehlshaber zu warnen. Er überbringt Ritchie zwar die Nachricht, erwähnt jedoch nicht, daß diese Information einer Enigma-Meldung entstammt. Ritchie, der anscheinend vermutet, daß Rommels Täuschungsmanöver und Tarnoperationen die Ansichten von General Auchinleck beeinflußt haben, beachtet diese Warnung nicht.

Am Mittwoch, dem 10. Juni 1942, gelingt es nach mehrere Tage dauernden Stuka-Angriffen dem Darmstädter Schützenregiment 115 (Oberst Baade), von Norden her tief in die Verteidigungsanlagen von Bir Hacheim einzudringen. Trotz deutscher Sicherungsmaßnahmen

3. Horchkompanie (jetzt Hptm. Seebohm), Juni 1942. Ein Funker an seinem Gerät: Der britische SIS hört mit

Mittelmeer, Juni 1942: Ein italienischer Frachter sinkt brennend nach einem RAF-Bombenangriff

bricht im Schutz der Dunkelheit ein Teil der Besatzung des Forts, unter Führung ihres Kommandanten General Koenig, nach Westen aus und kann sich bis zur britischen 7. motorisierten Brigade durchschlagen.
Die Kämpfe in der Wüste verlagern sich nun weiter östlich in den Raum El Adem. Um die als »Knightsbridge« bezeichnete Gegend entwickelt sich eine mehrere Tage dauernde Panzerschlacht. Die amerikanischen Grant-Panzer und die britischen 5,7-cm-Pak fügen den Deutschen hohe Verluste zu. Die Deutschen wiederum schießen mit ihren 8,8-cm-Flak zahlreiche britische Panzer ab und zerschlagen zwei britische Panzerdivisionen. Danach räumen die britischen Truppen das Gefechtsfeld.

Bereits am Morgen des 12. Juni 1942 liegt im Hauptquartier der 8. Armee ein entzifferter Befehl Rommels, den er tags zuvor für einen Vorstoß erteilt hatte. Diesmal kommt er jedoch nicht wie üblich vom B.P., sondern ist ein Funkspruch, den der Y-Dienst der 8. Armee aufgezeichnet hat.

Sein Inhalt: Ein Befehl Rommels für die 90. leichte Division, in Richtung auf El Adem vorzugehen, inzwischen soll die 15. Panzerdivision zum Flugplatz von El Adem vorstoßen, während die 21. Panzerdivision und die Division »Ariete« das britische XXX. Korps im Raum westlich Knightsbridge aufspüren sollen. Nachdem die beiden Divisionen, die gegen El Adem vorstoßen, den Flugplatz und das Treibstoffdepot der RAF eingenommen haben, sollen sie einschwenken und die Gazala-Stellung einkesseln.

Am Sonnabend, dem 13. Juni 1942, erreicht die 8. Armee eine weitere Enigma-Meldung mit den Anweisungen Rommels für die nächste Phase seiner Operation: Demnach plant Rommel, nach der Zerschlagung britischer Panzerkräfte im Raum Knightsbridge und vor Bir Hacheim, die Gazala-Stellung aufzurollen. Er will dazu die Küstenstraße durchschneiden und dann über Acroma und El Adem die Festung Tobruk angreifen.

Sonntag, der 14. Juni 1942, bringt einen weiteren Erfolg für den SIS: B.P. gelingt es zum erstenmal, bereits gegen 5.30 Uhr morgens, in einer Eilmeldung der 8. Armee den fast vollständigen Inhalt des Tagesberichtes der Panzerarmee Afrika zu übermitteln, die diese am Abend zuvor an das OKH gefunkt hat. Nach dieser

Im HQ von GFM Kesselring, Juni 1942. Einer der sichersten Nachrichtenübermittlungswege: die Fernschreibstelle

Inmitten der libyschen Wüste, Juni 1942: Einheimischer als Wegführer einer Aufklärungsabteilung

Meldung wird Rommel seinen Angriff weiterführen und versuchen, die Gazala-Front völlig einzukreisen.
Um 13.00 Uhr trifft bei der 8. Armee eine mit allen Einzelheiten über Rommels Absichten versehene Enigma-Meldung für den laufenden Tag ein. Und kurz vor Sonnenuntergang überrascht wiederum der Y-Dienst die 8. Armee mit der Nachricht, »Rommel habe den Beginn des britischen Rückzugs aus Gazala beobachtet und seinen Verbänden befohlen, die Küstenstraße sofort zu blockieren«.
Am Abend übermittelt der B.P. dem C-in-C Middle East eine weitere Nachricht aus dem Funkverkehr der Panzerarmee Afrika: Nach Überprüfung der Lage durch Mussolini, Kesselring und Cavallero am 9. Juni 1942 hat General Bastico neue Befehle erhalten: Er soll sich auf die Einnahme von Bir Hacheim, der Gazala-Stellungen und auf die Zerschlagung der britischen Panzerkräfte beschränken. Die anschließende Einkesselung von Tobruk soll nicht unbedingt der nächste Schritt sein, obwohl er möglich sein könnte. Die Lage nach dem Fall von Bir Hacheim und Gazala muß erst erneut überprüft und die Verlustlage sowie das Nachschubproblem sorgfältig überwacht werden. Die erschöpften Truppen darf man auf keinen Fall in einen neuen Angriff werfen. Generalfeldmarschall Kesselring erwägt zwar, die Operation nach dem 20. Juni 1942 noch vier oder fünf Tage weiterzuführen, aber danach müßte eine Ruhepause eintreten.
Ebenfalls am 14. Juni 1942 gibt B.P. an den C-in-C Middle East zugleich mehrere Enigma-Berichte, aus denen klar hervorgeht, daß die Panzerarmee unter akutem Nachschubmangel leidet. Das DAK habe kaum noch Munition, die Luftwaffe ihre letzten Reserven verbraucht und für die Panzerarmee sei Nachschub aus Neapel angefordert.

Am Dienstag, dem 16. Juni 1942, um 5.00 Uhr morgens kann der C-in-C Middle East einem Enigma-Bericht entnehmen: Rommel plant, seine Stellungen an den Anhöhen um Tobruk auszubauen und das große britische Nachschubdepot in Belhamed im Laufe des Tages einzunehmen.

Obwohl der italienisch-deutsche Vorstoß zum Stehen gebracht ist, verursachen an diesem Tag die erbitterten Kämpfe in der Tiefe der britischen Gazala-Stellungen derart schwere Verluste, daß General Ritchie seiner 8. Armee den Befehl zum Rückzug erteilt. In dieser heiklen Situation entschließt sich die britische Führung, die Stadt und Festung Tobruk zu verteidigen.

Bevor jedoch die Engländer die neue Lage richtig erfassen, wendet Rommel blitzschnell eine List an: Er stoppt plötzlich seine Verbände und läßt sie nach Westen umkehren. Im Eiltempo rollen nun die deutschen motorisierten Verbände zurück, direkt auf das sich in Ruhe wiegende Tobruk. Die verblüfften, vom Kampf an der Gazala-Linie erschöpften englischen Truppen haben kaum Zeit, Verteidigungsmaßnahmen zu treffen. Innerhalb von vier Stunden kann die 15. Panzerdivision (jetzt Oberst Crasemann) in den von unvollständigen Minenfeldern geschützten Verteidigungsring um Tobruk einbrechen.

Am Mittwoch, dem 17. Juni 1942, um 6.00 Uhr morgens, erreicht den C-in-C Middle East der neue Enigma-Bericht für den laufenden Tag. Es ist der Befehl Rommels an das DAK. Es soll das Flugfeld Gambut einnehmen, danach die Straße östlich von Tobruk durchqueren, um die Einkreisung der Festung zu vollenden. Am selben Tag gegen 20.00 Uhr liegt dem C-in-C Middle East ein weiterer Enigma-Bericht vor: Darin fordert die Panzerarmee, schnellstens 8000 Mann Reserve mit Flugzeugen nach Nordafrika zu schaffen. In der Antwort heißt es, daß der Mangel an Transportmaschinen höchstens die Zahl von 75 Mann pro Tag zuläßt.

Am Donnerstag, dem 18. Juni 1942, erfährt der C-in-C Middle East aus einem Enigma-Bericht der Panzerarmee, daß Hitler am 13. Juni 1942 die Befehle genehmigt hat, die auf der Konferenz am 9. Juni 1942 Mussolini dem General Bastico erteilt hat.

Am Nachmittag, gegen 17.00 Uhr, übermittelt B.P. dem C-in-C Middle East einen Enigma-Bericht, der enthüllt, daß Rommel seine letzten Vorbereitungen für einen Angriff auf Tobruk gerade abgeschlossen hat.

Am Freitag, dem 19. Juni 1942, bekommt der C-in-C Middle East einen Enigma-Bericht mit Tagesbefehlen von Generalfeldmarschall Kesselring vom selben Tage. »Das Schicksal von Nordafrika wird von Tobruk abhängen . . . Jeder muß dies morgen wissen und entsprechend handeln.« (*Autor:* Rückübersetzung aus dem Englischen.)

Am Abend des 21. Juni 1942 fängt der Y-Dienst der 8. Armee eine von Rommel unterzeichnete Meldung ab: »Die Garnison der Festung Tobruk hat sich ergeben.«
Die südafrikanische 2. Division und andere Commonwealth-Einheiten mit insgesamt 32220 Mann, darunter der Kommandant von Tobruk, Major General Klopper, werden gefangengenommen. In Kairo beginnen britische Regierungsangestellte mit dem Verbrennen von Geheimdokumenten, und die Royal Navy bereitet sich darauf vor, ins Rote Meer auszulaufen.
Inzwischen landet Mussolini in Tripolis und bringt einen Schimmel, das Schwert des Islam und ein Musikkorps mit, um für den triumphalen Einmarsch in der ägyptischen Hauptstadt gerüstet zu sein. Hitler ernennt Rommel zum jüngsten Feldmarschall in der deutschen Geschichte. Das OKW läßt vorsorglich Kriegsmedaillen für die Einnahme Ägyptens und des Suezkanals prägen. Das Besatzungsgeld wird schon gedruckt.

Am Montag, dem 22. Juni 1942, teilt B.P. bereits am Morgen dem C-in-C Middle East den neuesten Lw-Enigma-Bericht mit, dessen Adressat Reichsmarschall Göring ist. Darin heißt es: Kesselring und Rommel haben sich geeinigt, daß die Truppen für einen Angriff auf Maddalena, Halfaja und Sollum am 26. Juni 1942 konzentriert werden. Rommel plant mit seinen Infanteriekräften einen Scheinangriff auf die Grenzstellungen der 8. Armee. Währenddessen soll das DAK nach Süden vorstoßen, um die Flanke der 8. Armee einzukreisen.

Gedenkmedaille für den triumphalen Einzug in Kairo, die der Duce im Sommer 1942 prägen ließ: »Summa audacia et virtus« steht auf der Rückseite. Die Medaille trägt das Datum vom »28. Oktober 1942«

Raum Capuzzo, Juni 1942: Bergung eines soeben erbeuteten unbeschädigten britischen Panzers »Crusader«

Am Dienstag, dem 23. Juni 1942, überschreitet die Panzerarmee Afrika die libysch-ägyptische Grenze. Rommels nächstes Ziel: Innerhalb einer Woche, bis zum 30. Juni 1942, soll Alexandria genommen und das Nil-Delta sowie Kairo erreicht werden. Rommel will jetzt bis zum Suezkanal vordringen. Die Eroberung Maltas soll warten. Kesselring ist zwar dagegen und weist darauf hin, daß nur die Einnahme Maltas die Nachschublage in Nordafrika sichern kann.

In Wirklichkeit besitzt aber die britische Führung im Mittelmeerraum in der ersten Hälfte des Jahres 1942 nicht genügend U-Boote, Schiffe und Flugzeuge, um die Nachschub-Konvois radikal zu bekämpfen. Und die operativ-taktischen Möglichkeiten der Royal Navy sind stark reduziert. Die Ursachen: Die Erfolge der deutschen U-Boote und italienischen Kleinkampfmittel, die Einsätze der Luftwaffe sowie der Regia Aeronautica und die erfolgreichen deutsch-italienischen Minenunternehmungen.

Ebenfalls am 23. Juni 1942 übermittelt B.P. dem C-in-C Middle East mehrere Enigma-Berichte, darunter einen detaillierten Plan Rommels für die Einkreisung der britischen Grenzstellungen. Seinen Angriff sollen Luftwaffenkräfte von Kreta aus unterstützen, weil auf den

Kreta, ein deutscher Feldflugplatz nahe Heraklion, Juni 1942: Bomben für Rommel

libyschen Feldflugplätzen kaum noch Treibstoff und Bomben vorhanden sind. Die Erbeutung mehrerer umfangreicher Versorgungslager und Treibstoffbestände in Tobruk wird bestätigt. Auch soll die Panzerarmee in den nächsten Tagen Karten von Sollum, Sidi Barrani, Marsa Matruh, El Daba und Alexandria erhalten. Aus allen diesen Berichten kann der SIS eine für den weiteren Verlauf des Feldzuges eminente Tatsache entnehmen: Rommel beabsichtigt keineswegs, eine Pause an der ägyptischen Grenze einzulegen.

Am Mittwoch, dem 24. Juni 1942 gegen 2.30 Uhr, bekommt der SIS eine Nachricht von B.P., die ihn aufhorchen läßt: Laut Enigma-Bericht hätten die Deutschen erfahren, daß die Engländer nach Ansicht des US-Militärattachés in Kairo entscheidend geschlagen worden seien. Jetzt scheint der Augenblick gekommen zu sein, daß Rommel das Nil-Delta überrollen könnte. An diesem Tag stellt die 8. Armee laut Meldungen des Y-Dienstes und der Luftaufklärung noch vor Sonnenuntergang fest, daß sich die Hauptkräfte der beiden Panzerdivisionen Rommels, die 90. leichte Division und die Division »Ariete« sowie Aufklärungseinheiten zur Zeit höchstens 75 Kilometer westlich von Marsa Matruh befinden und rasch nach Osten vorrücken.

Am Donnerstag, dem 25. Juni 1942, wird General Ritchie abgelöst. Wegen der ernsten Situation übernimmt der Oberste Befehlshaber im Mittleren Osten,

Sonnenuntergang in dem von Rommel eingenommenen Hafen von Tobruk

Britischer Funkwagen angelehnt an eine Düne: Die Deutschen hören mit

General Auchinleck, persönlich die Führung der britischen 8. Armee und entschließt sich für den weiteren Rückzug in den Raum El Alamein, der letzten Verteidigungsstellung vor Alexandria.
Die auf 75 Kilometer Länge stark ausgebauten englischen Stellungen bei El Alamein gehen mit ihrem rechten Flügel bis zum Mittelmeer und mit dem linken bis zu der für Panzer unpassierbaren ausgedehnten Talsenke El Kattara. Sie zu umgehen ist durch das Fehlen von Verbindungswegen und die enormen Entfernungen kaum möglich. Ein anderer Nachteil für die Angreifer: Die englischen Versorgungslinien sind sehr kurz, während die deutschen Nachschubwege sich ständig verlängern. Die britischen Verbände haben zwar hohe Verluste, sind aber kampfkräftig geblieben und werden laufend verstärkt.
An diesem Tag beginnen in Alexandria die Vorbereitungen zur Evakuierung der Schiffe sowie der wichtigsten Anlagen im Seestützpunkt und des Hauptquartiers der Mittelmeerflotte.

Auch am Freitag, dem 26. Juni 1942, wird der Vormarsch der Panzerarmee Afrika auf Marsa Matruh sowohl von Bodenpatrouillen als auch Nahaufklärern beobachtet. Obwohl die 8. Armee fast ständig über die aktuellen Absichten des Gegners informiert ist, beeinflußt dies kaum ihre kritische Lage: Selbst die Übermittlung dieser Nachricht an die kämpfenden Verbände ist wegen der totalen Desorganisation kaum möglich.

Am Sonnabend, dem 27. Juni 1942, benachrichtigt B.P. den C-in-C Middle East über einen soeben entzifferten Enigma-Funkspruch: Rommel hat das X. Fliegerkorps auf Kreta aufgefordert, so schnell wie möglich Luftaufnahmen der El Alamein-Befestigungen zu liefern.

In der Nacht vom 27./28. Juni 1942 bricht die neuseeländische 2. Division (Lt.Gen. Freyberg) aus dem von Rommel-Verbänden umklammerten Raum Marsa Matruh aus. An den erbitterten Feuergefechten, die den Ausbruchsversuch vereiteln sollen, nimmt sogar die Horchkompanie Hauptmann Seebohm teil. Einige Tage danach verlegt Seebohm seine Kompanie weiter nach Westen.

Am Sonntag, dem 28. Juni 1942 um 5.15 Uhr, trifft beim C-in-C Middle East ein vom B.P. entzifferter Funkspruch der Supermarina ein: Rommel beabsichtigt, jetzt Marsa Matruh von Süden und Osten her einzukreisen. Am Nachmittag erfährt der C-in-C durch eine Enigma-Meldung, daß die Luftwaffe soeben die Aufklärung des Raumes El Alamein—El Kattara-Senke abgeschlossen hat.

Am selben Tag meldet die Panzerarmee Afrika laut einem von B.P. an den C-in-C Middle East übermittelten Enigma-Bericht, daß sie »bei Marsa Matruh auf stärkeren Widerstand getroffen sei als vermutet«.
Nach Sonnenuntergang wird General Auchinleck ein weiterer Enigma-Bericht vorgelegt: Rommel plant, die neuen britischen Stellungen so schnell wie möglich anzugreifen.

Am Montag, dem 29. Juni 1942, erobert die deutsche 90. leichte Infanteriedivision (GenMaj. Veith) Marsa Matruh und nimmt 5000 Gefangene.
Am selben Tag bricht plötzlich die neben der Funkaufklärungskompanie von Hauptmann Seebohm existierende beste Nachrichtenquelle Rommels ab: Die Depeschen des US-Militärattachés Colonel Feller. Die »Gute Quelle«, die seit Herbst 1941 durch Zuverlässigkeit ihrer Informationen entscheidend zur richtigen Feindlage-Einschätzung Rommels beigetragen und ihm erheblich bei seinen Erfolgen geholfen hat, ist versiegt.

In der Nacht vom 29./30. Juni 1942 trifft beim C-in-C Middle East eine Eilmeldung von B.P. ein. Aus dem soeben entzifferten Lw-Enigma-Bericht geht hervor: Rommel beabsichtigt, am 30. Juni 1942 um 15.00 Uhr, seinen Angriff wieder aufzunehmen. Noch am Vormittag will er einen Scheinangriff gegen die El Alamein-Stellungen einleiten und erst dann mit dem Hauptangriff beginnen.
Ein weiterer, an diesem Tag dem C-in-C übermittelter Enigma-Bericht lautet: Rommel hat das Gros seiner Kräfte nach Südosten für eine Umfassungsbewegung südlich von Bab el Quattara beordert.

Am Morgen des 30. Juni 1942 bekommen alle Verbände der 8. Armee den Befehl: »Alle Verteidigungsmaßnahmen müssen so schnell wie möglich abgeschlossen werden, weil damit zu rechnen ist, daß die Alamein-Stellung ab mittags jederzeit angegriffen werden kann.«
Um 10.50 Uhr sendet B.P. eine neue, dem Lw-Enigma-Bericht entnommene Eilmeldung an den C-in-C Middle East: Da die Truppen ihre Ausgangsstellungen zur Stunde noch nicht erreicht haben, bezweifelt die Luftwaffe, daß die Panzerarmee wie vorgesehen den Angriff eröffnen kann.
Die 90. leichte Division ist immer noch etwa 20 Kilometer von El Alamein entfernt. Die 21. Panzerdivision muß aus Treibstoffmangel ihren Vormarsch unterbrechen. Ein heftiger Sandsturm hat unerwartet die Verlegung der Luftwaffen-Einheiten auf die vorgeschobenen Feldflugplätze verzögert.
Gegen 16.00 Uhr bekommt der C-in-C Middle East einen weiteren Enigma-Bericht von B.P., in dem Rommel aufgrund neuester Entwicklungen seine Absichten korrigiert: Der Angriff soll nun am nächsten Tag, wahrscheinlich um 13.00 Uhr, beginnen.

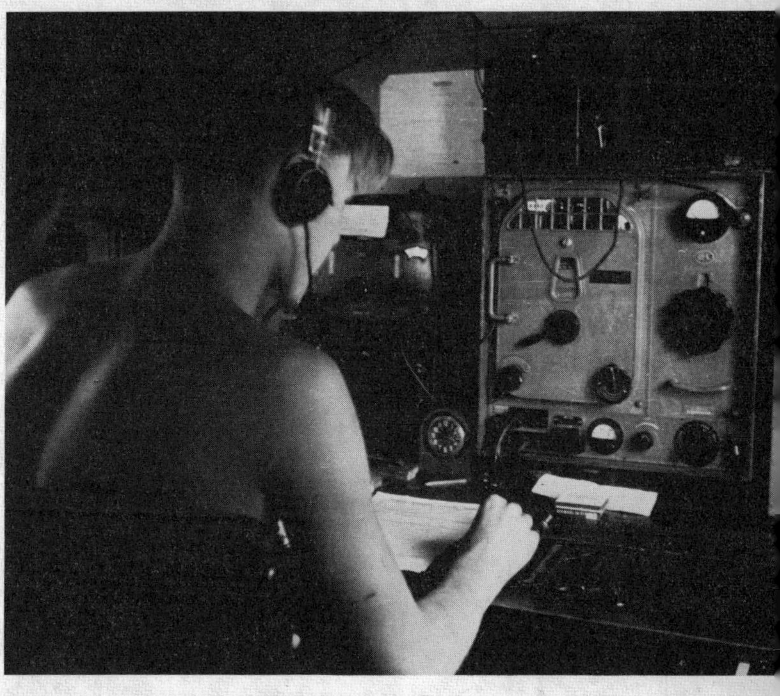

Raum Marsa Matruh, Juni 1942: Deutscher Funker setzt einen Funkspruch ab

Mittelmeer, Juni 1942: italienischer Motorsegler mit einer Treibstoffladung für die Panzerarmee Afrika explodiert nach dem Torpedoangriff durch RAF-Bomber

In einem weiteren Enigma-Bericht, der beim C-in-C Middle East eintrifft, heißt es: »Genaue Angaben betreffs Bereitstellungsräume einzelner Verbände vor Eröffnung des Angriffs. Die geplante Stoßrichtung der 15. Panzerarmee: zwischen El Alamein und der El Kattara-Senke. Die Luftwaffe hat den Befehl bekommen, morgen, am 1. Juni 1942 zwischen 4.00 und 6.00 Uhr, auf die britischen Schlüsselstellungen im Raum El Alamein und Truppenansammlungen östlich, südlich und westlich dieses Raumes rollende Angriffe durchzuführen.«

An diesem Tag erreicht die Panzerarmee Afrika den Ort El Alamein, etwa 95 Kilometer westlich von Alexandria, doch bleibt ein sofortiger Durchbruchsversuch bei dem sich versteifenden britischen Widerstand stecken.

Ende Juni 1942 verschiebt Hauptmann Seebohm seine Horchkompanie weit nach vorn. Er wählt für seine NFA-Kompanie 621 einen Aufbauplatz direkt am Meer, nahe den als »Jesus-Hügel« genannten Kuppeln, nordwestlich der Haltestelle Tel el Eisa, nicht ganz 1000 Meter hinter den diesen Frontabschnitt haltenden italienischen Truppen. Der Grund für eine so exponierte Stelle: Die Garantie für störungsfreien und deutlichen Empfang des wichtigsten gegnerischen Funkver-

Am Rande der El Kattara-Senke, Juni 1942: deutscher Beobachtungsposten bei einem Erdaufklärungseinsatz

Raum Tel el Eisa, Juni 1942: ein Funkkraftwagen der 3. Horchkompanie (Hpt. Seebohm)

kehrs sowie gute Verbindungen mit den Peilstellen im rückwärtigen Frontgebiet.
Selbst die immer wieder auftauchenden RAF-Aufklärungsmaschinen, deren besonderes Interesse den in den Dünen liegenden Funkwagen, Antennen und Zelten der Kompanie gilt, können Hauptmann Seebohm nicht dazu bewegen, seine Horchstelle weiter nach rückwärts zu verlegen. Die Kompanie gehört, obwohl sie völlig unabhängig ist und nach Anweisungen von Berlin arbeitet, zum Panzer-Nachrichtenregiment 10.
Sie besteht aus fünf Zügen und ist in zwei Staffeln unterteilt. Die 1. Staffel mit dem Kompaniestab und dem 3. Zug befindet sich beim Stab der Panzerarmee Afrika. Sie ist verantwortlich für Entzifferung und Auswertung des gesamten abgehörten gegnerischen Funkverkehrs. Die 2. Staffel liegt mit zwei Zügen jetzt bei Tel el Eisa. Der dem vorgeschobenen Stab von Rommel als ständiger Begleitoffizier zugeteilte Leutnant Wischmann von der NFA-Kompanie 621 hält zusammen mit zwei Funkern die Verbindung zu den Teilen der Kompanie bei Tel el Eisa.
Jeder vom Seebohm-Abhördienst aufgefangene gegnerische Funkspruch von Bedeutung wird an Leutnant Wischmann weitergeleitet, entziffert und Rommel vorgelegt und danach auf eine Funklagekarte aufgezeichnet. Hauptmann Seebohm ist auch der von einem Chiffrierspezialisten geführten Entzifferungsgruppe zugeteilt.
Die Kompanie ist mit zwei leistungsstarken 100-Watt-Empfangssendern ausgestattet und benutzt die Heeres-Enigma-Schlüsselmaschinen auf sämtlichen Hauptfunklinien. Sie arbeitet auf den Hauptfrequenzen von 1057 kHz.
Das Durchschnittsalter der Kompanieangehörigen beträgt etwa 25 Jahre, sie sind intelligente und gut ausgebildete Funker mit fließenden englischen Sprachkenntnissen. Die Seebohm-Kompanie gibt regelmäßig Tagesberichte und eine monatliche Zusammenfassung der Erkenntnisse, sogenannte Funklageberichte, heraus.
Die ausführlichen täglichen Funklagemeldungen für die deutschen und italienischen Stäbe in Nordafrika beinhalten Erkenntnisse über die Organisation und Standorte der gegnerischen Truppen. Eine zusammenfassende Kurzform geht an die Horch-Auswertungsstelle (HAS) in Berlin, an den Kommandeur der Horchtruppen Südost in Athen, den Chef des Generalstabs der Panzerarmee Afrika und andere.
Der abgehörte, operativ wichtige und in einem komplizierten Code verfaßte Funkverkehr des C-in-C Middle East wird sofort an die Hauptauswertungsstelle in Berlin geleitet, da sich in Nordafrika keine deutschen hochgradigen Kryptologen befinden.

Funker der 3. Horchkompanie peilen einen Sender an

Funker der 3. Horchkompanie beim Empfang eines Funkspruchs

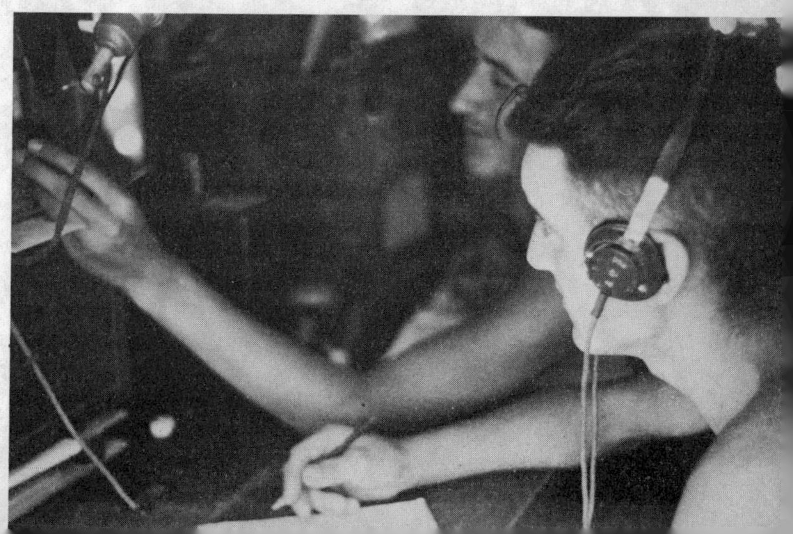

1942

JULI – DEZEMBER

Norddeutsche Ausgabe

184. Ausg. / 55. Jahrg. / Einzelpreis 20 Pf.

„Freiheit und Brot"

Norddeutsche Ausgabe

Berlin, Freitag, 3. Juli 1942

VÖLKISCHER BEOBACHTER

Kampfblatt der nationalsozialistischen Bewegung Großdeutschlands

Der Vernichtungssieg von Sewastopol

Rückzug der Briten auf das Nil-Delta

Ein Jahr Heldenkampf im Osten: 271612 Gefallene

Cavallero Marschall von Italien

Drahtmeldung unseres römischen Berichterstatters

Al. Rom, 2. Juli.

Aus dem Führerhauptquartier, 2. Juli.

Das Oberkommando der Wehrmacht gibt bekannt:

Wie bereits durch Sondermeldung bekanntgegeben, haben deutsche und rumänische Truppen unter Führung des Generalfeldmarschalls von Manstein, hervorragend unterstützt von dem bewährten Nah-

geschlagenen britischen Kräfte, die sich auf das Nildelta zurückziehen. Im Seegebiet von Port Said versenkte ein deutsches Unterseeboot einen britischen Munitionsdampfer von 1800 BRT.

Auf der Insel Malta wurden die Luftangriffe auf britische Flugplätze wirkungsvoll fortgesetzt. Bombentreffer verursachten besonders auf d..a Flugplatz Lucca zwischen abgestellten Flugzeugen und in den Flugplatzeinrich-

Glänzende Waffentat

VB. Berlin, 2. Juli.

Der erbitterte Kampf um Sewastopol, in dem die eingesetzten deutschen und rumänischen Verbände unter Führung des Generalobersten von Manstein, des Siegers von Kertsch, Übermenschliches an Tapferkeit und Zähigkeit geleistet haben, hat mit dem Fall des Hauptbollwerks der Bolschewisten am Schwarzen Meer geendet. Mit Recht hat man Sewastopol die stärkste Festung der Welt genannt. Als der Krimkrieg zu Ende ging, der im wesentlichen ein Kampf um Sewastopol darstellte, verlor die Seefeste zunächst an Bedeutung, da die Russen nach den Bestimmungen des Pariser Vertrages am Schwarzen Meer nur noch eine winzige Flotte halten durften. Sie haben dann die Niederlage Frankreichs im 70er Krieg dazu ausgenutzt, diese Klausel zu streichen und wiederaufzurüsten, wobei auch Sewastopol wieder mächtig ausgebaut wurde. Unter Ausnutzung einzigartiger, natürlicher Ge-

Berlin, 3. Juli 1942: Laut Dr. Goebbels steht die Besetzung von Ägypten unmittelbar bevor

Im HQ des Fliegerführers Afrika, Juli 1942. Zwei Feindlagebearbeiter: links, Ic-Offizier Oberlt. Dietrich und Ic-Fliegerführer Afrika Maj. Janke

Am Mittwoch morgen, dem 1. Juli 1942, übermittelt B.P. an den C-in-C Middle East einen entzifferten Funkspruch: Die Panzerarmee Afrika fordert vom OKH dringend 10000 Karten der größten ägyptischen Städte im Nil-Delta.
Jetzt beginnen Rommels Panzerverbände, die am Tag zuvor mit nur 48 einsatzbereiten Panzern und Panzerspähwagen die Enge bei El Alamein erreicht haben, einen Vorstoß gegen die Stellungen der britischen 8. Armee, der jedoch im feindlichen Feuer steckenbleibt.
Gegen 17.00 Uhr erfährt General Auchinleck aus Enigma-Berichten und Meldungen des Y-Dienstes: Der Vorstoß der 90. leichten Division wird aufgehalten. Die Division »Littorio« hat sich verirrt. Dagegen heißt es in einer Meldung von Rommel: Der 90. leichten Division »ist der Durchbruch gelungen«. Als diese Nachricht Berlin erreicht, läßt Dr. Goebbels in einem Presse-Kommuniqué verlautbaren, daß »die Besetzung von Ägypten unmittelbar bevorstehe«.

Am Freitag, dem 3. Juli 1942, übermittelt B.P. dem C-in-C Middle East bereits in den frühen Morgenstunden eine weitere wichtige Nachricht. Der soeben entzifferte Enigma-Bericht beinhaltet Rommels Absichten: Trotz hoher Verluste am Vortage wird weiterhin versucht, die britischen Verteidigungsstellungen um El Alamein zu überrollen und die Küstenstraße zu durchschneiden.
Noch am selben Tag muß jedoch die abgekämpfte Panzerarmee Afrika ihre am 1. Juli begonnene Opera-

tion, den Durchbruch der britischen Verteidigungslinie bei El Alamein, abbrechen und mit ihren geschwächten Verbänden zur Verteidigung übergehen.
Ebenfalls am 3. Juli 1942 übermittelt B.P. dem Hauptquartier der Mittelmeerflotte, C-in-C Mediterranean, einen entzifferten Bericht der Supermarina: Die Führung der Achsenmächte hat erfahren, daß Alexandria kurz vor der Evakuierung steht. Man hat beschlossen, dem dort internierten französischen Geschwader (Adm. Godfroy) die Durchfahrt zu den Heimathäfen zu gewähren.

Am Sonnabend, dem 4. Juli 1942, übermittelt B.P. dem C-in-C Middle East in den frühen Morgenstunden den entzifferten Befehl der Panzerarmee Afrika vom Abend zuvor: Rommel hat nicht die Absicht, am 4. Juli 1942 den Angriff weiterzuführen. Er will sich vorerst um die Lösung der ernsten Nachschubprobleme kümmern.

An diesem Tag erreicht die Zahl der entzifferten Enigma-Berichte, die B.P. an den C-in-C Middle East weiterleitet, Rekordhöhe: Es sind über 100 Funksprüche, deren operativer Wert unschätzbar ist. Sie beinhalten sogar taktische Einzelheiten, wie z. B. genaue Angaben über die Nachschubkolonnen und deren Marschrouten, Standorte der Hauptquartiere einzelner Verbände und ihre Gefechtsstände, Lage, Stärke und Beschaffenheit der Stellungen. Ebenso sind die aktuellen Stärken, Verluste und Absichten der Panzerarmee

Deutsche Generalstabskarte von 1942. Der Pfeil markiert die Aufbaustelle der 3. Horchkompanie (Hpt. Seebohm) bei Tel el Eisa

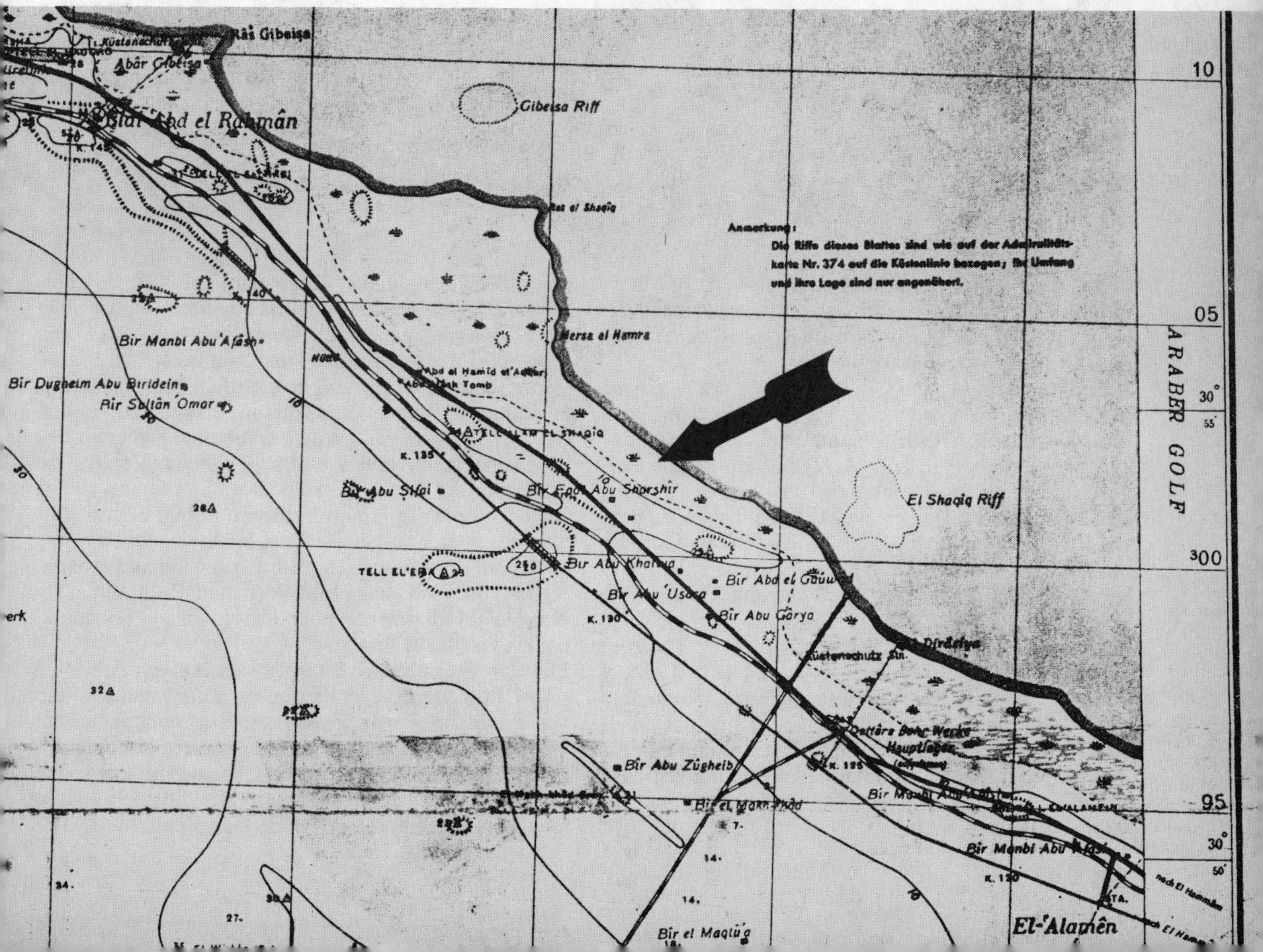

sowie Luftwaffe verzeichnet. General Auchinleck: »Wäre nicht Sigint (*Autor:* die entzifferten gegnerischen Funksprüche) gewesen, wäre Rommel mit Sicherheit nach Kairo durchgekommen.«
Jetzt entschließt sich der C-in-C Middle East zu einem Vorhaben, das wie kaum ein anderes das Schicksal des nordafrikanischen Feldzuges und damit der Rommel-Truppen entscheiden soll: Er gibt der verstärkten australischen II/26. Infanteriebrigade mit den Bataillonen II/24 und II/48 den Befehl, Tel el Eisa anzugreifen und in einem Stoßtruppunternehmen die deutsche Horchkompanie auszuheben. General Auchinleck und sein Feindlage-Bearbeiter de Guingand versprechen sich, auf diese Weise wichtige Erkenntnisse und Einblicke in Rommels Nachrichtenbeschaffung zu erbeuten. Der aus Victoria stammende Lieutenant Colonel Hammer wird mit der ihm unterstellten 2. Kompanie des 48. Bataillons der australischen 9. Infanteriedivision (Maj.Gen. Morshead), die erst vor kurzem an die Front verlegt wurde, mit dieser Aufgabe betraut. Der Zeitpunkt des Handstreichs ist für die Nacht vom 9./ 10. Juli 1942 angesetzt.
Am Abend des 4. Juli 1942 legt der Feindlage-Bearbeiter der 8. Armee seine neue Lagebeurteilung vor: »Da der Gegner den ganzen Tag über damit beschäftigt war, seine Vorräte an Munition und Treibstoff hinter eine starke Panzerabschirmung zu schaffen, deutet dies darauf hin, daß Rommel die damit verbundene geringe rückwärtige Verlegung seiner Truppen in Kauf nehmen wird, um später einen weitaus größeren Vorstoß zu unternehmen.«
Nach Rommels Sommeroffensive beruhigt sich allmählich die Front auf ihrer 50 Kilometer breiten Linie zwischen der sumpfigen, für Panzer unpassierbaren Senke von El Kattara im Süden und El Alamein im Norden an der Mittelmeer-Küste, einige Kilometer östlich von Tel el Eisa.
Die Panzerarmee Afrika setzt sich Anfang Juli 1942 nach Eintreffen der italienischen Verstärkungen aus vier Panzerdivisionen, davon zwei deutsche, sowie acht Infanteriedivisionen, darunter zwei deutsche, zusammen. Die britische 8. Armee (Gen. Auchinleck) wird unterdessen durch zwei Divisionen aus dem Mittleren Osten, durch amerikanische Sherman-Panzer und Artil-

lerie auf Selbstfahrlafetten verstärkt. Zur Zeit zählt die 8. Armee drei Panzerdivisionen, sieben Panzerbrigaden und sieben Infanteriedivisionen. Die Kräfte sind nun etwa gleich, doch besitzt die RAF die Luftherrschaft.

Am Dienstag, dem 7. Juli 1942, übermittelt B.P. dem C-in-C Middle East unter anderem folgenden Enigma-Bericht: Rommel bekommt jetzt Verstärkungen aus Kreta, und zwar das Infanterieregiment 382 der 164. Infanteriedivision. Das OKH läßt Rommel jedoch wissen, daß es neben dem festgelegten Ersatz nur einige wenige Einheiten zusätzlich zur Verfügung stellen kann. Deren Verlegung wird allerdings noch einige Zeit in Anspruch nehmen.

◄

Eisenbahnstrecke zwischen El Daba und El Alamein, Juli 1942: die verlassene Wüstenstation Tel el Eisa, in der nächsten Nachbarschaft von Hpt. Seebohms Horchkompanie

Raum Tel el Eisa, Juli 1942: Aufbaustelle von Teilen der 2. Staffel der 3. Horchkompanie vom Strand aus gesehen

Mittelmeerküste bei Tel el Eisa, Juli 1942: Funkwagen des 1. Zuges der 2. Staffel der 3. Horchkompanie

Am Mittwoch, dem 8. Juli 1942, erfährt der C-in-C Middle East aus einem neuen Enigma-Bericht: Rommel hat soeben seine Hauptstreitmacht, die 21. Panzerdivision, die 90. leichte Division und die Division »Littorio« in den südlichen Frontabschnitt verlegt.

In den Morgenstunden des 9. Juli 1942 erhält das II. Bataillon der australischen 26. Infanteriebrigade den Befehl, den dicht an der Mittelmeerküste liegenden Abschnitt im Raum Tel el Eisa im Handstreich zu nehmen. Das Angriffsziel: der Küstenhöhenrücken mit Höhe 33, Höhe 26 und Höhe 23, den Höhenzug Tel el Eisa und die Eisenbahn-Haltestelle gleichen Namens, die etwa 600 Meter ostwärts des Höhenzuges liegt.
Das wirkliche Ziel, das nur ein paar eingeweihte Offiziere der Infanteriebrigade kennen, ist die 3. Kompanie der Nachrichtenabteilung 56 von Hauptmann Seebohm. Sie liegt in einer vorgeschobenen Stellung dicht am Meer, nahe der Eisenbahn-Haltestelle. Ihre Sicherung: italienische Feldartillerie-Granatwerfer und MG-Nester des 7. Regiments »Bersaglieri« und die nördlich der Bahnlinie liegenden Teile der kampfunerfahrenen italienischen Division »Sabratha«. Zur Ablenkung des Gegners soll zugleich die südafrikanische 3. Brigade der südafrikanischen 1. Division (Gen. Pienaar) mit Panzern und Artillerieunterstützung die Hügelstellungen der Achsentruppen im Raum Tel el Eisa angreifen.

Raum Tel el Eisa, Juli 1942: mit Tarnnetzen gegen Fliegersicht. Teile der 2. Staffel der 3. Horchkompanie ▶

Raum El Alamein, Juli 1942: Die Soldaten des australischen 26. Infantrietrupps bereiten sich auf den Handstreich gegen Tel el Eisa vor

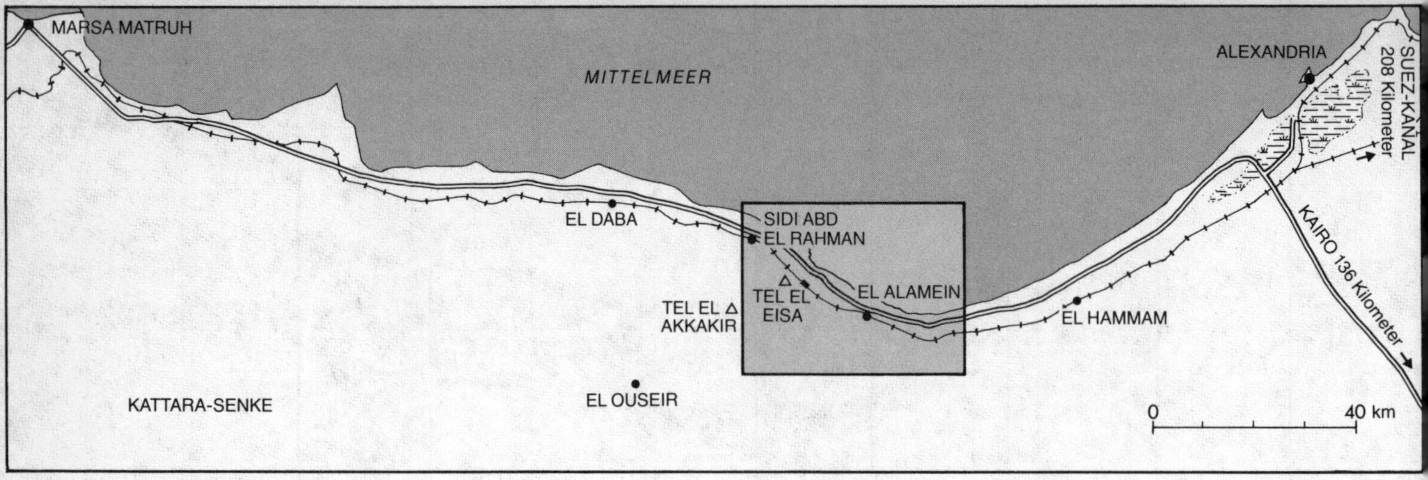

Mittelmeerküste zwischen Cyrenaika und Nildelta, mit Raum Tel el Eisa

Am Freitag, dem 10. Juli 1942 um 3.40 Uhr britischer Zeit, rückt Lieutenant Colonel Hammer mit seinen Australiern vor. Die Männer, mit sackleinenumwickelten Stiefeln versehen, arbeiten sich bei Dunkelheit geräuschlos durch die Sanddünen. Die Sicherung der Horchkompanie, das 7. Regiment »Bersaglieri« wird im Schlaf überrascht. Zehn Minuten später erfolgt ein massiver Feuerüberfall der neuseeländischen Artillerie, die zuerst mit Sprenggranaten, dann mit Nebelgranaten schießt, um den Vorstoß der Panzer entlang der Küstenstraße in Richtung Westen zu verschleiern.
Die etwa 100 Mann starke 2. Staffel der Horchkompanie, durch das heftige Artilleriefeuer alarmiert, igelt sich sofort im Schutz ihrer Fahrzeuge ein. Die Australier drängen jetzt in die Nahtstelle zwischen dem italienischen 85. und 86. Infanterieregiment »Sabratha« sowie dem 7. Infanterieregiment »Bersaglieri« und schneiden zugleich die Batterien des 3. Mobile Regiments »Duca d'Aosta« ab. Nach heftigen Nahkämpfen ziehen sich die Italiener vor der Übermacht zurück.
Unterdessen stürmen die Australier unter Lieutenant Colonel Hammer die Aufbaustelle der Horchkompanie des DAK. Die aus dem Schlaf gerissenen Deutschen, die nur mit leichten Infanteriewaffen ausgerüstet sind, verteidigen sich verbissen. Als die Angreifer jetzt mit Granatwerferfeuer die gesamte Kompaniestellung überdecken, taucht im Morgengrauen aus den Nebelschwaden ein Dutzend britische Panzer auf.
Gegen 6.00 Uhr morgens, nach einem etwa 90 Minuten dauernden Kampf, gelingt es einigen Deutschen, mit Lkw vom Troß der Kompanie zu entkommen. Hauptmann Seebohm, der am Vorabend die 2. Staffel besucht hat, kämpft mit seinem MG bis zur letzten Patrone und bricht, an den Beinen schwer verwundet, zusammen.
Die beiden Offiziere, Hauptmann Seebohm und sein Stellvertreter Leutnant Herz sowie 71 Soldaten der 2. Staffel mit dem 1. und 2. Zug, dazu Teile vom Troß, werden gefangengenommen. Gleichzeitig nähern sich die Australier der Höhe 33 und überrollen die deutsche 52. und 33. Abteilung der schweren Artillerie.
Die Australier nehmen insgesamt 1556 Soldaten gefangen, bis auf die 2. Staffel der Seebohm-Kompanie, mit wenigen Ausnahmen alles Italiener.
Der Gefechtsbericht der Panzerarmee Afrika verzeichnet an diesem Tag: »Am 10. Juli 1942, um 6.00 Uhr, griff der Feind nach einstündiger, sehr starker Artillerie-Vorbereitung und von Panzern unterstützt nördlich

Hptm. Seebohm, der Mann, dem GFM Rommel manche seiner Erfolge verdankt

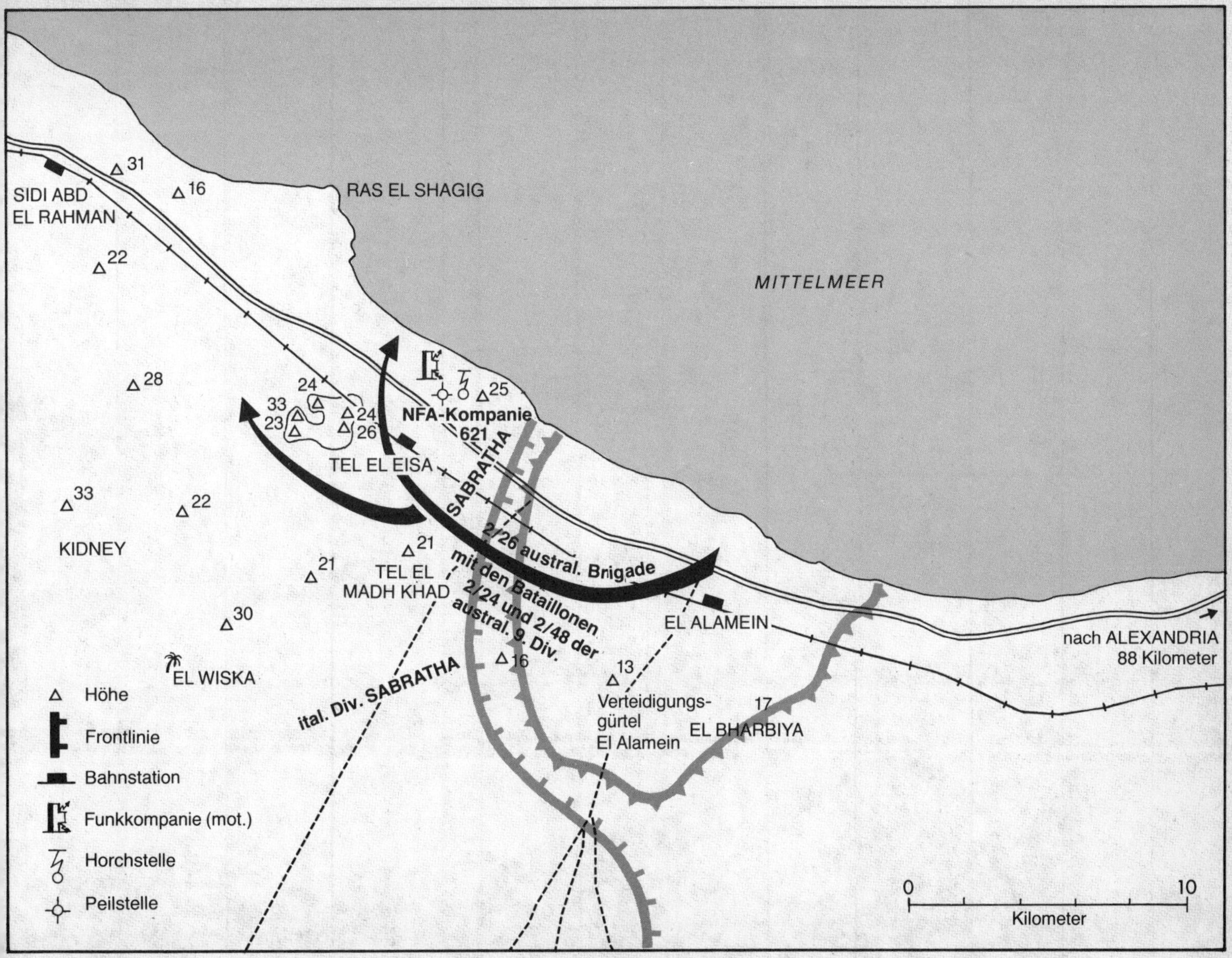

▲ *Nacht v. 9./10. Juli 1942: Handstreich der australischen 26. Infanteriebrigade gegen Tel el Eisa*

Tel el Eisa, am Morgen des 10. Juli 1942: Toter Funker in seinem 3 t Opel-Blitz »A«, Funkwagen der 3. Horchkompanie

تل العيص
TEL ELEISA

Tel el Eisa, am Morgen des 10. Juli 1942: Soldaten und Funker der 3. Horchkompanie nach der Gefangennahme

◄

Vor der Wüstenstation Tel el Eisa am Morgen des 10. Juli 1942: die verbrannten Wracks des Kraftwagenparks der 3. Horchkompanie

der Küstenstraße die Division »Sabratha« mit einer verstärkten Brigade an. Die hier stehenden italienischen Truppen, deren Artillerie anscheinend aus einer leichten Artl.-Batterie und einer schweren Artl.-Abteilung bestand, ergaben sich teilweise ohne Widerstand zu leisten oder gingen fluchtartig zurück . . .«

Die Beute, die sofort an Ort und Stelle von erfahrenen Intelligence-Offizieren gesichtet wird: die volle Ausrüstung der NFA-Kompanie 621 mit fast allen Unterlagen, die die Arbeitsweise und Organisation der Kompanie aufzeigen, dazu ganze Stapel der erbeuteten britischen Funksprech-Codes, vercodete Namenslisten und auch nachrichtendienstliches Material.

Die Angehörigen der Horchkompanie werden sofort auf Lkw verladen und nach Heluan transportiert, wo bereits Intelligence-Offiziere des C-in-C Middle East und vom Stab der 8. Armee auf sie warten. Die Verwundeten schafft man in das Feldlazarett nach Alexandria. Hier stirbt einige Tage später Hauptmann Seebohm. Die Kriegsgefangenen werden nach dem Abschluß der Verhöre im KG-Lager Faid am Suezkanal untergebracht.

Nach Meinung britischer Nachrichtendienst-Spezialisten ist der Handstreich bei Tel el Eisa die entscheidendste Intelligence-Aktion des ganzen Nordafrikafeldzuges. Dazu Brigadier Scott, der mit seinem Experten-Team das Beutematerial auswertet: »Aus diesem Fang ergaben sich weitreichende Folgen nicht nur für die weiteren Kampfhandlungen in Nordafrika, sondern auch für die Kämpfe auf Sizilien, dem italienischen Festland und selbst für die Invasion . . .«

Die Beutedokumente beweisen, daß die vielen bedeutenden Operationen des legendären »Wüstenfuchses« zum größten Teil den Ergebnissen von Seebohms Horchkompanie zu verdanken sind. Und hier bei Tel el Eisa wird bereits die Schlacht von El Alamein entschieden.

Was die Experten des britischen Intelligence am meisten betroffen macht: Die Erfolge der deutschen Funkaufklärung sind durch die mangelhafte Funksicherung der Engländer erst möglich gewesen.

Seit dem Überfall auf die Horchkompanie hat Rommel das Glück verlassen, und der Feldmarschall erinnert immer mehr an einen Mann, der sich mit verbundenen Augen durch einen dunklen Raum voll gefährlicher Hindernisse hindurchmanövrieren muß.

◄

Tel el Eisa am Morgen des 10. Juli 1942: die Mannschaft der 3. Horchkompanie wird zur ersten Vernehmung gebracht

►

Kairo, Sommer 1942, in dem HQ des SIS: Eine interne Ausstellung der Funk- und anderen Nachrichtenübermittlungs-Geräte der Panzerarmee Afrika

GERMAN
ITALIAN SETS

General Auchinleck trifft sofort Vorkehrungen zur Verstärkung der Funksicherheit im Felde. Eine neu aufgestellte Sondereinheit achtet nun auf strikte Einhaltung dieser Sicherheitsmaßnahmen. Und wer sie nicht beachtet, wird mit drakonischen Strafen belegt.
Der britische Intelligence dreht jetzt den Spieß um: Im Besitz des Beutematerials von Tel el Eisa ist er jetzt imstande, eine breitangelegte Funktäuschung aufzuziehen. Es wird dafür gesorgt, daß Rommels Funkabhördienst nur das abfangen kann, was zu seiner Irreführung beiträgt. Die Engländer haben damit leichtes Spiel, denn die neue, sofort aufgestellte deutsche Funkabhörkompanie verfügt jetzt über wenig erfahrene Funkexperten, die nur selten Täuschung von Wahrheit unterscheiden können.

Seit dem 10. Juli 1942 steht in den vom B.P. an den C-in-C Middle East übermittelten Enigma-Berichten immer öfter der Hinweis auf den Treibstoffmangel der Luftwaffe in Nordafrika. Nach wenigen Tagen erreicht dieser Mangel derartige Ausmaße, daß die Lufttransporte in Nordafrika gestoppt werden müssen, damit die Luftwaffe wenigstens von Fall zu Fall Kampfeinsätze fliegen kann.

Am Sonntag, dem 12. Juli 1942, tritt der Kampf des SIS gegen Rommel in eine neue Phase: An diesem Tag beginnt, unabhängig von der Arbeit der Kryptologen der GC and CS, die Entzifferung des Enigma-Schlüssels »Scorpion«, der für den Funkverkehr der Luftwaffen-Verbindungsoffiziere zur Panzerarmee, dem DAK und einzelnen Panzerdivisionen verwendet wird.

Diese Quelle ist besonders wertvoll: Sie liefert nicht nur genaue Angaben über Absichten des Fliegerführers Afrika, sondern gibt auch Hinweise auf Bewegungen der deutschen Panzerverbände. Die Entzifferung des »Scorpion«-Schlüssels gelingt den beim CBME in Heliopolis/Kairo eingesetzten Kryptologen.
Am Nachmittag sichten britische Bomber und auch Einheiten der Royal Navy in der Höhe von Marsa Matruh ein großes italienisches Küstenschiff. Sie sind einige Stunden zuvor aufgrund eines entzifferten Enigma-Funkspruchs über Ladung, Route und Zielhafen des Schiffes informiert worden. Von Bomben und Torpedos getroffen, sinkt das Küstenschiff. Es ist bereits die zweite Einheit dieser Größe, die innerhalb von 24 Stunden versenkt wird. Beide zwischen Tobruk und Marsa Matruh verkehrenden Küstenschiffe haben Rommels Armee mit dem lebenswichtigen Treibstoff versorgt.

Am Montag, dem 13. Juli 1942, beschließt der C-in-C Middle East aufgrund vorliegender Enigma- und Y-Dienst-Berichte, in der Nacht vom 14./15. Juli 1942 Ruweisat Ridge anzugreifen. Die entzifferten Funksprüche haben ihm bestätigt, daß die 21. Panzerdivision in den äußersten nördlichen Abschnitt, nahe der britischen El Alamein-Stellung verlegt worden ist.

Mittelmeer, Juli 1942: RAF-Bomber geifen italienische Nachschubschiffe an

Raum El Alamein, Juli 1942, … »in kaum dagewesenem Umfang«: deutsche Pioniere legen Minenfelder an

▶

In einer Dienststelle der italienischen Supermarina, Juli 1942: Funker bei Aufnahme eines Funkspruchs

Der C-in-C Middle East, General Auchinleck, funkt an den Chief of the Imperial General Staff (CIGS), den Generalstabschef des Empire: »Die deutschen Verbände scheinen sehr angespannt zu sein. Dadurch, daß sich die 21. Panzerdivision jetzt im Norden befindet, dagegen die 15. Panzerdivision in der Mitte und die 90. leichte Division im Süden stehen, ergibt sich eine günstige Chance, in der Frontmitte gegen die Italiener vorzustoßen. Meine Taktik sieht vor: Wenn möglich, werde ich ständig die Italiener angreifen. Erstens wegen ihrer geringeren Moral und zweitens, weil die Deutschen ihre ausgedehnten Fronten ohne sie nicht halten können.«

Am Abend des 14. Juli 1942 entschließt sich Rommel, den Versuch, nach Alexandria durchzubrechen, aufzugeben, bis die Panzerarmee wieder voll aufgefüllt ist. Davon erfährt der SIS zur Stunde noch nichts, aber bereits am nächsten Tag liegt dem C-in-C Middle East eine Meldung der Luftaufklärung vor: »Die Panzerarmee beginnt mit der Verminung ihres Vorfeldes in bis jetzt kaum dagewesenem Umfang.« Das bedeutet, daß Rommel zur Verteidigung übergegangen ist.

Ab Mitte Juli 1942 spitzt sich die bis jetzt schon sehr bedenkliche Nachschublage immer weiter zu. Die RAF-Bombenangriffe auf die Häfen von Tobruk und Marsa Matruh sowie auf den Schiffsverkehr zwischen diesen beiden Häfen, dazu die Aktivitäten der Royal Navy, schwächen die Versorgung der Rommel-Truppen bis auf ein Minimum. Zusätzlich bedrohen Angriffe tagtäglich die Küstenstraße und die sowieso äußerst wenigen Eisenbahnlinien. Die Nachschubkolonnen der Panzerarmee werden regelrecht dezimiert.
Die Schwäche der italienischen Truppen zwingt Rommel zu ungewöhnlichen Maßnahmen: Vor ihren Stellungen werden besonders starke Minenfelder angelegt und deutsche Verbände näher an sie herangeführt.
Am Donnerstag, dem 16. Juli 1942, unternehmen einige Brigaden der britischen 8. Armee (Gen. Auchinleck) aus den El-Alamein-Stellungen vereinzelte Angriffe gegen den italienischen Frontabschnitt der Panzerarmee Afrika. Dabei gelingt es den Engländern, an manchen Stellen tiefe Fronteinbrüche zu erzielen und das italienische X. Korps beinahe völlig zu zerschlagen.
Am gleichen Tag übermittelt B.P. dem C-in-C Middle East die letzten Enigma-Berichte: Hitler hat eine Weisung erteilt, die 90. leichte Division mit Vorrang auf

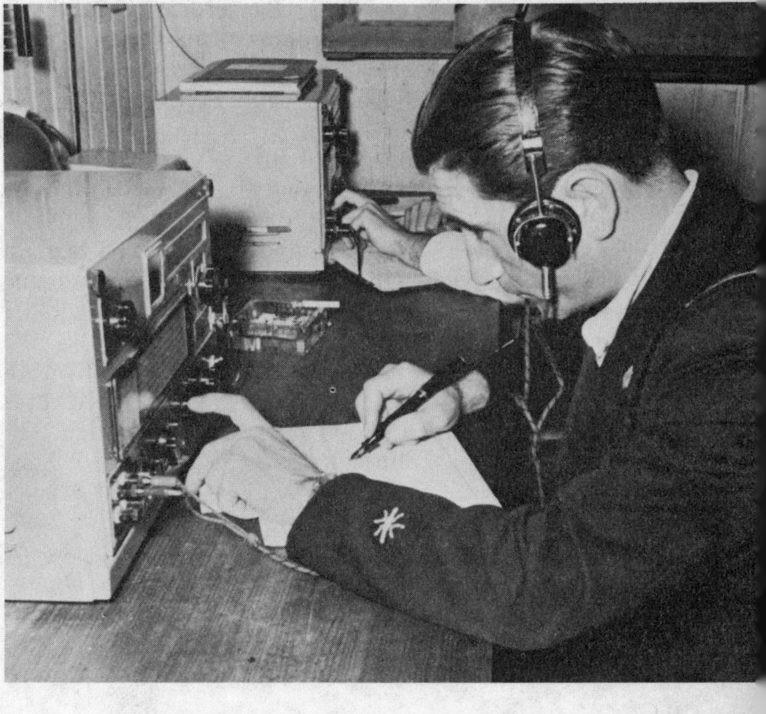

RAF-Bomber als lästige Hornissen. So sieht der Londoner Karikaturist Rommels Weg nach Alexandria

Kampfstärke zu bringen. Erst dann sollen ebenso die 15. Panzerdivision und die 21. Panzerdivision gleichzeitig verstärkt werden. Außerdem will man Truppen vom Balkan nach Nordafrika verlegen, davon zuerst Teile der 164. Division und deren Artillerie.

Zu Beginn der zweiten Julihälfte 1942 sieht Generalfeldmarschall Rommel ein, daß eine weitere Offensive nicht mehr in Frage kommt, da die zur Verfügung stehenden Kräfte zu schwach sind. Unterdessen beginnt man auf beiden Seiten der Front, sich auf Verteidigung einzurichten und als erstes ausgedehnte Minenfelder anzulegen.
Die Fahrzeuge der Panzerarmee Afrika sind zum größten Teil verschlissen und können in den Frontwerkstätten immer nur mühsam instandgesetzt werden. Allmählich tritt an der Front Ruhe ein, die bis Ende August 1942 nur durch die übliche Aufklärungs- und Artillerietätigkeit unterbrochen wird.

Am Freitag, dem 17. Juli 1942, meldet der Y-Dienst: Der Panzerbestand der 21. Panzerdivision beträgt jetzt nur noch zehn kampffähige Panzer. Und in der vom B.P. an General Auchinleck übermittelten Nachricht heißt es: Teile der deutschen 164. Division werden noch vor Ende Juli 1942 nach Nordafrika verlegt, jedoch ohne die vorgesehene Artillerie.
Ebenfalls am 17. Juli 1942 kann der C-in-C Middle East einem Enigma-Bericht entnehmen, daß die italienische Luftlandedivision »Folgore« und ein deutscher Luftlandeverband, die Ramcke-Brigade, innerhalb einer Woche die Panzerarmee verstärken sollen.

Im Juli 1942 bekommt Rommel statt der erforderlichen 30000 Tonnen nur etwa ein Fünftel des Nachschubs, also 7000 Tonnen. Der Grund liegt gerade jetzt an den kurzen hellen Sommernächten, in denen besonders viele Tanker und Transportschiffe der RAF und der Royal Navy zum Opfer fallen. Insgesamt haben von Anfang Januar bis Ende Juli 1942 die Italiener 80 Schiffe mit etwa 163000 Tonnen (einschließlich der wenigen Schiffe außerhalb des Mittelmeeres) verloren. Die Deutschen im selben Zeitraum im Mittelmeer zehn Schiffe mit insgesamt 28000 Tonnen.

Raum El Alamein, Ende Juli 1942: Britischer Funker hört den Funkverkehr der Panzerarmee Afrika ab

Ägypten, 21.8.1942: Von seinem Besuch in Moskau kehrt Churchill nach Kairo zurück, um die englischen Truppen in der westlichen Wüste zu inspizieren. Zum Teil tut er dies mit der deutschen Beutemaschine vom Typ Fieseler Storch Fi 156 C-3/Trop – Ex TH + AC. Von links nach rechts: Churchill, Air Vice-Marshal Coningham, General Sir Alan Brooke und der Flugzeugführer

Sonnabend, der 1. August 1942, ist ein wichtiges Datum für den Intelligence, den Feindlage-Bearbeiter der 8. Armee: An diesem Tag ändert General Staff Intelligence (GS Int) die Gestaltung seiner obligatorischen täglichen Intelligence Summary, bisher eine der wichtigsten Entscheidungshilfen für die Kommandeure der einzelnen Verbände und deren Stäbe.
Von gewissem Nachteil war jedoch die Aneinanderreihung von Tatsachen mit Auswertung und Schlußfolgerungen, die durch eine Unzahl von Details nicht klar zur Geltung kamen. Ab sofort befinden sich alle verwirrenden Details im zweiten Teil dieser Summary, der nur den Intelligence Offizieren und einigen ausgewählten Personen ausgehändigt wird.
Den ersten Teil, eine Art Zusammenfassung in klarer, einfacher Sprache ohne irritierende Fachausdrücke, bekommen die Stäbe und Verbandskommandeure. Der Vorteil: Da beide Teile der Summary Informationen aus allen Quellen beinhalten, wie Luft- und Erdaufklärung, Kriegsgefangenen-Aussagen, Beutedokumente, Y-Dienst, Agenten-Angaben sowie Enigma-Berichte, wird man gerade den Informationsfluß der Enigma-Berichte besser abwägen können als bisher. Dieser Schritt des GS Int beweist, daß Feindlage und Feindabsichten in zunehmendem Maße den Enigma-Berichten schnell und vor allem zuverlässig entnommen werden können.

In der ersten August-Woche 1942 arbeitet Rommel an den Plänen für seine neue Offensive mit dem Ziel: Durchbruch der El-Alamein-Front, um die 8. Armee (jetzt Lt.Gen. Montgomery) zu vernichten und bis Kairo vorzustoßen. Die britischen Verteidigungsstellungen am Südende der El-Alamein-Linie sind nur schwach besetzt. Rommel beabsichtigt, unter höchster Geheimhaltung Teile seiner Panzerarmee vom Norden nach Süden in die Kattara-Senke zu verlegen. Nachdem alle Verbände ihre Bereitstellungen bezogen haben, will er den Durchbruch durch die britischen Abwehrlinien erzwingen, dann nach Norden zum Meer eindrehen, die 8. Armee in der »Box« von El Alamein zerschlagen und sofort nach Osten zum Nil-Delta vorstoßen.
Die Zeit drängt, die Nächte mit Vollmond müssen für die Vorbereitungen ausgenutzt werden, denn Ende August ist der späteste Termin für eine Gegenoffensive. Wie geplant verlegt Rommel bei Nacht seine Truppen in den Süden. Er läßt aber Kampfwagen- und Last-

◄
Raum El Alamein, August 1942, im HQ der britischen 8. Armee: Montgomery hält eine Ansprache vor Kriegskorrespondenten, rechts Air Vice-Marshal Coningham

wagenattrappen im Nordabschnitt zurück, damit die Verlegung der Verbände weder durch Luftaufklärung noch von Spähtrupps festgestellt werden kann. Auch völlige Funkstille wird angeordnet, um der britischen Funkaufklärung keinen Hinweis zu geben. Rommel informiert jedoch Generalfeldmarschall Kesselring sowie das italienische und deutsche Oberkommando über Funk von seinen Absichten, um größtmögliche Luftunterstützung zu bekommen und den Nachschub zu sichern.

Am Freitag, dem 7. August 1942, wird General Montgomery zum Oberbefehlshaber der britischen 8. Armee ernannt. Während einer Frontbesichtigungsfahrt sagt der neue OB voller Überzeugungskraft, daß er Rommel, weil er dessen Absichten kennt, besiegen wird. Er hebt dies auf eine Art und Weise hervor, die den SIS alarmiert und befürchten läßt, daß der Gegner daraus irgenwelche Anspielungen auf Enigma ableiten könnte.

Am Montag, dem 10. August 1942, übermittelt B.P. dem C-in-C Middle East einen Enigma-Bericht, in dem der Oberbefehlshaber der Panzerarmee Afrika bis zum 15. August 1942 die Lieferung einer Reihe von Geschützen einschließlich Munition anfordert. Jetzt vermutet das Generalhauptquartier Middle East, daß Rommel an diesem Datum seine neue Operation starten will.

Am Donnerstag, dem 13. August 1942, stellen die Feindlage-Bearbeiter der 8. Armee auffallend lebhafte Aktivitäten der Luftwaffe gegen die operative und taktische Luftaufklärung der RAF fest. Nach Meinung des General Staff Intelligence (GS Int) hat der Nachschub für die Panzerarmee Afrika zur Zeit einen derart hohen Stand erreicht wie kurz vor Rommels Gazala-Offensive Ende Mai 1942.

Raum El Alamein, August 1942. Auf dem Hochsitz während des Erdaufklärungseinsatzes: ein britischer Späher in der Wüste . . .

10914 ١٠٩١٤
W. D.

... auf der anderen Seite der Front: ein deutscher Achtrad-Panzer-Funkwagen mit Bügelantenne während des Erdaufklärungseinsatzes

Ebenfalls am 13. August 1942 wird General Auchinleck als C-in-C Middle East abgelöst und durch General Alexander ersetzt. Auch innerhalb des Intelligence Office folgt eine Reihe personeller Verschiebungen: Colonel de Guingand wird Chef des Generalstabs der 8. Armee (Gen. Montgomery), Brigadier Leiter wird Chef des Nachrichtendienstes bei General Alexander, Major Williams, der sich am ersten Gefecht mit dem Deutschen Afrika-Korps im Februar 1941 beteiligt hat, übernimmt die Stellung des Chefs des Intelligence der 8. Armee.

Am Sonnabend, dem 15. August 1942, übermittelt B.P. dem neuen C-in-C Middle East einen wichtigen Enigma-Bericht mit der Lagebeurteilung der Panzerarmee vom 15. August 1942: Außer einer Zusammenfassung der Absichten für die bevorstehende Offensive, erwähnt Rommel seine Genugtuung, daß die Nachschublage zufriedenstellend ist.

Er stellt fest: »Die italienischen Truppen sind aufgefrischt und verstärkt. Eine elastische Tiefenverteidigung wurde errichtet. Feldbefestigungen und Minenfelder stehen kurz vor der Fertigstellung. Rommel meint, daß ein britischer Angriff zwar bereits gegen Ende August möglich ist, wahrscheinlicher aber erst Mitte September ... Die Versorgung und Ausrüstung der deutschen sowie italienischen Truppen für die bevorstehende Offensive werden aber erst nach Eintreffen der bereits in Italien eingeschifften Nachschubgüter abgeschlossen ... Im September wird sich allerdings die Situation beträchtlich zum Vorteil der 8. Armee verändern. Die Verbände der Panzerarmee müssen, wie immer vor einem Angriff, in Bereitstellungsräume verlegt werden. Wegen der britischen Luftherrschaft kann dies nur in mondhellen Nächten erfolgen: Vollmond wird am 26. August 1942 sein, und so könnten die Versorgungseinheiten der Panzerarmee und der Luftwaffe es noch bis zu diesem Datum schaffen, vorausgesetzt die Geleitzüge kommen rechtzeitig an. »Nur ein Angriff um den 26. August 1942 hat Aussicht auf Erfolg. Jede Verschiebung dagegen müsse eine Verschiebung für einen ganzen Monat sein!« . . . Auch Generalfeldmarschall Kesselring sieht den 26. August 1942 als günstiges Datum an, ›vorausgesetzt, der Treibstoff für die Luftwaffe ‹ trifft in der Zwischenzeit ein.«

Am Montag, dem 17. August 1942, heißt es in dem neuesten Enigma-Bericht, der den C-in-C Middle East, General Alexander, erreicht: Die Panzerarmee hat jegliche Luft- oder Erdaufklärung im Raum der Kattara-Senke strengstens untersagt, um zu verhindern, »daß der Gegner Verdacht schöpft«. Der entzifferte Funkspruch beinhaltet zugleich das Datum für die neue Offensive Rommels: 26. August 1942. Dies ist wohl eine der bedeutendsten Nachrichten, die SIS während des Feldzuges in Nordafrika erfahren hat.

Noch am selben Tag versenkt die RAF den italienischen Großfrachter »Pilo«, der sich mit Nachschub für die Panzerarmee auf dem Weg nach Afrika befand.

Zwei Tage nachdem der C-in-C Middle East durch den Enigma-Bericht den Zeitpunkt für Rommels neue

Mittelmeer, August 1942. Durch Enigma-Berichte alarmiert: Britische Bomber versenken einen italienischen Großfrachter direkt vor der nordafrikanischen Küste

Offensive erfahren hat, leitet er eine Großaktion im östlichen Mittelmeerraum ein: RAF und Royal Navy versuchen, in Einsätzen rund um die Uhr die Schiffsrouten der Achsenmächte bis Ende des Monats erheblich zu stören.

Am Freitag, dem 21. August 1942, greifen RAF-Torpedoflugzeuge den vollbeladenen italienischen Tanker »Pozarica« an und versenken ihn.

In der Nacht vom 23./24. August 1942 trifft im OKW die Nachricht ein, daß Rommel seine Offensive erst eine Woche später, in der Nacht vom 30./31. August 1942, beginnen wird. Bereits einige Stunden später übermittelt B.P. den Inhalt dieses Funkspruchs an den C-in-C Middle East.

Am Montag, dem 24. August 1942 um 13.17 Uhr, erreicht das britische XXX. Korps der Funkspruch vom C-in-C Middle East: »Alle Einheiten des XXX. Korps sind heute abend ab 23.59 Uhr voll gefechtsbereit ... Alarmbereitschaft jeden Morgen von 5.45 bis 6.15 Uhr und abends von 19.45 bis 20.15 Uhr ... Kein Urlaub!«
Am selben Tag, 48 Stunden vor der vom C-in-C Middle East erwarteten neuen deutsch-italienischen Offensive, übermittelt B.P. einen Enigma-Bericht vom 21. August 1942. Der C-in-C muß darin verblüfft feststellen: Rommel benachrichtigt das OKH, daß er sich schlecht fühlt, von Guderian abgelöst werden möchte und sich einen »ziemlich langen« Urlaub wünscht.

Am Dienstag, dem 25. August 1942, legen britische Pioniere ein neues, starkes Minenfeld dort an, wo Rommel beabsichtigt, mit seiner Hauptstreitmacht durchzubrechen. Rommel: »Zu sehr waren die Angriffsverbände durch die starken, bislang nicht bekannten Sperren aufgehalten worden. Das Überraschungsmoment, auf dem letzten Endes der ganze Plan aufgebaut war, kam dadurch in Fortfall.«
Ebenfalls am 25. August 1942 trifft in Kairo der neue entzifferte Enigma-Funkspruch ein: »Generalfeldmarschall Kesselring beabsichtigt, sich in den nächsten Tagen zu seinem Gefechtsstand zu begeben.« Dieser Text wird dem gerade in der ägyptischen Hauptstadt weilenden Churchill vorgelegt, der ihn sofort an General Alexander weiterleitet.

Am Rande der El Kattara-Senke, August 1942: italienische Aufklärungsabteilung während des Einsatzes

Mittelmeer, August 1942. Ein italienischer Frachter kurz vor seiner Versenkung: »... entscheidender Faktor in den Treibstoff-Versorgungsplänen«

▶ *Raum El Alamein, August 1942. Unter Tarnnetzen und durch Military Police abgeschirmt: ein Funkwagen des HQ der britischen 8. Armee*

Inzwischen weisen die Berichte des Y-Dienstes darauf hin, daß Rommel seine Panzerverbände aus dem unmittelbaren Frontbereich zurückgenommen und mit Infanterieregimentern verstärkt hätte. Kriegsgefangenen-Verhöre bestätigen, daß eine großangelegte Umgruppierung stattgefunden hat. Auch die Luftaufklärung liefert Beweise für lebhafte Truppenbewegungen.

In der Nacht vom 25./26. August 1942 erhält kurz nach Mitternacht der C-in-C Middle East eine neue Enigma-Meldung: Die Antwort des OKW auf Rommels Anforderung, aus Gesundheitsgründen abgelöst zu werden. »Es sei kein General der Panzertruppe abkömmlich, um ihn zu vertreten.« Nach Konsultation seines Arztes bleibt Rommel auf seinem Posten.

Am Mittwoch, dem 26. August 1942, erhält der C-in-C Middle East in den frühen Morgenstunden einen neuen Enigma-Funkspruch: Die Panzerarmee beklagt sich, daß die Versenkung des Tankers »Pozarica« die Abfahrt des Tankers »San Andrea« verzögert. Seine Ladung wird als entscheidender Faktor in den Treibstoff-Versorgungsplänen der Panzerarmee angesehen. Eine weitere Enigma-Meldung liefert sämtliche Einzelheiten und Daten eines großangelegten Versorgungsprogramms der Achsentruppen in Nordafrika: Zwischen dem 25. August und 5. September 1942 sollen insgesamt 20 Frachter und Tanker den Nachschub der Rommel-Truppen auffrischen.

Am Donnerstag, dem 27. August 1942, lautet die dem C-in-C Middle East übermittelte Enigma-Meldung: Die Störung der Schiffahrtswege durch RAF und Royal Navy bringt das Treibstoff-Versorgungsprogramm der Panzerarmee durcheinander. Schlimmer noch, die Deutschen sind jetzt gezwungen, den für sie bestimmten Treibstoff an die Italienier abzugeben. Noch am selben Tag werden auch die Schiffe »Istria« und »Dielpi« versenkt.

Am Freitag, dem 28. August 1942, erfährt in den Morgenstunden der C-in-C Middle East aus einem Enigma-Bericht: Die Brigade Ramcke wird im Laufe dieses Tages nach vorn verlegt. Die Panzerarmee drängt auf Notmaßnahmen, um Treibstoff mit Transportmaschinen aus Kreta heranzuschaffen.

Am Sonnabend, dem 29. August 1942, leitet B.P. einen neuen Enigma-Bericht an den C-in-C Middle East: Am 26. August 1942 hat Rommel das OKH benachrichtigt, daß er nach Konsultation seines Arztes den Befehl über die bevorstehende Operation übernehmen könne. Er müsse jedoch nach Abschluß eine längere Kur in Deutschland machen.
In den frühen Morgenstunden des 29. August 1942 erhält der C-in-C Middle East weitere Nachrichten von B.P. aus einem Enigma-Funkspruch: Die Panzerarmee meldet dem OKH am 27. August 1942, daß sie durch das Ausbleiben von Treibstoff und Munition den Angriffstermin nicht vor dem 29. August 1942 mitteilen kann.

Am Sonntag, dem 30. August 1942, erfährt der C-in-C Middle East durch einen neuen Enigma-Bericht: Rommel teilt am 28. August 1942 dem OKH mit, daß von den 24 000 Tonnen Treibstoff, die man ihm für diesen

Ein Verband Transportmaschinen Ju 52/3m rast im Tiefflug über das Mittelmeer in Richtung nordafrikanische Küste

Kattara-Senke, August 1942: deutscher Beobachtungsposten klärt die vordersten feindlichen Linien auf

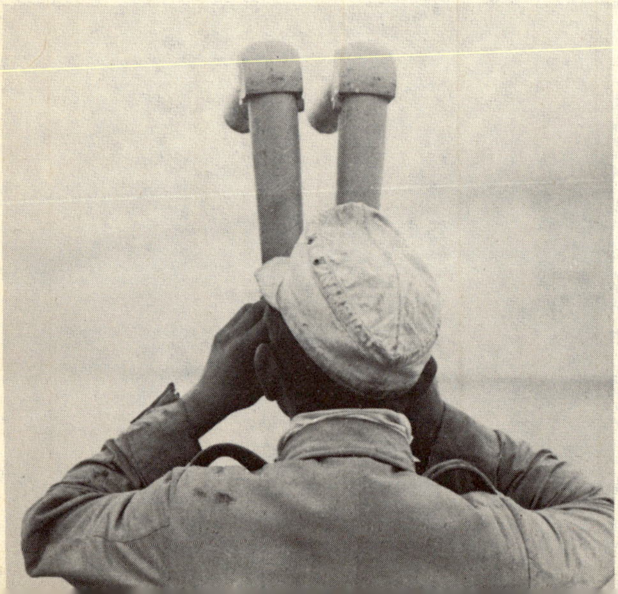

Tag zugesagt hat, nur 100 Tonnen eingetroffen sind. Seine Vorräte reichen nur noch für sechs Kampftage aus. Er benötigt mit höchster Dringlichkeit die besonders wichtige Munition für Panzer und Pak. Einige Stunden später heißt es in der nächsten Enigma-Meldung, daß der Tanker »San Andrea« einem Torpedoangriff zum Opfer gefallen und gesunken ist.
Die gesamte Nachrichtenübermittlung aus dem Hauptquartier von Rommel an das Comando Supremo in Rom sowie an das OKW oder OKH wird weiterhin mit den von Enigma verschlüsselten Funksprüchen geführt. So kann sich Montgomery dank Bletchley Park (B.P.) ein klares Bild über die Kräfte, Dispositionen, Versorgungslage, Stärke und Einsatzbereitschaft der deutschen Panzerverbände, dazu Einzelheiten über Rommels physische und psychische Verfassung verschaffen. Mit Zustimmung Churchills werden die von Montgomery geforderten Einsätze gegen deutsch-italienische Nachschubkonvois in bisher ungewöhnlich großem Ausmaß durchgeführt.

Am Abend des 30. August 1942 unternimmt Rommel letzte Anstrengungen, um die 8. Armee zu zerschlagen

und nach Kairo sowie Alexandria durchzubrechen. Er umgeht die britischen Stellungen im Süden am Rande der Kattara-Senke und greift mit Panzern sowie motorisierten Kräften an. Die neue Offensive bleibt jedoch in den ausgedehnten Minenfeldern stecken, und aus der geplanten Umfassung entwickelt sich ein mehrtägiges frontales Gefecht. Rommels Panzer und Lkw werden von den britischen Panzern zerschossen und zwei Tage und Nächte lang von der RAF schwer bombardiert.

Am Montag, dem 31. August 1942, erfährt der C-in-C Middle East durch einen Lw-Enigma-Bericht: Generalfeldmarschall Kesselring hat am 29. August 1942 eine Not-Luftbrücke für die Eilbeförderung von Treibstoff mit Transportmaschinen angeordnet. Das dringend benötigte Benzin soll mit Flugzeugen von Italien nach Kreta, von Kreta nach Tobruk und von hier mit Lkw zur Front befördert werden.

Am Mittwoch, dem 2. September 1942 morgens, erreicht den C-in-C Middle East ein vom B.P. übermittelter Enigma-Bericht: Am Mittag des 1. September 1942 hat Rommel beschlossen, an der erreichten Linie zur Verteidigung überzugehen. Diese Nachricht ist die erste wichtige Information, die SIS dem C-in-C seit Beginn der neuen Rommel-Offensive vorlegen kann.
Die Nachschublage entwickelt sich zu einem immer größeren Problem: Nachdem am 2. September 1942 der Tanker »Ficci Fassio« während eines RAF-Angriffs versenkt wird, fährt der Tanker »Abruzzi«, den man Rommel bereits für den 30. August 1942 zugesagt hat, mit Verspätung ab. Er wird aber gesichtet und kurz danach beschädigt.
Dadurch verzögert sich auch das Auslaufen des dritten Tankers »Bianchi«.
Am selben Tag trifft bei der Panzerarmee die Nachricht ein, daß der erwartete Tanker mit 8000 Tonnen Treibstoff an Bord vor Tobruk versenkt worden sei. Daraufhin bricht Rommel um 17.00 Uhr die 72 Stunden zuvor aus dem Südteil der El-Alamein-Front begonnene Offensive ab. Er hat bereits 2910 Mann, 55 Feldgeschütze und Pak sowie 395 Fahrzeuge aller Art verloren. Von seinen 145 Panzern bleiben 50 als Wrack auf dem Schlachtfeld in der Wüste liegen. Der Generalfeldmarschall befiehlt den Rückzug.
Rommels letzter Versuch, die strategische Initiative in

Raum El Alamein, September 1942: in einem Funkwagen der britischen 8. Armee

Nordafrika wiederzugewinnen, ist gescheitert. Wohl erstmals in diesem Kriegsgeschehen wird eine entscheidende Schlacht aus Treibstoffmangel verloren. Und die kommende Niederlage zeichnet sich bereits ab, denn von nun an geht die Initiative in britische Hände über.
Major Williams, Chef der Feindlage-Bearbeitung der 8. Armee, über General Montgomery: »Er gewann seine erste Schlacht, die musterhafte Verteidigung von Alam Halfa dadurch, daß er die Feindnachrichten akzeptierte, die ihm an diesem Morgen übermittelt worden waren . . .«

Am Donnerstag, dem 3. September 1942, meldet in den Morgenstunden die RAF-Luftaufklärung, daß drei große Kolonnen der Achsentruppen nach Westen ziehen und große Mengen beschädigter Panzer zurücklassen.
Zur selben Stunde bekommt der C-in-C Middle East eine Enigma Meldung vom B.P.: Rommel ist wegen der Versenkung der »San Andrea« und Ausbleiben der »Abruzzi« bereits am Nachmittag des 1. September 1942 zur Verteidigung übergegangen.
Als sieben Versorgungsschiffe, darunter drei Tanker, innerhalb dieser entscheidenden Woche versenkt werden, wittert Rommel einen Verräter in Rom oder eine undichte Stelle in der Geheimhaltung der Italiener.

In der ersten Septemberwoche 1942 tauchen in der Weltpresse Gerüchte über Rommels Krankheit auf. Zur selben Zeit finden sich in den entzifferten Funksprüchen Hinweise darauf, daß die Deutschen – alarmiert durch die Schiffsverluste der Achsenmächte im Mittelmeer – bezüglich der Sicherheit ihrer Codes bereits eine Anfrage abgefaßt hätten.
Das Bekanntwerden von Rommels Krankheit löst einen beträchtlichen Alarm bei SIS aus, besonders als im entzifferten diplomatischen Funkverkehr der Achsenmächte darauf hingewiesen wird, daß sich die Quelle für diese Nachricht in London befinden müsse.

Am Freitag, dem 4. September 1942, ordnet Rommel in den Morgenstunden den allgemeinen Rückzug an.
Rommel: »Der feindlichen Führung war unsere Absicht bekannt, um den 25. August herum anzugreifen.«
Daß Rommel jetzt in eine Falle läuft und seinen Vorstoß zum Suezkanal aufgeben muß, hat Montgomery zum großen Teil den Erfolgen seiner Intelligence-Offiziere zu verdanken: Sie verstehen es inzwischen, bei der Analyse von Enigma-Berichten nicht nur den bloßen Wortlaut der entzifferten Texte zu werten, viel wichtiger ist es, die persönlichen und sonstigen Umstände, unter denen die Funksprüche abgegeben werden, in die Beurteilung miteinzubeziehen.

Am Dienstag, dem 8. September 1942, heißt es in dem an den C-in-C Middle East übermittelten Enigma-

Bericht: Die Panzerarmee meldet dem OKH, daß sie über Verpflegung für 23 Tage und Munition für nur 14tägige Kämpfe verfügt. Aufgrund des gegenwärtigen Bedarfs reicht der Treibstoff nur noch für acht Tage, da ihre langen Nachschubkolonnen von Bengasi und Tobruk zur Front und zurück riesige Mengen erfordern. Der Küstennahverkehr ist völlig unzureichend, und die Eisenbahn kann nur einen kleinen Teil der Güter übernehmen.
Rommel warnt vor einer ernsten Versorgungskrise. Weil angenommen werden muß, daß »die Unsicherheit des Seeweges weiterbesteht«, fordert er die Beförderung der Nachschubvorräte mit Flugzeugen.

Am Mittwoch, dem 9. September 1942, beauftragt Churchill Sir Edward Bridges mit einer Untersuchung über den Ursprung der undichten Stelle in London, über die die Nachricht von Rommels Befinden durchgesickert ist.

Am Freitag, dem 11. September 1942, übermittelt B.P. dem C-in-C Middle East einen Enigma-Bericht mit folgendem Inhalt: Der Stab der Panzerarmee erfährt bei Verhören britischer Kriegsgefangener, daß der Gegner das Datum und den Umfang des Angriffs bei Alam Halfa von gefangengenommenen Italienern erfuhr. Diese Erkenntnis wird der britischen Truppe vor Beginn der Schlacht mitgeteilt.
Die Sache hat jedoch ein Nachspiel: Churchill vermutet dahinter, daß Montgomery »die italienischen Kriegsgefangenen« als Cover Story für die Erkenntnis benutzt, die ihm B.P. zugeleitet hat. Nach Meinung Churchills ist dieser Tarnmantel für eine Operation wie »Ultra Secret« völlig unzureichend.
Seit diesem Vorfall werden die Sicherheitsmaßnahmen bei Handhabung der Enigma-Berichte noch erheblich verstärkt: Keine Information, die nach Meinung von GC and CS zu Gerüchten führen kann, wie z. B. im Fall von Rommels Krankheit, darf ohne Genehmigung des Pre-

◄
Über dem Mittelmeer, September 1942: Verstärkungen für Rommel an Bord einer Transportmaschine Ju 52/3 m

►
So sieht der Karikaturist die Tätigkeit der britischen Wüsten-Commandos

mierministers an das War Office, die Admiralität oder die höchsten Armeestäbe sowie Kommandostellen weitergeleitet werden.
Erteilt Churchill eine solche Genehmigung für eine bestimmte Information, so darf sie nur dem Chef des SIS (»C«) und den Direktoren der Army, Air und Navy Intelligence persönlich ausgehändigt werden. In Großbritannien oder Übersee bekommt diese Meldung nur eine eingeschränkte Anzahl von ausgesuchten Befehlshabern oder deren dienstältester Nachrichtenoffizier persönlich.

Am Montag, dem 21. September 1942, erhält der C-in-C Middle East einen Funkspruch der Supermarina: Der Frachter »Apuania« mit einer umfangreichen Munitions- und Verpflegungsladung, dazu zehn Panzer, ist in Bengasi eingetroffen.

In der Nacht vom 22./23. September 1942 greifen RAF-Bomber den Hafen von Bengasi an. Der Frachter »Apuania« bekommt einen Volltreffer und geht, als seine Munitionsladung explodiert, in die Luft. Auch andere Schiffe und die Hafenanlagen werden bei diesem Luftangriff schwer beschädigt.

Am Mittwoch, dem 23. September 1942, fliegt Rommel, dessen Gesundheitszustand sich erheblich verschlechtert hat, zu einem Genesungsurlaub nach Deutschland. Das Oberkommando der Panzerarmee übernimmt vorübergehend General der Panzertruppe Stumme. General Stumme erhält genaueste Anweisungen für den weiteren Ausbau der Verteidigungsanlagen von El Alamein. Da für Montgomery ein Umgehen kaum möglich erscheint, sieht er sich gezwungen, bei einer Offensive frontal anzugreifen.

Am Freitag, dem 25. September 1942, erfährt der C-in-C Middle East über B.P. den Inhalt eines Enigma-

Berichtes: Das OKH weist die Panzerarmee darauf hin, daß sie in Anbetracht der allgemeinen Treibstofflage kurzfristig nicht mit zusätzlichem Treibstoff rechnen kann.

Am Donnerstag, dem 1. Oktober 1942, liegt dem C-in-C Middle East ein neuer Enigma-Bericht der Panzerarmee vor: Trotz angespannter Nachschublage ist es gelungen, den Treibstoff auf Tagessätze von 10,5 aufzustocken. Andererseits müssen aufgrund von Transportschwierigkeiten zur Frontlinie erhebliche Kürzungen bei den Rationen von Gemüse, Früchten, Mehl und Getränken vorgenommen werden.

Am Freitag, dem 2. Oktober 1942, übermittelt B.P. dem C-in-C Middle East einen Enigma-Bericht vom 30. September 1942: Die Panzerarmee Afrika meldet den Stand von 270 italienischen und 224 deutschen einsatzbereiten Panzern.
Am selben Tag erfährt General Alexander aus einem Funkspruch der Supermarina die Namen sowie Ladung und Route der beiden italienischen Großfrachter »Nino Bixio« und »Unione«.

Am Montag, dem 5. Oktober 1942, werden in der Bucht von Navarino die beiden italienischen Großtanker »Unione« und »Nino Bixio« durch RAF-Bomber versenkt.

Am Dienstag, dem 6. Oktober 1942, erhält der C-in-C Middle East vom B.P. den neuen Enigma-Bericht. Darin meldet die Panzerarmee: Die Truppen leiden an Unterernährung, starkem Leistungsabfall und einer hohen Krankheitsrate. Die Treibstoffvorräte sind bis auf Tagessätze von 8,5 abgesunken. Tatsächlich trifft in der ersten Oktober-Woche nach Versenkung der beiden Großfrachter kein Treibstoff mehr in Nordafrika ein.

Am Donnerstag, dem 8. Oktober 1942, übermittelt B.P. dem C-in-C Middle East den neuen Enigma-Bericht, einen Funkspruch von General der Panzertruppe Stumme: Treibstofflage sehr angespannt, Munition unzureichend, Rationen auf einem kaum vertretbaren niedrigen Stand. Kraftfahrzeuge und Ersatzteile geben Anlaß zu äußerster Besorgnis. Der Gegner ist uns beträchtlich überlegen und zu einem Angriff bereit.

Am Freitag, dem 9. Oktober 1942, haben die Vorbereitungen von Montgomery für die entscheidende Offensive die letzte Phase erreicht. Dieser Tag beginnt mit einleitenden Bombenangriffen, die bis einige Stunden vor Beginn der Offensive andauern.

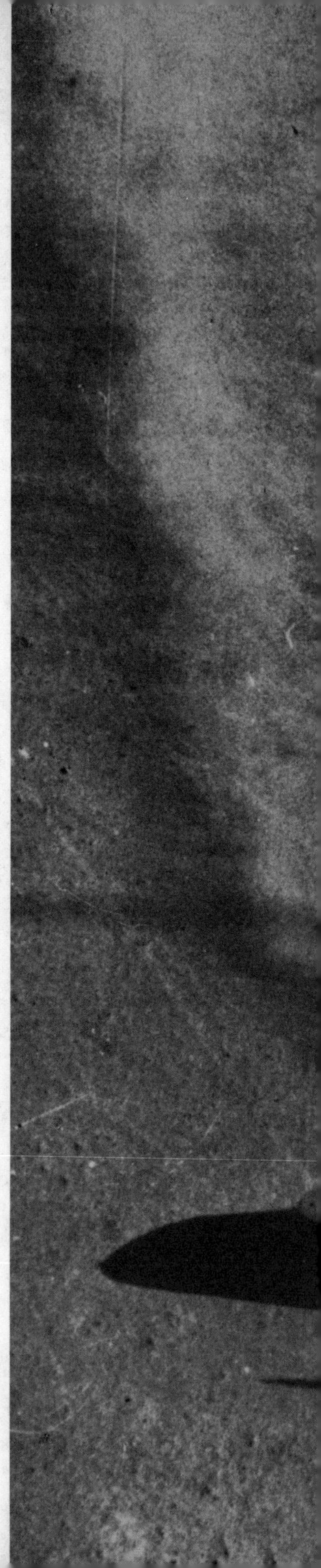

Auf einem RAF-Wüstenfeldflugplatz: ein Baltimore-Bomber rollt zum Start

Kairo, Oktober 1942: Funkabhörstelle der britischen Armee (Y-Dienst)

▶
Mittelmeer, Oktober 1942: ein italienischer Geleitzug mit Nachschub für die Panzerarmee Afrika wird von RAF-Bombern angegriffen

Am Sonnabend, dem 10. Oktober 1942, eröffnet Generalfeldmarschall Kesselring eine improvisierte deutsch-italienische Luftoffensive gegen Malta. Bis zum 19. Oktober 1942 werden täglich vom frühen Morgen bis zum Sonnenuntergang rund 200 bis 270 Einsätze gegen die Insel geflogen. Nachdem 70 Maschinen dabei verlorengegangen sind, wird die Operation eingestellt.

Während die britische 8. Armee zwischen dem 18. und 22. Oktober 1942 ihre Bereitstellungsräume bezieht, versucht die RAF mit allen Mitteln, die gegnerische Luftaufklärung zu unterbinden. Noch wichtiger für den Ausgang des Kampfes in Nordafrika sind die strategischen Einsätze der alliierten Luftstreitkräfte und britischen U-Boote gegen die Nachschubrouten der Achse im Mittelmeer.

Am Mittwoch, dem 21. Oktober 1942, bekommt der C-in-C Middle East einen neuen Enigma-Bericht mit einer Meldung der Panzerarmee vom 19. Oktober 1942:

Dank des Nachschubs, der mit U-Booten und Transportflugzeugen eintraf, wird der Mangel an Munition und vor allem der panzerbrechenden Munition aufgehoben. Die gesamten Munitionsvorräte sind im Operationsgebiet auf 16 Tagessätze angestiegen.

Am Donnerstag, dem 22. Oktober 1942, zählt laut neuestem Enigma-Bericht die Stärke der einsatzbereiten Maschinen, die dem Fliegerführer Afrika (jetzt GenMaj. Seidemann) unterstehen, insgesamt 90 Flugzeuge, darunter 40 Sturzkampfbomber, 40 Jäger und 10 Zerstörer (Jagdbomber). Der niedrige Stand der Einsatzbereitschaft ist auch – laut Enigma-Meldung – der Grund für einen Tadel von Generalfeldmarschall Kesselring.

Am Freitag, dem 23. Oktober 1942, liegt dem C-in-C Middle East ein entzifferter Funkspruch des Fliegerführers Afrika vom vorangegangenen Abend vor, der mit den Worten schließt: ». . . Beim Feind alles ruhig, die britische Frontlinie bleibt unverändert.« Gegen Mittag erreicht die nächste Enigma-Meldung den C-in-C. Es ist ein Funkspruch der Panzerarmee vom 21. Oktober 1942: Obwohl der nächste Tanker, die

◀
Mittelmeer, Oktober 1942: italienischer Nachschubfrachter im Bombenhagel

»Proserpina«, planmäßig am 25. Oktober eintreffen soll, wird der gelieferte Treibstoff die Front nicht vor dem 29. Oktober erreichen. Die Panzerarmee muß deswegen ab sofort Treibstoff per Lufttransport erhalten, weil sonst ihre Vorräte in Tobruk und östlich davon allein durch den laufenden Verbrauch an diesem Tag erschöpft wären.

An diesem Tag informiert GS Int nach 18.00 Uhr Montgomery: Der Gegner liefert keine Anzeichen dafür, daß er unseren Angriff in dieser Nacht erwartet.
Um 21.40 Uhr eröffnen 1200 Geschütze der britischen 8. Armee (Lt.Gen. Montgomery) die Operation »Lightfoot«, die Offensive an der El-Alamein-Front. Bereits nach den ersten Stunden des britischen Angriffs stirbt General Stumme an einem Herzkollaps. Generalmajor Ritter v. Thoma übernimmt das Kommando.
Trotz aller Berichte, die B.P. dem C-in-C Middle East übermittelt hat, sind die Erkenntnisse aus Enigma-Funksprüchen bei El Alamein nicht entscheidend: Den Sieg können die Briten vielmehr ihrer vielfachen Überlegenheit an Truppen, Panzern, Artillerie sowie Flugzeugen und der immensen Nachschubkapazität verdanken.

In der Nacht vom 23./24. Oktober 1942 klingelt in Rommels Zimmer im Sanatorium auf dem Semmering das Telefon, am Apparat – Generalfeldmarschall Keitel. Er meldet sich aus der »Wolfsschanze«, dem Führerhauptquartier bei Rastenburg/Ostpreußen: Der Gegner habe soeben eine großangelegte Offensive bei El Alamein begonnen, und General Stumme sei vermißt, womöglich gefallen. Um Mitternacht ruft Hitler persönlich an und will wissen, ob Rommel sofort nach Nordafrika zurückkehren kann.

Am Sonnabend, dem 24. Oktober 1942, landet gegen Mittag eine aus Wiener Neustadt kommende He 111 mit Rommel an Bord auf dem Flugplatz Ciampino bei Rom. General v. Rintelen, Deutscher General im Hauptquartier des Comando Supremo, empfängt Rommel auf dem Flugplatz und berichtet ihm über das Fortschreiten der britischen Offensive.
Da die Achsentruppen nur noch über drei Tagessätze Treibstoff für jedes Fahrzeug verfügen, drängt Rommel darauf, daß noch in der kommenden Nacht Versorgungsschiffe mit Treibstoff und Munition für Nordafrika in See stechen. Generalfeldmarschall Kesselring setzt sich sofort mit Mussolini persönlich in Verbindung und

erwirkt, daß der Oberbefehlshaber der Supermarina alle zur Verfügung stehenden Versorgungsschiffe mit dem erforderlichen Nachschub beladen und unverzüglich auslaufen läßt.
Als Rommel in Derna landet, trifft kurz danach ein Funkspruch von Generalfeldmarschall Kesselring ein. Er teilt ihm mit, daß fünf Versorgungsschiffe mit Treibstoff und Munition spätestens in 72 Stunden in den nordafrikanischen Häfen eintreffen werden. Fast zur selben Zeit, als Rommel die Nachricht in Händen hat, wird dem C-in-C Middle East vom B.P. der entzifferte Funkspruch übermittelt.
Das überragende taktische Geschick Rommels und das operative Können seines Stabchefs, Oberst Westphal, verhindern eine schnelle Niederlage der Achsenkräfte. Trotz ihrer massiven Überlegenheit können die Verbände Montgomerys in den ersten Angriffstagen nicht den entscheidenden Durchbruch erringen: Die Deutschen und Italiener erleiden zwar im britischen Trommelfeuer schwere Verluste, aber ihre Front hält im wesentlichen stand.

Noch am selben Tag, gegen 17.00 Uhr, erreicht den C-in-C Middle East der erste Enigma-Bericht im Zusammenhang mit der britischen Offensive. Es ist eine Meldung des Fliegerführers Afrika vom 23. Oktober 1942, in der bestätigt wird, daß die Panzerarmee den gegnerischen Hauptangriff im Süden erwartet habe.

Am Sonntag, dem 25. Oktober 1942, erfährt General Alexander aus einem Enigma-Bericht, daß General Stumme gefallen sei und Generalfeldmarschall Rommel sich auf dem Weg nach Nordafrika befinde. Am selben Tag übermittelt B.P. dem C-in-C Middle East einen entzifferten Enigma-Funkspruch. Er enthält detaillierte Angaben über Route und Ladung des Versorgungsdampfers »Proserpina« und dessen Begleitschiff »Tergestea«: Das erste Schiff befördert 4500 Tonnen Treibstoff, das zweite 1000 Tonnen Treibstoff und 1000 Tonnen Munition.

Am Montag, dem 26. Oktober 1942 gegen 5.00 Uhr morgens, erhält der C-in-C Middle East von B.P. einen

Enigma-Bericht, der nur an einige wenige britische Generäle und Stabsoffiziere weitergeleitet wird: Generalfeldmarschall Rommel hat am vergangenen Abend sein Kommando wieder aufgenommen. Und am selben Morgen beinhaltet der nächste Enigma-Bericht an General Alexander eine Meldung der Panzerarmee: Am 24. Oktober 1942 sind die Treibstoff-Bestände bis auf drei Tagessätze reduziert worden. Ein Drittel der Gesamtmenge ist in Bengasi gelagert. Die Luftwaffe hat eine Luftbrücke für den Treibstofftransport eröffnet. Einige Stunden später erreicht den C-in-C Middle East die nächste Meldung: Der Tanker »Tripolino« mit einer Ladung »von entscheidendem Wert für die Situation an der Front« und der Dampfer »Ostia« mit einer großen Menge Munition an Bord, sind zur Abfahrt von Bengasi nach Tobruk bereit.

In den ersten Morgenstunden des 26. Oktober 1942 spüren Wellington-Bomber den Tanker »Tripolino« nordwestlich von Tobruk auf, setzen Leuchtbomben und versenken ihn. Kurz nach Sonnenaufgang sichten 20 RAF-Bomber vom Typ Beaufort, die von den Feldflugplätzen Luqa und Halfar auf Malta gestartet sind, das erste der italienischen Versorgungsschiffe, die »Proserpina«, nahe Tobruk. Nach einer Reihe gewagter Angriffe, bei denen sechs Bomber von den Sicherungs-Jägern abgeschossen werden, gerät die »Proserpina« in Brand, und die »Tergestea« wird beim Einlaufen in den Hafen von Tobruk versenkt.

»Helfende Hand«: So sieht ein Londoner Karikaturist die Angriffe der RAF gegen den Nachschub für Rommels Truppen

◄

Raum El Alamein, Oktober 1942: ein Luftbildauswerter im HQ der britischen 8. Armee

Raum El Alamein, Oktober 1942: britischer Funker beim Empfang eines Funkspruchs

In den Abendstunden erfährt der C-in-C Middle East durch einen weiteren Enigma-Bericht: »Proserpina« steht nach einem Luftangriff in Flammen, »Tergestea« ist bei einem Volltreffer in die Luft geflogen.
Mit Beginn der Operation »Lightfoot« sinkt der Zustrom an Enigma-Berichten. Das Bild über die Feindlage gewinnen jetzt die Intelligence-Stäbe im Hauptquartier Middle East und die britische 8. Armee vorwiegend aus Erkenntnissen der taktischen Funkaufklärung des Y-Dienstes, durch Beutematerial, Gefangenenverhöre sowie Boden- und Luftaufklärung.
Eines jedoch kann Montgomery ausschließlich den Enigma-Berichten verdanken, was er jedoch nie zugibt: Die Gewißheit über das Ausmaß seines Erfolges und zugleich Rommels Beurteilung seiner eigenen Lage, seiner Verluste und Nachschubschwierigkeiten. Erstaunlicherweise erhält jedoch Montgomery weder vom Y-Dienst noch durch Enigma eine Warnung vor Rommels bevorstehendem Gegenangriff am Abend des 27. Oktober 1942.

Am Mittwoch, dem 28. Oktober 1942, wird in den Morgenstunden das Begleitschiff »Ostia« torpediert. Zur selben Zeit versenken Beaufort-Bomber etwa 60 Seemeilen nördlich von Tobruk das Versorgungsschiff »Zara« durch Torpedotreffer. Das Begleitschiff »Boni« kann Tobruk zwar erreichen, wird aber am Pier noch vor Löschen der Treibstoffladung von einem US-Liberator-Bomber versenkt. Der kleine Tanker »Morandi« hat etwas mehr Glück und kommt durch: Er kann den Hafen von Bengasi erreichen, wenn auch seine Ladung nur 300 Tonnen Treibstoff beträgt. Dieser Treibstoff muß jetzt aber noch auf einer Strecke von über 1300 Kilometern (Entfernung von Hamburg bis Rom), über der ständig RAF-Patrouillen kreisen, transportiert werden.
Morgens um 6.00 Uhr bekommt der C-in-C Middle East vom B.P. einen neuen Enigma-Bericht: Panzerarmee meldet kritische Treibstofflage, entstanden durch den Verlust von »Proserpina« und »Tergestea«. Ebenfalls am 28. Oktober 1942 verläßt um 16.00 Uhr das nächste Schiff mit Versorgung für die Achsentruppen den Hafen von Navarino. Es ist der Frachter »Luisiano« mit 2500 Tonnen Treibstoff an Bord. Um 22.00 Uhr meldet die RAF bereits seine Versenkung.
Eine halbe Stunde später, um 22.30 Uhr, übermittelt B.P. General Alexander einen neuen Enigma-Bericht: An diesem Tag hat Generalfeldmarschall Rommel um 13.00 Uhr angesichts der »extrem kritischen Lage« bei Generalfeldmarschall Kesselring die Übersendung von Luftwaffen-Verstärkungen angefordert. Kesselring weist seine Verbände daraufhin an, »Tag und Nacht bis hin zur letzten Besatzung und dem letzten Flugzeug« Treibstoff nach Nordafrika zu transportieren.

Mittelmeer, Angriff britischer Jagdbomber auf eine deutsche Einheit

Luftbildauswerter der britischen 8. Armee überprüfen die neuesten Reihenbildaufnahmen. Die Wandkarten im Hintergrund hat ein Zensor wegretuschiert

Inzwischen bereiten die Alliierten unter strengsten Geheimvorkehrungen die Landung in Nordafrika vor. Bereits Monate vor Beginn der Operation »Torch« werden sowohl General Eisenhower als auch alle höheren Offiziere seines Stabes sowie die Generäle Bedell-Smith, Clark. Spaatz, Anderson und Air Marshall Welsh in das Geheimnis »Ultra Secret« eingeweiht: Es ist der erste Fall, daß alliierte Befehlshaber vor einer Operation über die sie erwartenden Feindnachrichten unterrichtet werden.

Für eine reibungslose Übermittlung der Enigma-Berichte aus B.P. sollen bei den Stäben der US-Befehlshaber zunächst die ihnen unterstellten »Ultra-Representatives« sorgen. Sie gehören zur G-2-Abteilung, die für die Feindlage zuständig ist. Die Aufgaben des »Ultra-Representatives«: ». . . Er hat die ›Ultra‹-Intelligence auszuwerten und sie in brauchbarer Form dem Befehlshaber und den als ›Ultra‹-Empfängern autorisierten Stabsoffizieren auszuhändigen. Er hat bei der Analyse der ›Ultra‹-Intelligence in Verbindung mit der von anderen Quellen gewonnenen Intelligence mitzuwirken und die Art und Weise zu bewerten, in der der Stab die Ultra-Intelligence operativ nutzt und hat außerdem sicherzustellen, daß die Geheimhaltung dieser Quelle nie gefährdet wird.«

Es sind relativ junge Offiziere mit dem Rang eines Captain oder Major. Sie sollen auch sofort einschreiten, wenn einer der G-2-Offiziere, der Chef des Stabes oder die Oberbefehlshaber selbst das Ultra-Material nicht vorschriftsmäßig benutzen. Dafür stehen sie in direkter Verbindung mit US-General Marshall und B.P.

Die britischen und US-Intelligence-Auswerter bei den Armeestäben und Armeegruppenstäben haben keine leichte Aufgabe: Sie sind auf sich allein gestellt und dürfen nicht im Team arbeiten. Zusätzlich werden sie mit der abschließenden Interpretation sowie Beratung ihrer Vorgesetzten betraut. Sie müssen auch Ultra-Sprüche mit den Erkenntnissen aus anderen Quellen vergleichen und ihre Bedeutung für die Lage an bestimmten Frontabschnitten beurteilen. Abgesehen davon müssen sie ihren Befehlshabern vorschlagen, wie die Enigma-Berichte praktisch genutzt werden können, ohne die Quelle in Gefahr zu bringen.

Am Donnerstag, dem 29. Oktober 1942, erhält Rommel die Nachricht, daß auch der Tanker »Luisiana« mit

◀
Raum Derna, Wüstenfeldflugplatz der Luftwaffe, Ende Oktober 1942: Nach einem Angriff britischer Tiefflieger

1459 Tonnen Treibstoff soeben vor Tobruk versenkt worden ist.
Um 8.00 Uhr erreicht den C-in-C der neue Enigma-Bericht: Generalfeldmarschall Rommel hat jedes verfügbare Fahrzeug angewiesen, Treibstoff von Bengasi nach vorn zu schaffen. In einem Tagesbefehl wiederum fordert er größtmögliche Anstrengungen für einen »Kampf um Leben und Tod«.
Abends gegen 23.00 Uhr erfährt der C-in-C vom B.P. den Tageslagebericht der Panzerarmee vom 28. Oktober 1942: Die Lage ist »außergewöhnlich ernst«, die Treibstoffvorräte an der Front sind bis auf 1,3 Tagessätze verbraucht. Die Zahl der einsatzfähigen Panzer ist auf 81 deutsche und 197 italienische gesunken. Es gibt Anzeichen – vermerkt der Bericht – daß starke gegnerische Kräfte sich vorbereiten, im Norden über Sidi Abd el Rahman durchzubrechen.

Am Sonnabend, dem 31. Oktober 1942, bekommt der C-in-C Middle East durch einen neuen Enigma-Bericht eine wichtige Information: Die Truppenstärke der Panzerarmee ist aufgrund beträchtlicher Verluste noch weiter gesunken. Und gegen 18.00 Uhr heißt es in einem weiteren Enigma-Bericht, diesmal mit einer der wichtigsten Entscheidungen Rommels: Er verlegt die kampferprobte 21. Panzerdivision, die bis dahin die Front etwa 15 Kilometer südlich von Sidi Abd el Rahman verstärkt, nach Norden. An ihre Stelle tritt jetzt die Division »Trieste«. Diese Bewegung wird zugleich vom Y-Dienst bestätigt.
Rommel ahnt nicht, daß Montgomery sich zur Stunde darauf vorbereitet, in der Nacht vom 1./2. November 1942 gerade an diesem Frontabschnitt, den jetzt die schwach ausgerüstete Division »Trieste« von der 21. Panzerdivision übernommen hat, durchzubrechen.

An Versorgungsgütern und Treibstoff für die Panzerarmee Afrika sind auf dem Weg von Italien und Griechenland nach Nordafrika verlorengegangen: August 1942 = 30 Prozent, September 1942 = 30 Prozent, Oktober 1942 = 44 Prozent.

Am Sonntag, dem 1. November 1942, entziffert B.P. einen langen Funkspruch von Kesselring an das OKW, in dem er eine Untersuchung wegen möglicher Informationslücken oder auch Fahrlässigkeit im Funkver-

Mittelmeer, Anfang November 1942: RAF-Bomber greifen einen italienischen Nachschubgeleitzug vor der nordafrikanischen Küste an

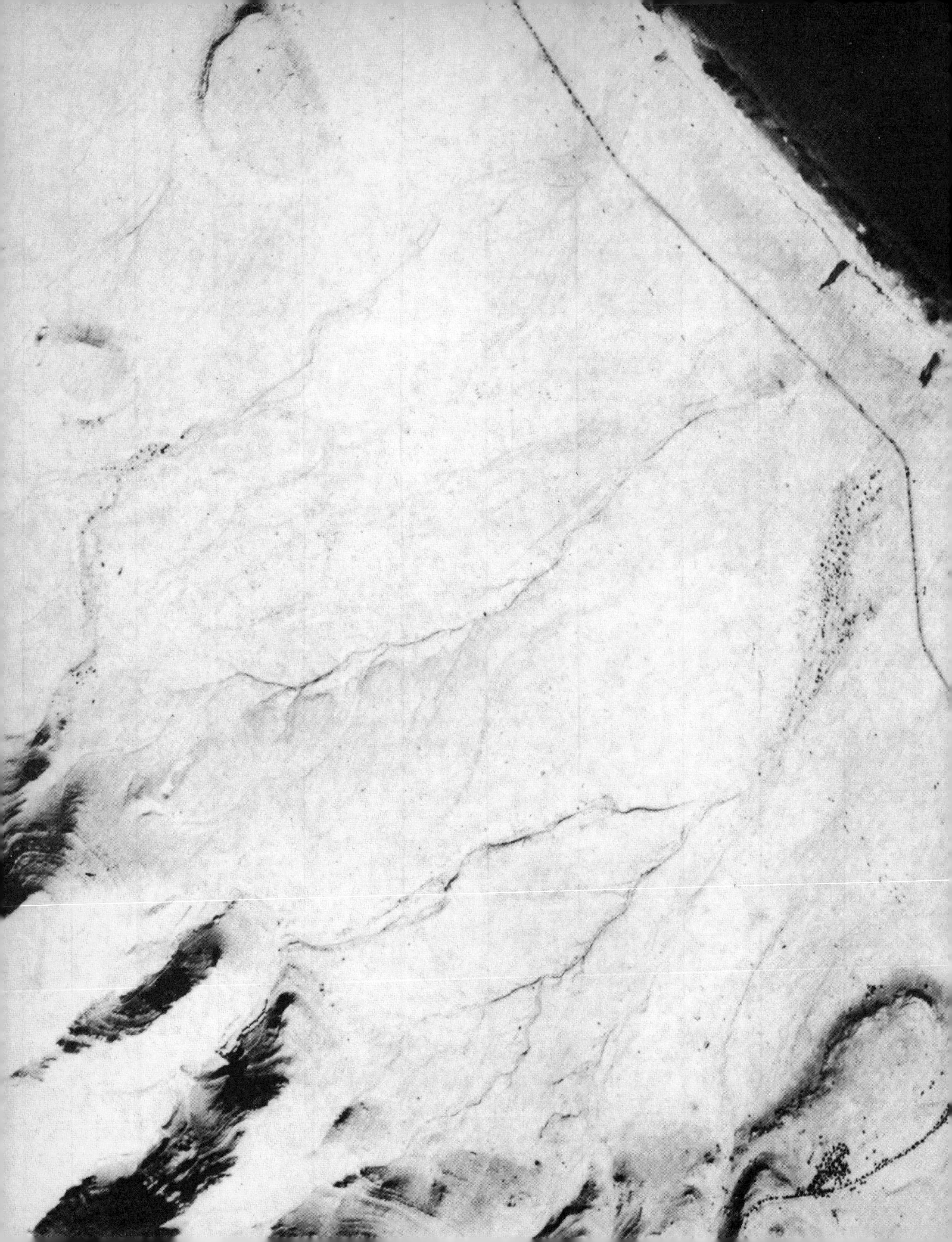

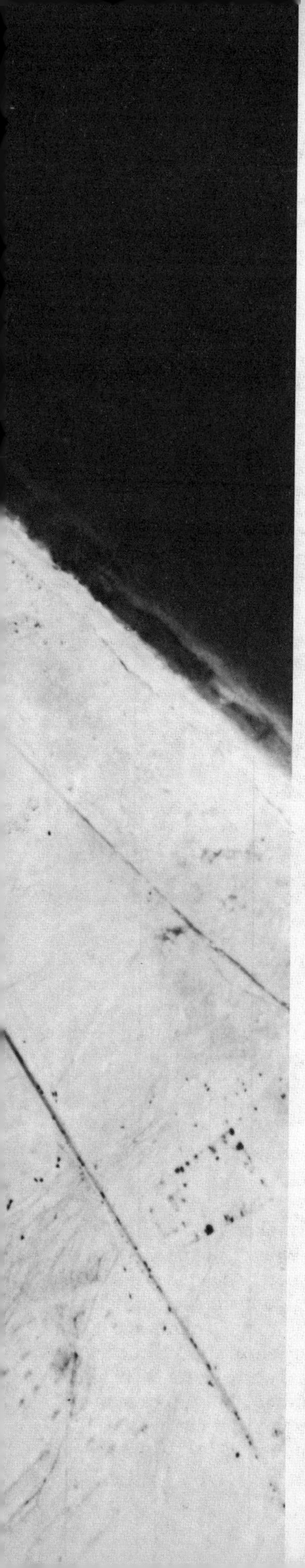

Küstenstraße El Alamein-Sollum, Anfang November 1942: Blick aus einem RAF-Aufklärer auf die in Richtung Halfaya-Paß zurückziehenden Fahrzeugkolonnen der Panzerarmee Afrika

kehr bzw. Verrat der Italiener, möglicherweise auch Entzifferung von Enigma-Funksprüchen, verlangt. Die schlagartige Versenkung der fünf italienischen Versorgungsschiffe innerhalb kürzester Zeit erscheint dem Generalfeldmarschall äußerst verdächtig und ist mit normalen Dingen nicht zu erklären.
Ebenfalls am 1. November 1942 erhält der C-in-C Middle East um 7.00 Uhr morgens die neueste Enigma-Meldung, mit dem Tagesbericht der Panzerarmee vom Abend des 31. Oktober 1942: Generalfeldmarschall Rommel hat seine kampfstarken Truppenteile der 90. leichten Division und der 21. Panzerdivision angewiesen, am 1. November die Großangriffe (unter Einsatz aller Kräfte) zu wiederholen, die sie im Norden unternommen haben, um das Panzergrenadierregiment 125 abzulösen. Es gäbe bisher keine definitiven Anzeichen eines beabsichtigten Angriffs von weiteren gegnerischen Kräften am Rest der Front, versichert der Tagesbericht.
Nun weiß Montgomery das Wichtigste: Rommels stärkste Verbände stehen ahnungslos und dazu recht weit von dem Abschnitt, den er für den Durchbruch bestimmt hat.
An diesem Tag übermittelt B.P. dem C-in-C Middle East einen weiteren Enigma-Bericht. Es ist ein Stärkenachweis vom Fliegerführer Afrika: Trotz der Verstärkungen verfügt er jetzt über nur 36 Sturzkampfbomber, 50 Jäger, 8 Jagdbomber und 10 Aufklärungsflugzeuge.
In dem nachfolgenden Enigma-Bericht heißt es: Die beiden italienischen Frachter »T« und »O«, die mit Treibstoff und Munition für die in Nordafrika kämpfende Truppe unterwegs waren, sind von der RAF versenkt worden. Kurz danach werden zwei weitere Einheiten der italienischen Marine, die ebenfalls Treibstoff und Munition geladen hatten, auch von der RAF versenkt.

Am Montag, dem 2. November 1942, beginnt die Operation »Super Charge«, der Durchbruch der britischen 8. Armee durch die Stellungen der Panzerarmee Afrika bei El Alamein. Wegen der Gefahr einer Einkreisung faßt Rommel den Entschluß, seine Verbände zurückzuziehen. Am Abend meldet er dem Führerhauptquartier die Notwendigkeit des Rückzugs und leitet gleichzeitig den Abmarsch seiner Truppen aus dem El-Alamein-Gebiet ein.

Als Rommel den Rückzug befiehlt, hat die Panzerarmee zwar immer noch 1200 Tonnen Treibstoffvorrat, doch hauptsächlich im Raum Tobruk und Bengasi. Was jedoch fehlt, sind Lkw für dessen Transport auf einer Strecke von rund 1500 Kilometern bis zur Front.
An diesem Morgen fängt der Y-Dienst um 9.11 Uhr einen mit dem »Scorpion«-Code verschlüsselten Enigma-Funkspruch für den Verbindungsoffizier der Luftwaffe mit Rommels Angriffsbefehl für die 21. Panzerdivision ab und läßt ihn sofort entziffern. Bereits um

10.00 Uhr liegt er bei den Stäben des XXX. Korps (Maj.Gen. Leese) und der neuseeländischen 2. Division (Lt.Gen. Freyberg).
Erst am Abend, Stunden nachdem die 21. Panzerdivision den Angriff begonnen hat, schafft es B.P. dagegen, diese so wichtige Information an den C-in-C Middle East weiterzugeben. Ein gutes Beispiel, daß unter gewissen Umständen gerade im taktischen Bereich der Y-Dienst wertvoller sein kann als GC and CS.

Gegen 18.00 Uhr fängt B.P. eine Enigma-Notmeldung ab. Generalfeldmarschall Rommel gibt dem OKH bekannt: Seine Truppen seien erschöpft. »Das Heer kann es deshalb nicht länger verhindern, daß ein weiterer Versuch starker gegnerischer Panzerformationen durchbrechen könnte, was für heute Nacht oder Morgen erwartet wird. Ein Rückzug der sechs italienischen und zwei nicht-motorisierten deutschen Divisionen ist angesichts fehlender Transportfahrzeuge unmöglich . . . Aufgrund dieser Situation und trotz des heldenhaften Widerstandes und dem ausgezeichneten Geist der Truppen muß man einer allmählichen Vernichtung des Heeres entgegensehen.«
Ebenfalls am 2. November 1942 setzt MI 6 in Kairo – auf Anweisung der Obersten Stellen in London – einen Funkspruch an »seine Agentengruppen in Italien« in einem den Deutschen bekannten Code ab, bedankt sich darin für die zutreffenden Informationen über die fünf in den Tagen vom 26. und 27. Oktober 1942 von Neapel auslaufenden Versorgungsschiffe und verspricht eine Solderhöhung.

Am Dienstag, dem 3. November 1942, um 5.55 Uhr morgens, übermittelt B.P. einen Enigma-Bericht vom 2. November 1942, der General Alexander höchstpersönlich zugestellt wird. Sein Inhalt: Generalfeldmarschall Rommel trifft Vorkehrungen, um seine Kräfte vom 3. November 1942 an schrittweise zurückzunehmen. Seine Infanterieverbände haben sich bereits in der Nacht vom 2./3. November 1942 zurückgezogen.
Und in einem weiteren Enigma-Bericht heißt es: Fliegerführer Afrika soll im Rahmen dieser Rückbewegun-

In einer Funkstelle des britischen Y-Dienstes: feindlicher Funkverkehr wird abgehört

◀ *In der Luftbildauswertungsstelle der britischen 8. Armee: Zeugen des Rückzugs*

gen gleichzeitig die Luftwaffeneinheiten auf die weiter westlich liegenden Flugplätze verlegen. Die Treibstoffvorräte bei den Frontverbänden sind auf 1,7 Tagessätze gesunken. Die vollständige Räumung der Munitionsdepots in El Daba erscheint unmöglich. Die Vorräte in Marsa Matruh und westlich davon sind aber sehr gering. Um 11.05 Uhr telefoniert Hitler nach Rom. Um 11.30 Uhr wird der Text von ihm per Enigma verschlüsselt und über Funk an Rommel weitergeleitet. An GFM Rommel: ». . . In der Lage, in der Sie sich befinden, kann es keinen anderen Gedanken geben, als auszuharren . . . Es wäre nicht das erste Mal in der Geschichte, daß der stärkere Wille über die stärkeren Bataillone triumphierte. Ihrer Truppe aber können Sie keinen anderen Weg zeigen als den zum Siege oder zum Tode. Adolf Hitler.«

Als Hitler persönlich auf Rommels verzweifelte Funksprüche antwortet, fällt gerade seine Enigma wegen eines technischen Defekts aus. Rommel ersucht um eine Wiederholung des Führer-Funkspruchs, der dann zwei Stunden später in seinem Hauptquartier eintrifft. Unterdessen hat B.P. bereits Hitlers ersten Funkspruch entziffert und eine Stunde, bevor Rommel die Wiederholung mitgeteilt wird, hat Montgomery ihn schon in der Hand.

Rommel ändert nun seinen Operationsplan und entschließt sich zu einem Kompromiß: Die 90. Leichte Division wird zusammen mit der italienischen Infanterie in ihren Stellungen belassen und der Rest des Deutschen Afrika-Korps und des italienischen XX. Korps soll sich 50 Kilometer westlich von Fuka in eine vorläufige Linie zurückziehen.

Montgomery könnte jetzt die verzweifelte Lage der Achsenverbände ausnutzen, in einer kühnen überholenden Verfolgung Rommel den Rückzug nach Tripolitanien abschneiden und ihn vernichtend schlagen. Das Geheimnis, warum er es nicht getan hat, nimmt Montgomery mit ins Grab. So will z. B. der Kommandeur der britischen 1. Panzerdivision, General Briggs, schon Vorbereitungen treffen, um die Panzerarmee Afrika blitzartig zu überholen und ihr den Rückzug zu verlegen. Doch Montgomery gibt ihm dafür keine

Erlaubnis. Auch sein Generalstabschef, Colonel de Guingand, schlägt die Aufstellung eines motorisierten Verbandes zur Einkreisung der Rommel-Truppen vor, aber »Monti« will davon nichts wissen. So gelingt es Rommel, den Kern seiner Streitmacht zu retten.

Am Donnerstag, dem 4. November um 5.38 Uhr, erhält der C-in-C Middle East den neuesten Enigma-Bericht. Es ist ein Funkspruch der Panzerarmee vom 3. November 1942, 19.00 Uhr: Die motorisierten Verbände der Panzerarmee bleiben an Ort und Stelle und werden sich erst zurückziehen, nachdem der Gegner mit überlegenen Kräften einen Durchbruch erzielt.
Einige Stunden später geht der nächste Enigma-Bericht an den C-in-C Middle East, General Alexander: Die Verbände der Luftwaffe sind dabei, Vorbereitungen zur Verlegung ihrer Kräfte ins westliche Mittelmeer abzuschließen. Der Grund dafür: Ein vor Gibraltar gesichteter Großkonvoi. Die deutsche Führung ahnt nicht, daß dies die letzte Phase vor der alliierten Landung in Nordafrika ist.

Gegen Mittag ersucht Rommel um Hitlers Erlaubnis zum Rückzug. Um 17.30 Uhr ordnet er, ohne die Antwort abzuwarten, die sofortige Zurücknahme aller seiner Streitkräfte an, außer dem DAK, der 90. leichten Division und den Resten der italienischen Panzerkräfte, die sich erst bei Anbruch der Dunkelheit zurückziehen sollen. Zwar gelingt es dem SIS nicht, die Befehle Rommels zum Rückzug abzuhören, doch der Y-Dienst der 8. Armee berichtet: Vorbereitungen für einen Rückzug der 15. und 21. Panzerdivisionen und anderer Verbände sind im Gange.
Nachdem die britische 8. Armee die deutschen Stellungen bei El Alamein durchbrochen hat, gibt es kein Halten mehr: Der Krieg in Nordafrika ist entschieden. Die hoffnungslos unterlegenen Deutschen und Italiener ziehen sich immer weiter nach Westen zurück.

Am Donnerstag, dem 5. November 1942, befinden sich Rommels Truppen bereits in vollem Rückzug. Zwischen El Alamein und Fuka, auf einer Strecke von mehr als 100 Kilometern, drängen sich Fahrzeuge und Truppen auf der schmalen Küstenstraße, um die neuen Stellungen zu erreichen.

Erst am Freitag, dem 6. November 1942, gelingt es dem B.P., Hitlers Genehmigung für Rommels Rückzug, die er am späten Abend des 4. November 1942 übermittelt hat, zu entziffern.

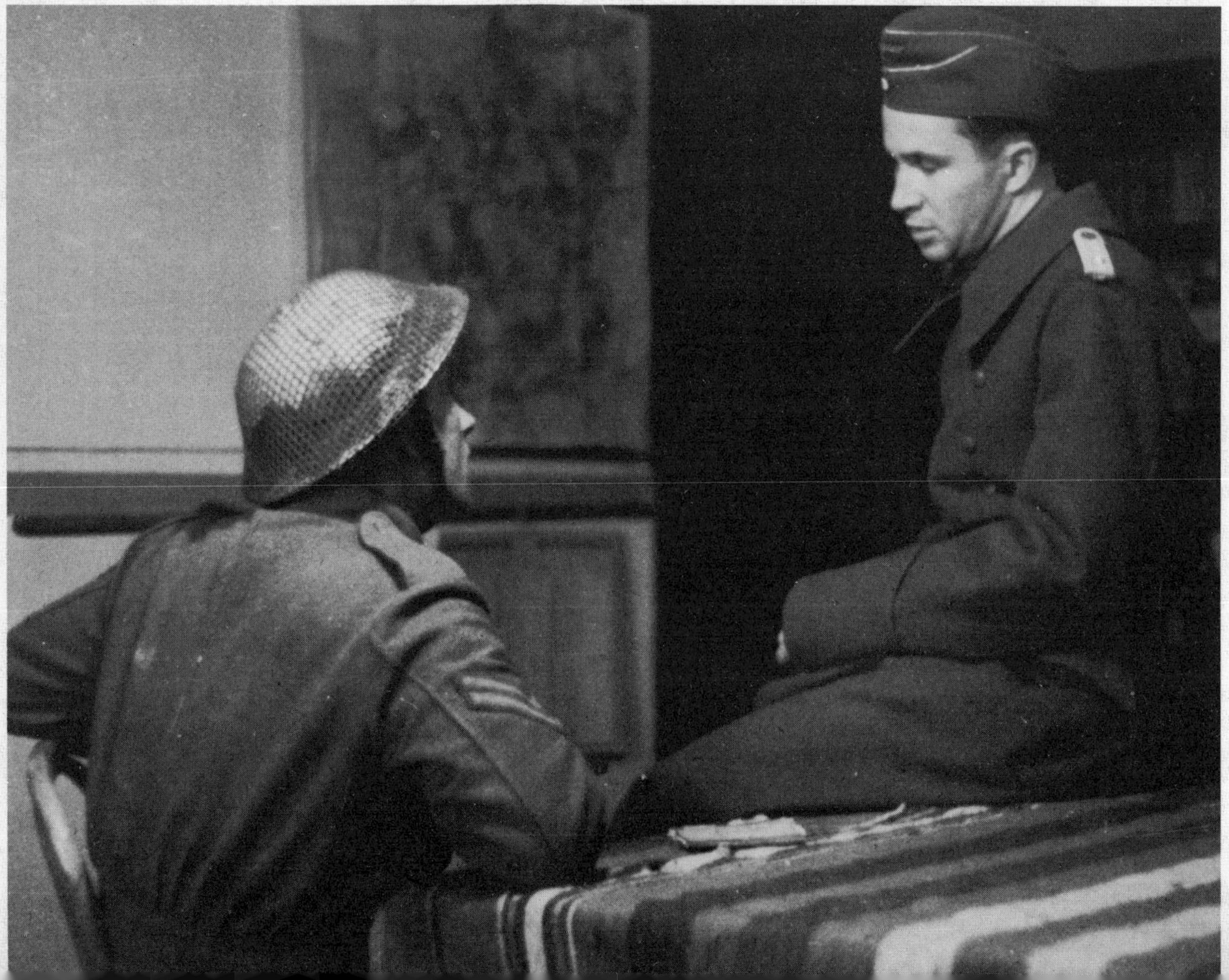

THE DAILY MAIL, Tuesday, November 10, 1942.

Every drop counts! H-P Sauce is in limited supply

Daily Mail

LATE WAR NEWS SPECIAL

SIFTA SALT Free Running — For cooking — Sifta salt is best

NO. 14,519 ONE PENNY FOR KING AND EMPIRE TUESDAY, NOVEMBER 10, 1942

AMERICANS DRIVING ON TO TUNISIA

2,000 Prisoners at Oran: Allied Losses Light

AMERICA BREAKS WITH VICHY

Passports Handed To Envoy

Ships Seized in U.S. Harbours

From WALTER FARR

WASHINGTON, Monday.

THE breaking of diplomatic relations between the United States and France was announced to-day by Mr. Cordell Hull, Secretary of State.

The breach of relations did not, for the time being, involve any question of war, he added.

The Vichy Ambassador, Gaston Henry-Haye, was handed his passports this afternoon.

President Roosevelt to-day expressed regret that Vichy had severed diplomatic relations with the United States. Laval, he said, was evidently still speaking the

THIS special Daily Mail map shows the progress of the Anglo-United States occupation of Northern Africa as it appeared at an early hour this morning. Little is known yet of the progress of the new thrust in the direction of Tunisia, which is aimed eventually at Tripoli.

U.S. TANKS AT GATES OF CASABLANCA

AMERICAN troops were last night reported to be thrusting from two directions towards French Tunisia, which divides Algeria from Rommel's main supply base at Tripoli. Advanced motorised elements may already be across the frontier.

MAP above illustrates the terrifying prospect now facing Italy. Sicily, Germany's great air base, becomes vulnerable; the road to full invasion is left wide open; Malta threatens Italy.

ROMMEL RUNS FASTER

8th Army Push on Into Libya

From PAUL BEWSHER, Daily Mail Special Correspondent

CAIRO, Monday.

THE Eighth Army to-day is operating in Libya. Advance units crossed the frontier near Halfaya Pass only a few hours behind the racing remnants of Rommel's shattered panzer army. The enemy were making for the devastated road through the pass, and it is not clear whether they succeeded in forcing a path.

The fleeing Germans, using Italian transport as well as their own, have, like the "vanishing lady," temporarily achieved the ultimate trick of disappearing altogether, despite the desperate efforts of our men to catch them.

But their numbers are small. Never has any army been picked off and thousands of its men scooped up so neatly as with this once-great force of Rommel's.

Rain, heavy, constant rain, is adding to Rommel's troubles. His fleeing columns have to plough their way through long stretches of low-lying desert road flooded by water pouring down from ridges and hills.

The road is often waterlogged for 50 yards at a time. The adjoining desert is a quagmire.

The effects on the retreating enemy are seen in the number of discarded vehicles, ranging from ten-ton lorries to "people's cars," abandoned axle-deep in water or desert mud.

And through it all the unhappy fugitives are suffering constant,

LATEST

ALL QUIET ON THE RUSSIAN FRONT. See Story in BACK PAGE.

JEAN BART IN

Amerikaner rollen nach Tunesien, meldet die Londoner Presse am 10. November 1942

Inzwischen meldet die britische 8. Armee: Seit dem 23. Oktober 1942 rund 30000 Gefangene, 400 Geschütze und 350 Panzer zerstört oder erbeutet. Sechs italienische Divisionen sind aufgerieben, und nach zwölftägigen schweren Kämpfen zählt die Panzerarmee Afrika nur noch 38 einsatzbereite Kampfwagen.

Am Sonnabend, dem 7. November 1942, sendet Churchill einen strenggeheimen Funkspruch an Eisenhower, um den Oberbefehlshaber der Operation »Torch« zu informieren, daß »ein Funkspruch von Rommel an den deutschen Generalstab abgehört worden sei, in dem Rommel um sofortige Hilfe bat, oder seine Truppen würden vernichtet«.

In der Nacht vom 7./8. November 1942 beginnt die Operation »Torch«, die Landung der alliierten Truppen in Marokko und Algerien unter dem Befehl von General Eisenhower. Die Einheiten treffen jedoch unerwartet auf den Widerstand der französischen Vichy-Truppen, vor allem in Algier, Oran und Casablanca.

◄
Einer der z. Zt. seltenen britischen Gefangenen wird von einem Luftwaffen-Offizier vernommen

Am Montag, dem 9. November 1942, kommen in Tunesien deutsche Truppen an, die der Oberbefehlshaber Süd, Generalfeldmarschall Kesselring, nach Nordafrika beordert hat, um eine Besetzung durch die Alliierten zu vereiteln und den Rückzug Rommels zu decken. Als die Alarmeinheiten des neuernannten Fliegerführers Tunesien (Oberst M. Harlinghausen) mit 284 Soldaten auf dem Flugplatz El Aouina bei Tunis landen, die nun, unterstützt durch Teile des Fallschirmjägerregiments 5 und des 11. Fallschirmjägerpionierbataillons, vordringen, um eine Verteidigungslinie zu bilden, ziehen sich die etwa 25000 Mann der französischen Tunesien-Division zurück. General Nehring soll in Tunesien einen Brückenkopf errichten.
In 15 Tagen geht die Panzerarmee Afrika über 1000 Kilometer zurück: Von Fuka über Marsa Matruh nach Sollum-Halfaja, wo die britische 8. Armee mit starken Kräften die schwache Besatzung überwältigt.

Am Dienstag, dem 10. November 1942, erfährt Montgomery durch einen Enigma-Bericht: Die 21. Panzerdivision hat nur noch elf einsatzfähige Panzer, die 15. Panzerdivision dagegen keine mehr. Die Panzerarmee verfügt nur noch über 0,25 Prozent eines Tagessatzes an Munition. Der Treibstoff reicht höchstens noch 4 bis 5 Tage. Montgomery befiehlt seinen Hauptkräften, nicht westlich von Capuzzo vorzustoßen und läßt sich trotz Kenntnis des Enigma-Berichtes von seinem Plan nicht abbringen.

Kairo, C-in-C Middle East, November 1942: Intelligence-Offiziere bereiten den neuesten Lagebericht vor

Am Mittwoch, dem 11. November 1942, überschreitet die Panzerarmee auf ihrem Rückzug die ägyptisch-libysche Grenze. Gleichzeitig meldet die RAF-Luftaufklärung, daß sich die Panzerarmee aus Bardia und Tobruk zurückzieht.
Am gleichen Tag erfährt der C-in-C Middle East durch einen Enigma-Bericht: Generalfeldmarschall Kesselring gibt einem Fallschirmjäger-Bataillon den Befehl zur Wegnahme des Flugplatzes von Bône noch vor Eintreffen der gegnerischen Angriffsspitzen. Der C-in-C Middle East reagiert sofort darauf und läßt in einer Blitzaktion britische Fallschirmjäger in US-Truppenmaschinen verladen und auf dem Flugplatz Bône noch vor Ankunft der deutschen Fallschirmjäger landen. So haben die Alliierten den besten Allwetterflugplatz Tunesiens für ihre Luftstreitkräfte gesichert: Es ist einer der seltenen Fälle, daß ein entzifferter Enigma-Bericht eine rein taktische Lage entschieden hat.

Am Donnerstag, dem 12. November 1942, läßt Rommel Sollum, Fort Capuzzo und Bardia räumen. Inzwischen landen in Ostalgerien alliierte Truppen in Bône und stoßen über das algerisch-tunesische Grenzland vor.

Am selben Tag entziffert B.P. einen Enigma-Funkspruch mit der Meldung, daß der Tanker nach Bengasi unterwegs sei. Von seiner Treibstoffladung verspricht sich die Panzerarmee eine gewisse Verbesserung der mehr als kritischen Treibstofflage.

In der Nacht vom 12./13. November 1942 fällt Tobruk, das Rommel so lange halten wollte, bis wenigstens ein Teil der 12000 Tonnen Versorgungsgüter abtransportiert worden sind.

Am Freitag, dem 15. November 1942, trifft in Tunesien General der Panzertruppe Nehring ein und übernimmt den Befehl über das LXXXX. Armeekorps, dem alle deutschen Truppen im Brückenkopf Tunesien unterstehen. Um den drohenden militärischen und politischen Gefahren zu begegnen, entschließt sich Hitler, starke Kräfte nach Tunesien zu entsenden, sogar ein komplettes Bataillon mit neuen Tiger-Panzern.
Am gleichen Tag übermittelt B.P. dem C-in-C Middle East den neuesten Enigma-Bericht: Die deutsche Führung befiehlt, nicht nur die für die Panzerarmee Afrika bestimmten Ersatzbataillone nach Tunesien zu verlegen, sondern auch alle Transportmaschinen, die bis zu diesem Zeitpunkt Rommels Verbände mit Treibstoff versorgt haben.

Am Montag, dem 16. November 1942, erhält der C-in-C Middle East bereits morgens um 5.00 Uhr den neuen Enigma-Bericht. Es ist eine Sonderlagemeldung von Generalfeldmarschall Rommel an Hitler: Die Treibstofflage ist katastrophal und die Truppe wortwörtlich unbeweglich. Rommel beschließt, teilweise aus diesem Grund oder auch weil die Meldungen über den gegnerischen Vorstoß verstummt sind, die Panzerarmee nicht vor dem 19. November 1942 aus Bengasi zurückzunehmen.

Am Dienstag, dem 17. November 1942, kommt es etwa 50 Kilometer westlich von Biserta zu einem ersten Gefecht zwischen deutschen und alliierten Verbänden in Tunesien.

Am Mittwoch, dem 18. November 1942, meldet der SIS dem C-in-C Middle East, daß Rommel beschlossen habe, Bengasi noch an diesem Abend zu räumen und seine dort vorhandenen Munitionsvorräte zurückzulassen, weil ihm südlich von Bengasi gegnerische Panzerverbände gemeldet sind.

Am Montag, dem 23. November 1942, steht das Deutsche Afrika-Korps wieder dort, wo es im Frühjahr 1941 seinen Siegeslauf quer durch die Cyrenaika bis nach Ägypten begonnen hat. Während der ganzen Verfolgung haben der SIS – durch Entzifferung von Enigma-Berichten – und auch der Y-Dienst sowie die Luftaufklärung General Montgomery bis ins Detail über die

»Das Groß-Reinemachen!« Vormarsch der 1. und 8. Armee mit den Augen des Karikaturisten gesehen

Marsa Matruh, 13. November 1942, wenige Minuten nach der Einnahme durch die britische 8. Armee: Der Funkwagen wird einsatzbereit gemacht

▶ Tunesien, Dezember 1942: Ein Großraumtransportflugzeug vom Typ Messerschmitt Me 323 »Gigant« hat einen Nachrichtenwagen für die deutsche 5. Panzerarmee mitgebracht

Tripolitanien, Ende November 1942: Einheimischer erteilt einem deutschen Soldaten der Aufklärungsabteilung Auskunft

Lage der Panzerarmee informiert. Noch wichtiger waren für Montgomery die Vorausinformationen über Rommels Absichten, die er durch die Enigma-Berichte erhielt.

Am Freitag, dem 4. Dezember 1942, erringen die deutschen Panzerverbände in Tunesien ihren ersten größeren Erfolg: Das LXXXX. Panzerkorps (Gen.d.Pz.Tr. Nehring) kann trotz starken Widerstandes der 1. US-Panzerdivision und der britischen 11. Brigade die 30 Kilometer westlich von Tunis liegende Stadt Tebourba einnehmen.

Am Dienstag, dem 8. Dezember 1942, heißt es in dem von B.P. an den C-in-C Middle East geleiteten Enigma-Bericht: Die Luftwaffe ist in ganz Libyen wegen Mangel an Treibstoff gelähmt. Und die Panzerarmee verfügt lediglich über soviel Treibstoff, daß sie sich gerade von ihren vorderen Stellungen zur Hauptabwehrlinie zurückziehen kann, doch reicht er nicht aus, um einen Gegenangriff zu eröffnen.
Am Abend erreicht den C-in-C ein weiterer Enigma-Funkspruch, der Rommels Absichten beinhaltet: Der Generalfeldmarschall will so lange wie möglich dem britischen Angriff, den er jede Minute erwartet, standhalten und nur unter starkem Druck zurückweichen.

Am Mittwoch, dem 9. Dezember 1942, wird in Tunesien die deutsche 5. Panzerarmee (GenOberst v. Arnim) gebildet. Dieser Verband ist nur von der Bezeichnung

◀
Irgendwo in Tunesien, Dezember 1942: durch Explosion zerrissener US-Panzer

Syrte, Ende Dezember 1942: Die Tafeln warnen vor versteckten deutschen Minen und Sprengfallen

her eine Panzerarmee, in Wirklichkeit hat er lediglich die Stärke eines Korps und setzt sich aus zwei Panzerdivisionen, einer motorisierten Grenadierdivision und fünf Infanteriedivisionen, darunter drei italienische, zusammen.

Am Freitag, dem 11. Dezember 1942, führt die britische 8. Armee einen Angriff gegen die jetzt in den Marsa Brega-Stellungen liegende Panzerarmee Afrika, die sich unter dem Druck der britischen Verbände weiter westlich auf die Buerat-Stellungen zurückziehen muß.

Am Sonntag, dem 27. Dezember 1942, sendet Churchill ein höchstvertrauliches Telegramm an General Alexander: »Boniface (*Autor:* Churchills Bezeichnung für Enigma) zeigt, daß der Gegner in Buerat in großer Sorge und Unordnung ist und unter ständiger Angst lebt, dort durch eine Einkreisung von Süden her abgeschnitten zu werden, die er bereits seit dem 26. Dezember erwartet. Nachdem ich »Boniface« unter dem Gesichtspunkt gelesen habe, daß der Gegner eine verständliche Tendenz zeigt, seine Schwierigkeiten zu übertreiben, um möglichst viel Nachschub zu erwirken, kann ich nur hoffen, Sie werden in der Lage sein, früher anzugreifen als zu dem erwähnten Datum ... Auf diese Weise würde der 8. Armee die große Ehre zufallen, Tripolis einzunehmen.« Doch kann selbst diese Intervention des Premierministers General Montgomery nicht umstimmen.

Am Donnerstag, dem 31. Dezember 1942, leitet B.P. dem C-in-C Middle East einen neuen Enigma-Bericht zu, der das Ergebnis eines bereits einige Tage dauernden Funkspruchaustausches zwischen Generalfeldmarschall Rommel und dem OKH aufzeigt: Rommel will seine Kräfte nach Tunesien schaffen, bevor seine Rückzugs- und Nachschublinie westlich von Tripolis durchbrochen ist. Das Oberkommando der Achsenmächte strebt an, die Schiffahrtsroute des Gegners durch das Mittelmeer zu zerschneiden.
Mit Verstärkung der Truppen in Tunesien wird beschlossen, daß Rommel den Vorstoß der 8. Armee unter allen Umständen verzögern und seine nicht motorisierten Truppen in die Homs-Tarhuna-Linie zwischen Buerat und Tripolis zurückverlegen soll. Nachdem seine motorisierten Divisionen an der Buerat-Linie dem Gegner so lange wie möglich Widerstand geleistet haben, ist beabsichtigt, sie auch bis zu dieser Linie zurückzunehmen.

In der Zeit von Anfang August 1942 bis Ende Dezember 1942 sind die Schiffsverluste der Achsenmächte sprungartig angestiegen: Die Italiener haben 150 Schiffe mit 276 000 Tonnen, die Deutschen 24 Schiffe mit über 44 000 Tonnen verloren.

1943

JANUAR – MÄRZ

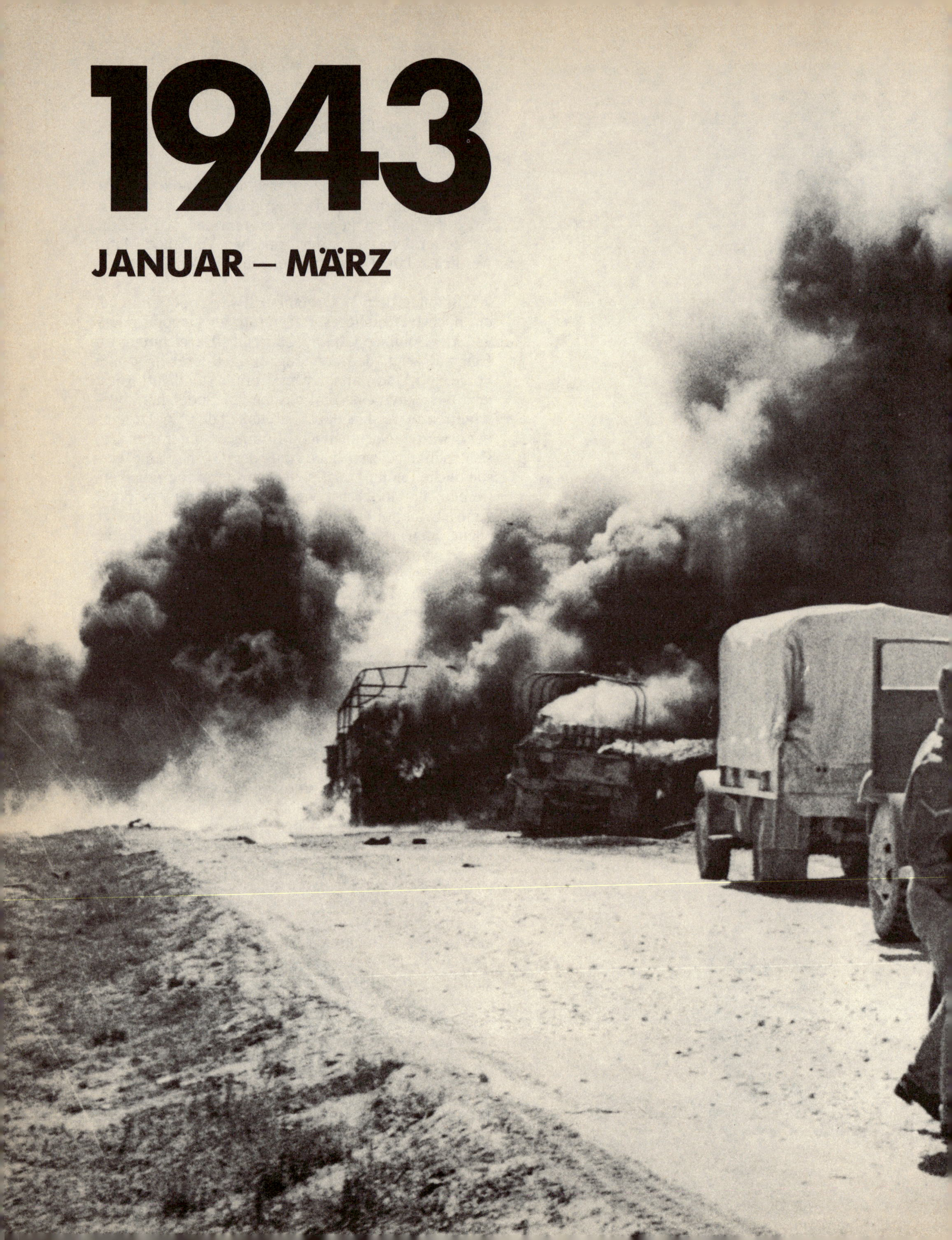

20

Am Freitag, dem 15. Januar 1943, entschließt sich Montgomery endlich, mit seinem fast acht Divisionen und 700 Panzer zählenden Verband in Buerat zum Angriff überzugehen. Er weiß dank Enigma, daß ihm lediglich anderthalb deutsche Divisionen mit 34 Panzern sowie sechs italienische Bataillone mit 57 leichten Panzern gegenüberstehen.

Am Sonntag, dem 17. Januar 1943, gibt Rommel die Buerat-Stellung auf, weil er damit rechnet, daß Montgomery einen Umfassungsvorstoß nach Tripolis vorbereitet.

Am Montag, dem 18. Januar 1943, zerstören alliierte Jabos – allein bei einem einzigen Angriff auf den Flughafen von Tunis – 23 Junkers Ju 52 am Boden. Die Luftwaffe zieht sofort rund 400 Flugzeuge von der Ostfront ab und schickt sie nach Tunesien.

Am Dienstag, dem 19. Januar 1943, erhält der C-in-C Middle East durch einen Enigma-Bericht die Nachricht, daß die deutsche 21. Panzerdivision (GenMaj. Hildebrandt), nachdem sie Sfax erreicht hat, 34 Panzer erhalten soll.

Am Sonnabend, dem 23. Januar 1943, muß die Panzerarmee Afrika unter starkem Druck der britischen 8. Armee Tripolis aufgeben und den Rückzug in Richtung libysch-tunesische Grenze antreten. Bei Verfolgung der Rommel-Truppen von El Alamein bis Tripolis hat die britische 8. Amee über 1500 Kilometer innerhalb von 80 Tagen zurückgelegt.

Am Montag, dem 25. Januar 1943, entschlüsselt die GC and CS eine Direktive des Comando Supremo: Armeegruppe Afrika wird aufgestellt. Ihren Oberbefehl übernimmt Generalfeldmarschall Rommel. Die Führung der deutsch-italienischen Panzerarmee Afrika obliegt dann General v. Arnim. Ergänzend zu einer Offensive der Panzerarmee im Norden ist geplant, daß die neue Armeegruppe Afrika in den ersten März-Tagen nach Abschluß des Rückzugs von Kasserine die vorstoßenden Verbände der 8. Armee angreifen wird. Für diese Operation soll die 10. Panzerdivision in Sfax stehen und der Rest der motorisierten Verbände in Gabes.

Tunis, ein deutscher Feldflugplatz, Januar 1943: nach einem Angriff alliierter Tiefflieger

Tunesien, Februar 1943: Deutsche Truppen auf dem Weg in Richtung Kasserine-Paß

Am Dienstag, dem 26. Januar 1943, gelingt es Rommel trotz britischer Versuche, der Panzerarmee Afrika den Rückzug abzuschneiden, seine Truppen zu retten und sich in Südtunesien mit der 5. Panzerarmee (GenOberst v. Arnim) zu vereinen.
Am gleichen Tag bekommt Rommel in seinem neuen Gefechtsstand der Panzerarmee an der tunesischen Grenze einen Funkspruch des Comando Supremo: Zu einem Zeitpunkt, den er selbst bestimmen kann, soll er von seinem Kommando abgelöst werden.

Am Donnerstag, dem 28. Januar 1943, erreicht die Panzerarmee Afrika Südtunesien und geht mit ihren deutsch-italienischen Kräften in Richtung Westen zum Angriff über. Sie versuchen zwar vergeblich, Le Kef zu erobern, nehmen aber den Faid-Gebirgspaß und stoßen auf Tebessa vor. Sie besetzen Sbeitla sowie Gafsa und nähern sich langsam dem Kasserine-Paß.
Als Rommels Truppen jedoch gegen Thala vorgehen, werden sie von britischen Panzereinheiten zurückgeworfen, ebenso nach ihren anfänglichen Erfolgen bei Medjez-el-Bab.
Dank des besseren Nachschubs kann Rommel jetzt seine stark geschwächte 15. Panzerdivision (GenMaj. v. Vaerst) und die 21. Panzerdivision (GenMaj. Hilde-

Tunesien, Raum Le Kef, Ende Januar 1943: Deutsche Infanterie stößt vor, links ein britischer Gefangener als Munitionsträger

◀ *Tunesien, Raum Gabes, Februar 1943: Ein deutscher Stoßtrupp geht vor*

brandt) zum erstenmal seit vielen Monaten wieder auffüllen. Er bekommt sogar die aus Europa nach Tunesien verlegte und voll ausgestattete 10. Panzerdivision (GenMaj. v. Broich). Auch von den schweren Panzern VI Tiger, die sich jetzt in Tunesien befinden und denen die Alliierten nichts Gleichwertiges entgegenzusetzen haben, erhofft sich Rommel einige Erfolge, besonders im Kampf gegen die Amerikaner, die den Deutschen auf dem Schlachtfeld taktisch unterlegen sind.

Am Donnerstag, dem 4. Februar 1943, übermittelt B.P. dem C-in-C Middle East einen neuen Enigma-Bericht, der ein Memorandum des Generalfeldmarschalls Rommel an das Comando Supremo umfaßt: Rommel wiederholt seinen früheren Vorschlag, mit beiden Panzerarmeen unter einem gemeinsamen Kommando einen konzentrierten Angriff auf Gafsa durchzuführen, noch bevor die 8. Armee ihre Offensive beginnen kann.

In der zweiten Februar-Woche 1943 verschärft sich die Lage der Panzerarmee Afrika durch das Vorgehen der britischen 8. Armee, die jetzt zwischen Ben-Gardane, Médinine, Tathouine, gegenüber der von der italienischen 1. Armee gehaltenen, befestigten Mareth-Linie, Stellung bezieht.

Am Sonnabend, dem 13. Februar 1943, übermittelt B.P. dem Oberbefehlshaber in Tunesien, General Eisenhower, einen Enigma-Bericht: Das Hauptquartier der 21. Panzerdivision soll an diesem Tag nach vorn verlegt werden. Der 14. Februar 1943 ist als Tag X für eine Operation der 5. Panzerarmee vorgesehen.
Eisenhowers Intelligence-Chef, Brigadier Mockler-Ferryman, ist der festen Meinung, daß Rommel keinen Angriff durch Sidi bou Zid führen wird, sondern daß der Schwerpunkt des Angriffs weiter im Norden liegt. Der Grund für seine Annahme: Es liegen keine entsprechenden Enigma-Berichte vor, und der Brigadier – seit Jahren an die Verläßlichkeit von Enigma gewöhnt – ist überzeugt, daß er recht hat. Was Mockler-Ferryman jedoch nicht ahnt: Es gibt jetzt keine Enigma-Berichte, weil Rommel vor dem Angriff völlige Funkstille angeordnet hat.

Tunesien, Raum Sidi bou Zid, Februar 1943: Teile der deutschen 5. Panzerarmee auf dem Vormarsch in US-Beute-Fahrzeugen

Tunesien, nahe Gafsa, Februar 1943: Gefangene US-Soldaten warten auf ihren Abtransport in das KG-Sammellager

Am Sonntag, dem 14. Februar 1943, eröffnet Rommel seine letzte Offensive, während Montgomery im Süden vorsichtig gegen die Mareth-Linie aufklärt. Diese verbunkerte Befestigungslinie ist noch von den Franzosen Ende der dreißiger Jahre im tunesischen Grenzgebiet zum Schutz gegen mögliche italienische Angriffe von Osten her gebaut worden.
Parallel zu Rommels Offensive tritt die Generaloberst v. Arnim unterstellte Kampfgruppe des Generalleutnants Ziegler, zusammen mit der 10. und 21. Panzerdivision, zum Unternehmen »Frühlingswind« an, stößt gegen das II. US-Korps (Maj.Gen. Fredendall) westlich vom Faid-Paß vor und fügt der ahnungslosen 1. US-Panzerdivision im Raum Sidi bou Zid schwere Verluste zu. Daraufhin wird Gafsa von den Amerikanern geräumt. Jetzt drängt Rommel mit einigen kleineren Verbänden des DAK in deren rechte Flanke.
Gegen 22.00 Uhr erhält der Oberbefehlshaber in Tunesien einen wichtigen Enigma-Bericht, die Direktive vom Comando Supremo vom 11. Februar 1943: Sofort nach dem Angriff der 5. Panzerarmee auf Sidi bou Zid soll die 1. italienische Armee mit einer motorisierten Kampfgruppe der 5. Panzerarmee einen Zangenvorstoß Richtung Gafsa durchführen und – abhängig von der Entwicklung der taktischen Lage – nach Sicherung des Gafsa-Beckens ihren Angriff auf Tozeur fortsetzen. Währenddessen will sich die 5. Panzerarmee mit einem recht starken Vorstoß auf deren rechten Flügel konzentrieren, um die gegnerischen Kräfte im Raum Sidi bou Zid zu zerschlagen.

Am Montag, dem 15. Februar 1943, führt das »Combat Command C« einen Gegenangriff bei Sidi bou Zid. Sie werden jedoch von der Kampfgruppe Ziegler unter hohen Panzerverlusten geschlagen und räumen fluchtartig das Feld.

Am Dienstag, dem 16. Februar 1943, übermittelt B.P. an den Oberbefehlshaber in Tunesien den entzifferten Tagesbericht der 5. Panzerarmee vom 15. Februar 1943: 97 gegnerische Panzer sind in Sidi bou Zid vernichtet worden, zahlreiche Kriegsgefangene gemacht, Geheimdokumente mit der kompletten US-Kampfordnung erbeutet. Auf diese Nachricht hin veranlaßt der alliierte Oberbefehlshaber, Feriana am 17. Februar 1943 zu räumen.

In der Nacht vom 16./17. Februar 1943 muß die Kampfgruppe Generalleutnant Ziegler das am 14. Februar 1943 begonnene Unternehmen »Frühlingswind« abbrechen. Die 21. Panzerarmee hat zwar einige Erfolge erreicht, so daß sich die 2. motorisierte US-Division nur mit Mühe in ihrer Stellung bei Sbeitla halten kann, doch wird die Kampfgruppe von Generalleutnant Ziegler den Verbänden der Panzerarmee Afrika für den von Rommel geplanten Vorstoß über den Kasserine-Paß nach Tebessa zugeteilt.

Bis zum Mittwoch, dem 17. Februar 1943, verfügen die alliierten Oberbefehlshaber kaum über Intelligence-Nachrichten, die den wichtigsten Frontabschnitt des Gegners betreffen, abgesehen von dürftigen Informationen ihrer kämpfenden Truppen. Die Schwierigkeit der Enigma-Beschaffung liegt vor allem darin, daß der von der 5. Panzerarmee für ihre Funkverbindung unterhalb des Armeeoberkommandos verwendete »Dodo«-Schlüssel schwerer zu entziffern ist, als der »Phoenix«-Schlüssel, den die italienische 1. Armee für ihre Funkverbindungen unterhalb des Armeeoberkommandos benutzt.

Am Freitag, dem 19. Februar 1943, erhält der Oberbefehlshaber Tunesien am Nachmittag vom B.P. einen neuen Enigma-Bericht: Vorschlag von Generalfeldmarschall Rommel an das Comando Supremo vom 18. Februar 1943 für einen Vorstoß der 10. und der 21. Panzerdivision unter seinem eigenen Kommando auf Le Kef.

Am Sonnabend, dem 20. Februar 1943, besetzen Rommels Panzerverbände den Kasserine-Paß. Und einige Stunden später drängt die 10. Panzerdivision nach Norden auf Thala vor. Unterdessen nähert sich die 21. Panzerdivision Sbiba. Erst auf Druck von Mussolini hat Rommel diese Vormarschrichtung gewählt: Es sollen sich bei Tebessa starke alliierte Truppenansammlungen befinden. Die Operation bleibt jedoch durch Unterbrechung der Nachschublinien im Ansatz stecken. Am selben Tag verlangt Eisenhower die Ablösung

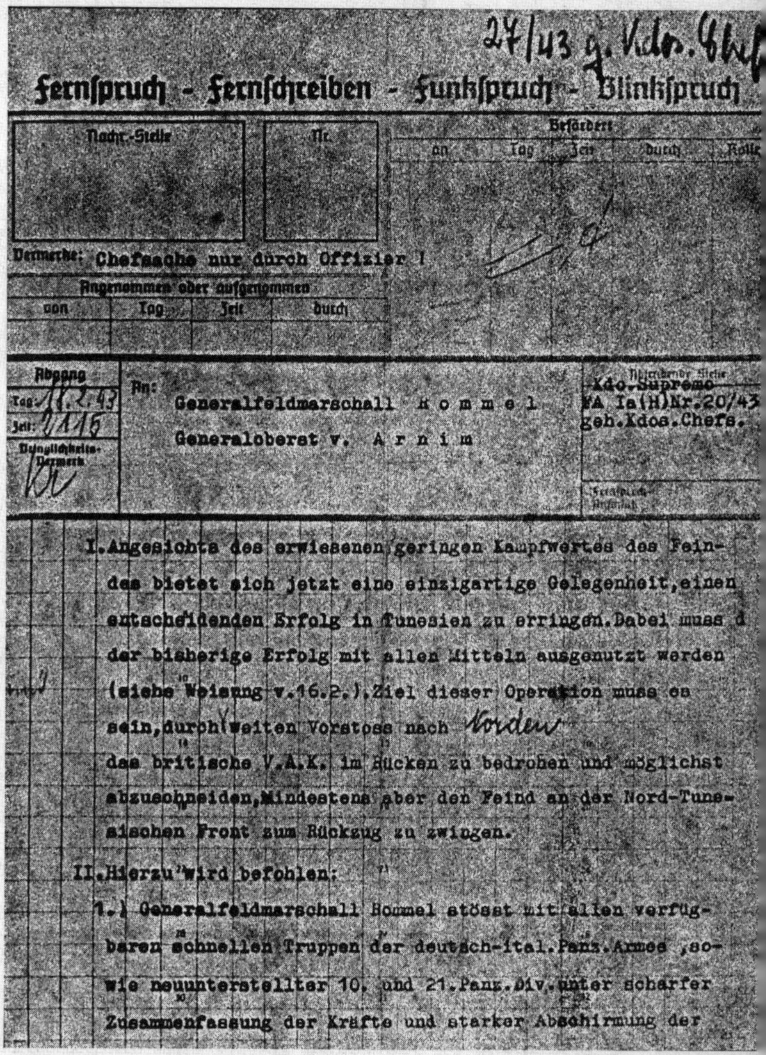
27/43 g. Kdos. Chef

Fernspruch - Fernschreiben - Funkspruch - Blinkspruch

Nachr.-Stelle | Nr. | Befördert an | Tag | Zeit | durch | Rolle

Vermerke: Chefsache nur durch Offizier !

Angenommen oder aufgenommen: von | Tag | Zeit | durch

Abgang Tag: 18.2.43 Zeit: 2115

An: Generalfeldmarschall R o m m e l
Generaloberst v. A r n i m

Kdo. Supremo
FA Ia(H)Nr.20/43
geh.Kdos.Chefs.

I. Angesichts des erwiesenen geringen Kampfwertes des Feindes bietet sich jetzt eine einzigartige Gelegenheit, einen entscheidenden Erfolg in Tunesien zu erringen. Dabei muss der bisherige Erfolg mit allen Mitteln ausgenutzt werden (siehe Weisung v.16.2.). Ziel dieser Operation muss es sein, durch weiten Vorstoss nach Norden das britische V.A.K. im Rücken zu bedrohen und möglichst abzuschneiden, Mindestens aber den Feind an der Nord-Tunesischen Front zum Rückzug zu zwingen.

II. Hierzu wird befohlen:

1.) Generalfeldmarschall Rommel stösst mit allen verfügbaren schnellen Truppen der deutsch-ital. Panz. Armee, sowie neuunterstellter 10. und 21. Panz. Div. unter scharfer Zusammenfassung der Kräfte und starker Abschirmung der

Ein Funkspruch des Duce (Comando Supremo) an Rommel und v. Arnim, 18. Februar 1943: ». . . einzigartige Gelegenheit, einen entscheidenden Erfolg in Tunesien zu erringen.«

von Brigadier Mockler-Ferryman, seinem Ersten Feindlage-Bearbeiter. Nachfolger wird Brigadier W. D. Strong, der ehemalige Militärattaché in Berlin. Eisenhower, der sich bei Kasserine als Oberbefehlshaber keine Lorbeeren verdient hat, läßt auch den Kommandeur des II. US-Korps, Major General Fredendall, und einen Divisionskommandeur ablösen.

Der Fall des Brigadier Mockler-Ferryman, der sich zu sehr auf die Enigma-Berichte verlassen hat, zeigt deutlich die Gefahren einer allzu großen Abhängigkeit von

Achsentruppen nahmen einen Schlüssel-Paß – melden britische Zeitungen am 22. Februar 1943 über Rommels Erfolg am Kasserine-Paß

Treff der ersten Soldaten der von Algerien aus nach Tunesien vordringenden allierten 1. Armee und der von Libyen aus vorstoßenden britischen 8. Armee

»Ultra Secret«. Dies bestätigt auch die von den verantwortlichen höheren Offizieren vertretene Ansicht, daß die Enigma-Berichte auf dem Kampffeld in der Regel erst dann höchst nützlich sind, wenn sie durch gute örtliche Feindaufklärung oder Erkenntnisse aus den üblichen Quellen untermauert werden.
Um 23.12 Uhr läßt B.P. dem US-Oberbefehlshaber den neuen Enigma-Bericht zukommen. Es ist die Bestätigung des Comando Supremo auf Rommels Vorschlag vom 18. Februar 1943, mit der 10. und 21. Panzerdivision einen Vorstoß auf Le Kef zu führen. Da die gegnerischen Truppen einen niedrigen Kampfwert zeigen, bietet sich die einmalige Gelegenheit, einen entscheidenden Erfolg zu erringen: Das britische V. Korps soll abgeschnitten bzw. die gegnerischen Kräfte im Süden zum Rückzug gezwungen werden.
Die 5. Panzerarmee bereitet jetzt einen Angriff auf die Front in Nordtunesien vor, um dort den Gegner zu binden, während Rommel im Süden vorstößt. Weil innerhalb der nächsten Woche kein größerer britischer Angriff auf Mareth erwartet wird, sind dort nur wenige motorisierte Reserven bereitzuhalten.

Am Sonntag, dem 21. Februar 1943, erhält der US-Oberbefehlshaber um 12.45 einen weiteren Enigma-Bericht: Es sind Befehle von Generalfeldmarschall Rommel für seinen weiteren Vorstoß: Die 21. Panzerdivision soll durch Sbiba in Richtung Ksour angreifen, während die 10. Panzerdivision den Auftrag hat, nur mit halber Kampfstärke, da beträchtliche Truppenteile irgendwo anders operieren, entlang der Straße nach Thala vorzurücken. Unterdessen wird die südliche Kampfgruppe in Richtung El Hamma an der Straßengabelung nach Tebessa vordringen.

Am Montag, dem 22. Februar 1943, stoppt Rommel seinen Vorstoß und dreht wieder nach Süden, um dort gegen die 8. Armee anzutreten. Inzwischen wird Generaloberst v. Arnim angewiesen, am 26. Februar 1943 das Unternehmen »Ochsenkopf« zu beginnen: Er soll die äußerst wichtige Versorgungsstraße der US-Verbände zwischen Beja und Medjez-el-Bab blockieren und so den Achsentruppen mehr Handlungsfreiheit ermöglichen.

Am Abend, gegen 21.00 Uhr, berichtet der Y-Dienst über einen abgefangenen Rückzugsbefehl, der für eine der Panzerdivisionen bestimmt war. Dies ist der erste Hinweis auf den allgemeinen Rückzug der Achsentruppen durch den Kasserine-Paß. Er ist zwischen Rommel und Kesselring an diesem Nachmittag abgesprochen worden.

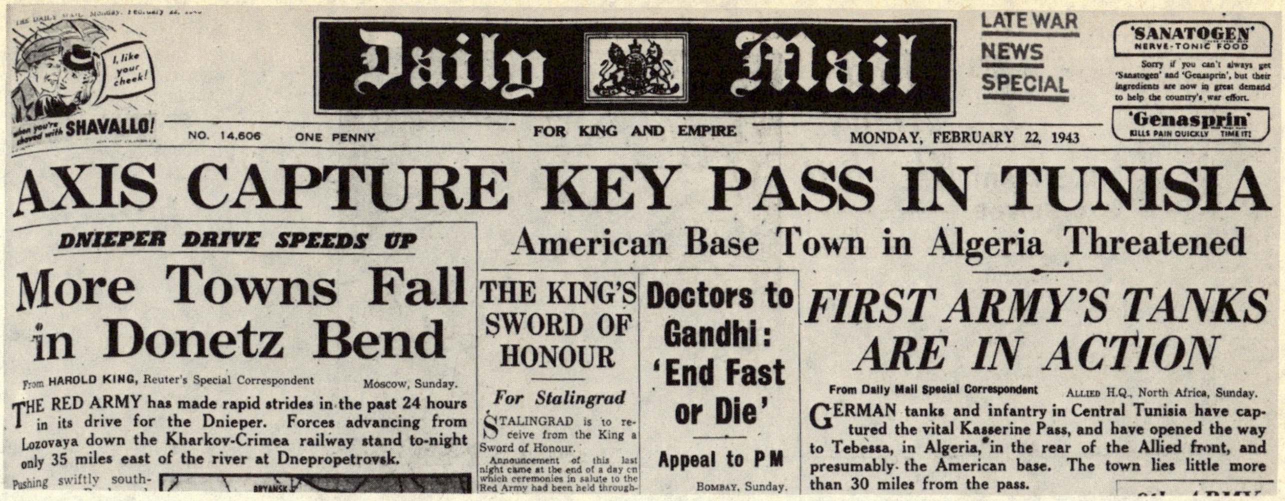

SHAVALLO!

I like your cheek!

NO. 14,606 ONE PENNY

Daily Mail

FOR KING AND EMPIRE

LATE WAR NEWS SPECIAL

MONDAY, FEBRUARY 22, 1943

'SANATOGEN' NERVE-TONIC FOOD

Sorry if you can't always get 'Sanatogen' and 'Genasprin', but their ingredients are now in great demand to help the country's war effort.

'Genasprin' KILLS PAIN QUICKLY TIME IT!

AXIS CAPTURE KEY PASS IN TUNISIA

American Base Town in Algeria Threatened

DNIEPER DRIVE SPEEDS UP

More Towns Fall in Donetz Bend

From HAROLD KING, Reuter's Special Correspondent Moscow, Sunday.

THE RED ARMY has made rapid strides in the past 24 hours in its drive for the Dnieper. Forces advancing from Lozovaya down the Kharkov-Crimea railway stand to-night only 35 miles east of the river at Dnepropetrovsk.

Pushing swiftly south-

THE KING'S SWORD OF HONOUR

For Stalingrad

STALINGRAD is to receive from the King a Sword of Honour.

Announcement of this last night came at the end of a day on which ceremonies in salute to the Red Army had been held through-

Doctors to Gandhi: 'End Fast or Die'

Appeal to PM

BOMBAY, Sunday.

FIRST ARMY'S TANKS ARE IN ACTION

From Daily Mail Special Correspondent ALLIED H.Q., North Africa, Sunday.

GERMAN tanks and infantry in Central Tunisia have captured the vital Kasserine Pass, and have opened the way to Tebessa, in Algeria, in the rear of the Allied front, and presumably the American base. The town lies little more than 30 miles from the pass.

In der Nacht vom 22./23. Februar 1943 übermittelt bereits um 1.45 Uhr B.P. dem US-Oberbefehlshaber einen neuen Enigma-Bericht, den Befehl des Comando Supremo vom vorangegangenen Abend um 21.30 Uhr: Der Angriff wird gestoppt, und die Generalfeldmarschall Rommel unterstehenden Verbände sollen auf ihre Ausgangspositionen zurückgenommen werden.

Am Dienstag, dem 23. Februar 1943, findet im Brückenkopf Tunesien eine neue Gliederung der Achsenkräfte statt: Aus der deutsch-italienischen Panzerarmee Afrika wird nun die italienische 1. Armee (GenOberst Messe) gebildet und mit anderen deutsch-italienischen Truppen in der neu entstandenen Heeresgruppe Afrika (GFM Rommel) zusammengefaßt.

Tunesien, Ende Februar 1943: Ein deutscher Ic-Offizier (Feindlagebearbeiter) vernimmt einen Unteroffizier der britischen Luftlandetruppen

Tunesien. Generaloberst H.J.v. Arnim begrüßt General v. Vaerst (links)

Am Donnerstag, dem 25. Februar 1943, erfährt der US-Oberbefehlshaber durch einen neuen Enigma-Bericht den Tageslagebericht vom 22. Februar 1943 mit den angegebenen Gründen Rommels für das plötzliche Abbrechen der Offensive in westlicher Richtung: Die laufenden Verstärkungen des Gegners, schlechtes Wetter, schwieriges Gelände, niedrige Kampfstärke der eigenen Truppe und vor allem die Tatsache, daß die Lage in Mareth es erfordert, seine motorisierten Verbände für einen schnellen Schlag gegen die 8. Armee zusammenzuziehen, bevor diese ihre Angriffsvorbereitungen abgeschlossen hat.

Am Sonnabend, dem 27. Februar 1943, leitet B.P. den neuesten Enigma-Bericht an den US-Oberbefehlshaber. Es ist die Nachricht über den Angriff des Generaloberst v. Arnim im nördlichen Frontabschnitt vom 26. Februar 1943: mit der Einnahme von Medjez-el-Bab und Verbreiterung der Angriffsfront der 5. Panzerarmee, um den Gegner während des Rückzugs der Rommel-Truppen aus Kasserine abzulenken.

Am Sonntag, dem 28. Februar 1943, bekommt der US-Oberbefehlshaber einen neuen Enigma-Funkspruch vom B.P., der einen Bericht von Generalfeldmarschall Rommel vom 27. Februar 1943 beinhaltet: Rommel verurteilt darin scharf die nicht zu tolerierende Verschwendung an Truppen, aufgrund der Initiative des Generaloberst v. Arnim. Rommel selbst plant, spätestens am 4. März 1943 mit der 10., 15. und 21. Panzerdivision einen Angriff durchzuführen. Um die gegnerische Luftaufklärung zu täuschen, soll zuerst die 10. und die 21. Panzerdivision von Gabes nach Süden tief ins Landesinnere vorstoßen. Dies sind die beiden letzten entzifferten Enigma-Berichte, die Rommels Absichten in Nordafrika darlegen.

Am Mittwoch, dem 3. März 1943, erreicht den US-Oberbefehlshaber ein neuer Enigma-Bericht mit dem

Treibstoffnachweis der Armeegruppe Afrika vom 1. März 1943: Es geht klar daraus hervor, daß der Treibstoff höchstens noch für drei Tage ausreicht. Gerade genug, um einen überraschenden Störangriff durchzuführen, jedoch keineswegs ausreichend für eine Offensive wie die von Kasserine.

Am Donnerstag, dem 4. März 1943, meldet der Y-Dienst der Armee die Bewegungen der Rommel-Truppen in südlicher Richtung. Die Luftaufklärung bestätigt, daß Rommel seine Truppen an den westlichen und südlichen Flanken der gegnerischen Linien zusammenzieht. Dorthin verlegt jetzt auch Montgomery seine Artillerie.

Am Freitagabend, dem 5. März 1943, ist der Intelligence-Stab von Montgomery nach Abwägen der Erkenntnisse aus allen zugänglichen Quellen davon überzeugt, daß Rommel seine Offensive am nächsten Morgen starten wird.

Am Sonnabend, dem 6. März 1943 um 5.36 Uhr, erhält der US-Oberbefehlshaber vom B.P. einen neuen Enigma-Bericht. Darin heißt es: Generalfeldmarschall Rommel habe den Angriff für diesen Tag um 6.00 Uhr befohlen.
An diesem Morgen beginnt Rommel das Unternehmen »Capri«, den Angriff gegen die britische 8. Armee an der Mareth-Stellung im Raum Medinine. Bereits vor Metamyr bleibt jedoch die Offensive im konzentrischen Abwehrfeuer liegen: Montgomery hat aufgrund der Enigma-Berichte in ostwestlich verlaufender Linie quer zu Rommels erwarteter Stoßrichtung, bereits vor Tagen durch Verlegung der Artillerie die neuseeländischen 2. Division (Lt.Gen. Freyberg) erheblich verstärkt.
Montgomery: »Wie erwartet griff Rommel in den frühen Morgenstunden des 6. mit drei Panzerdivisionen

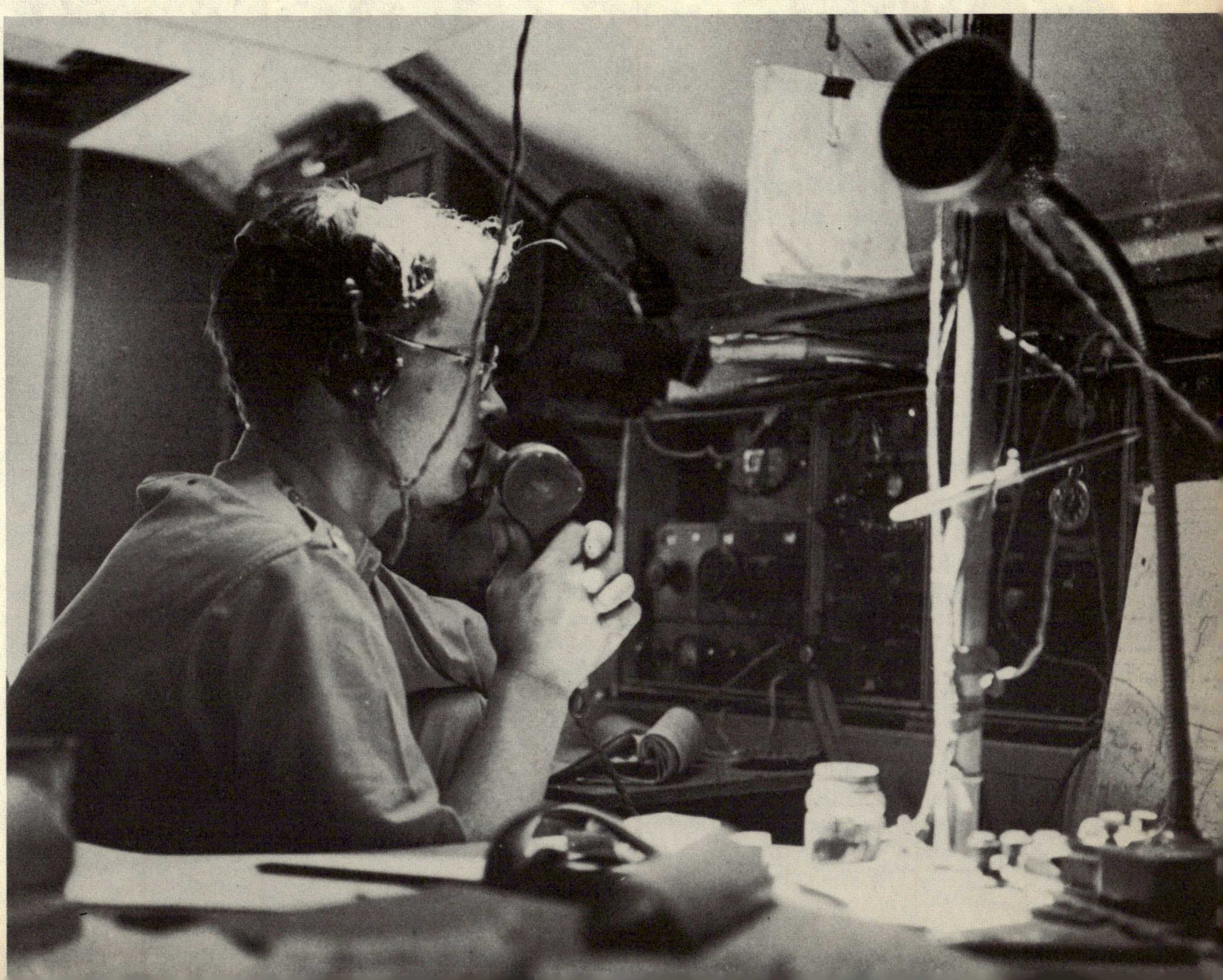

Tunesien, März 1943: britische Horcheinheit (Y-Dienst). Ein Funker mit Sprechfunkgerät

Tunesien, Raum Medinine, 7. März 1943, ». . . Unternehmen ›Capri‹ mit hohen Verlusten abgebrochen«: zerstörte deutsche Panzer auf dem Schlachtfeld

an. Der Angriff wurde abgeschlagen. Am Nachmittag griff er noch einmal an. Wieder wurde er zurückgewiesen . . . Ich war mir darüber klar, wie Rommel angreifen würde und empfing ihn wieder auf meine Art . . .«

Das Unternehmen »Capri« muß mit hohen Verlusten abgebrochen werden: Rommel läßt 55 seiner ihm noch verbliebenen 141 Panzer auf dem Schlachtfeld, dazu 640 Tote und Verwundete. Die britischen Verluste: 1 Sherman-Panzer und 130 Mann, meistens Verwundete.

General der Panzertruppe Cramer, Kommandierender General des Deutschen Afrika-Korps: »Der Feind hat den Angriff offenbar erwartet. Das Gelände war stark vermint, und die Artillerie hat eine Abwehrfront nach Südwesten gebildet.«

Gefangene und Beutedokumente bestätigen Rommel, daß Montgomery die Offensive bis ins letzte Detail bekannt war. Kesselring: »In diesem Falle würde sich der italienische Armeeführer, Marschall Messe, würdig dem Verräter aus den Kreisen der Marine, Admiral Maugeri, beigesellen.« Das gescheiterte Unternehmen »Capri« ist die letzte Kampfhandlung Rommels in Nordafrika.

Am Montag, dem 8. März 1943, übermittelt B.P. in den frühen Morgenstunden dem US-Oberbefehlshaber einen neuen Enigma-Funkspruch. Es ist ein Lagebericht der Armeegruppe Afrika vom 6. März 1943: Um 11.00 Uhr hat Rommel beschlossen, aufgrund der überlegenen gegnerischen Artillerie und der unerwarteten Stärke der britischen Abwehrstellungen den Kampf abzubrechen.

Am Dienstag, dem 9. März 1943, erreicht den US-Oberbefehlshaber vom B.P. ein neuer Enigma-Bericht: Die Deutschen hatten laut Aussagen von Kriegsgefan-

genen und erbeuteten Dokumenten gefolgert, daß die britische 8. Armee vorher nicht nur Rommels Angriffsabsicht, sondern auch die Stärke, den Ort und die Zeit des Angriffs kannte. Es geht jedoch aus dem Funkspruch nicht hervor, daß die Deutschen der Annahme sind, Enigma sei die Quelle für diese Informationen.
Diese Enthüllung löst beim SIS Alarm aus. Der CIGS versucht Churchill zu beruhigen, indem er betont, daß der Hinweis auf Aussagen von Kriegsgefangenen und erbeutete Dokumente nicht »unbedingt« bedeuten muß, daß höchstgeheime Angelegenheiten verraten worden seien. Churchill weist jedoch auf »fehlende Sicherheitsvorkehrungen« hin, die »verschärfte Gegenmaßnahmen bei den deutschen Chiffrierern auslösen könnten, wodurch uns jegliche Verwendung von ›Ultra Secret‹ versagt bleiben würde«.
Ebenfalls am 9. März 1943 übergibt Rommel die Heeresgruppe Afrika an Generaloberst v. Arnim und besteigt um 7.50 Uhr in Sfax zusammen mit dem Ordonnanzoffizier, Hauptmann Berndt, und seinem Arzt, Professor Horster, das Flugzeug nach Rom. Die deutsche Führung verschweigt diese Nachricht vorerst, und es dauert bis Mitte März, als sie in den Enigma-Berichten auftaucht. An Generalfeldmarschall Kesselring in Rom ergeht lediglich ein Funkspruch: »Generalfeldmarschall Rommel vom Führer zunächst beurlaubt. Tatsache ist unter allen Umständen, auch vor Kommandostellen und Truppe, geheimzuhalten.«
Nach seiner Ankunft in Rom stattet Rommel dem Duce im Palazzo Viminiale einen Besuch ab. Mussolini: »Wußten sie (*Autor:* die Engländer) über unseren Angriff im voraus Bescheid?« »Ja«, antwortet Rommel.
Reichspropagandaminister Dr. Goebbels notiert am 9. März 1943 in seinem Tagebuch: »... Auch die letzte Rommel-Offensive ist wieder von italienischen Gefangenen verraten worden. Mit den Italienern kann man eben nicht spielen. Sie sind unzuverlässig, und zwar sowohl militärisch als auch politisch.«
Rommel fliegt, bevor er seine Kur antritt, ins Führerhauptquartier, das sich zur Zeit in Winniza/Ukraine befindet. Er will sich für eine organisierte Evakuierung der deutschen Truppen aus Tunesien einsetzen. Hitler lehnt jedoch ab und befiehlt ihm, seinen lange aufgeschobenen Genesungsurlaub anzutreten. Hitler: »Erholen Sie sich, damit Sie bald wieder in Form kommen. Ich garantiere Ihnen, Sie werden die Operation gegen Casablanca führen.«

Rommel kehrt nie wieder nach Afrika zurück.

»Hat angebissen« – Rommels Niederlage bei Medinine in den Augen eines Londoner Karikaturisten

Tunis, Luftstützpunkt der Luftwaffe, März 1943: die Reste von Rommels Lufttransportflotte ▶

T
W
2
B

Epilog

Tunesien, Raum Kasserine, März 1943. Nach der Schlacht: eine gesprengte deutsche Flak 8,8 cm, die als Panzerabwehrkanone eingesetzt war

Es dauerte noch über zwei Monate, nachdem Rommel Nordafrika verlassen hatte, bis der hoffnungslose Kampf aufhörte.

Ende April 1943 sank der Nachschub für die Achsentruppen auf etwa fünf bis sechs Prozent des monatlichen Mindestbedarfs. Die Treibstoffvorräte waren jetzt so minimal, daß sie kein operatives Handeln mehr zuließen. So konnte z. B. die 10. Panzerdivision (GenMaj. Fischer), die im Rücken der 5. Panzerarmee (GenOberst v. Arnim) als Armeereserve stand, nicht mehr verschoben werden, so daß ihr Einsatz nur noch am rechten oder linken Flügel möglich war.

Als die Kapitulation in Nordafrika unmittelbar bevorstand, schlug Generaloberst Guderian noch vor, die vielen Panzerbesatzungen, die jetzt keine Panzer mehr hatten, von den zurückfliegenden Versorgungsmaschinen in die Heimat bringen zu lassen. Hitler lehnte jedoch auch dies strikt ab.

Am Donnerstag, dem 13. Mai 1943, kapitulierten in Tunesien die Reste der Heeresgruppe Afrika (GenOberst v. Arnim). Als letzter deutscher Verband streckte die 164. leichte Division die Waffen, und die italienische 1. Armee (GenOberst Messe) ergab sich am darauffolgenden Morgen. Eine Viertelmillion Soldaten, darunter 130000 deutsche, wurde gefangengenommen. Der Kampf um Nordafrika war nun zu Ende.

Für die Eroberung von Französisch-Nordafrika brauchten die Alliierten sechs Monate, in ihrem Operationsplan hatten sie dagegen lediglich sechs Wochen vorgesehen.

Seit dem 10. Juni 1940, als die Italiener ihren waghalsigen Vorstoß aus Libyen nach Ägypten unternahmen, verloren die Achsenmächte: 975000 Mann, 7600 Flugzeuge, 6200 Geschütze, 2550 Panzer, 70000 Lkw und 624 Schiffe.

Tunesien, Raum Tebaga, März 1943. Im Gefechtsstand von General Montgomery: Intelligence-Offiziere bei der Arbeit

◄
Tunesien, Raum El Guettar, März 1943. Mit Ehrfurcht betrachtet: eine von US-Truppen erbeutete werkneue deutsche Flak 8,8 cm

Gliederung der Achsentruppen

Stand: 1. Juli 1942

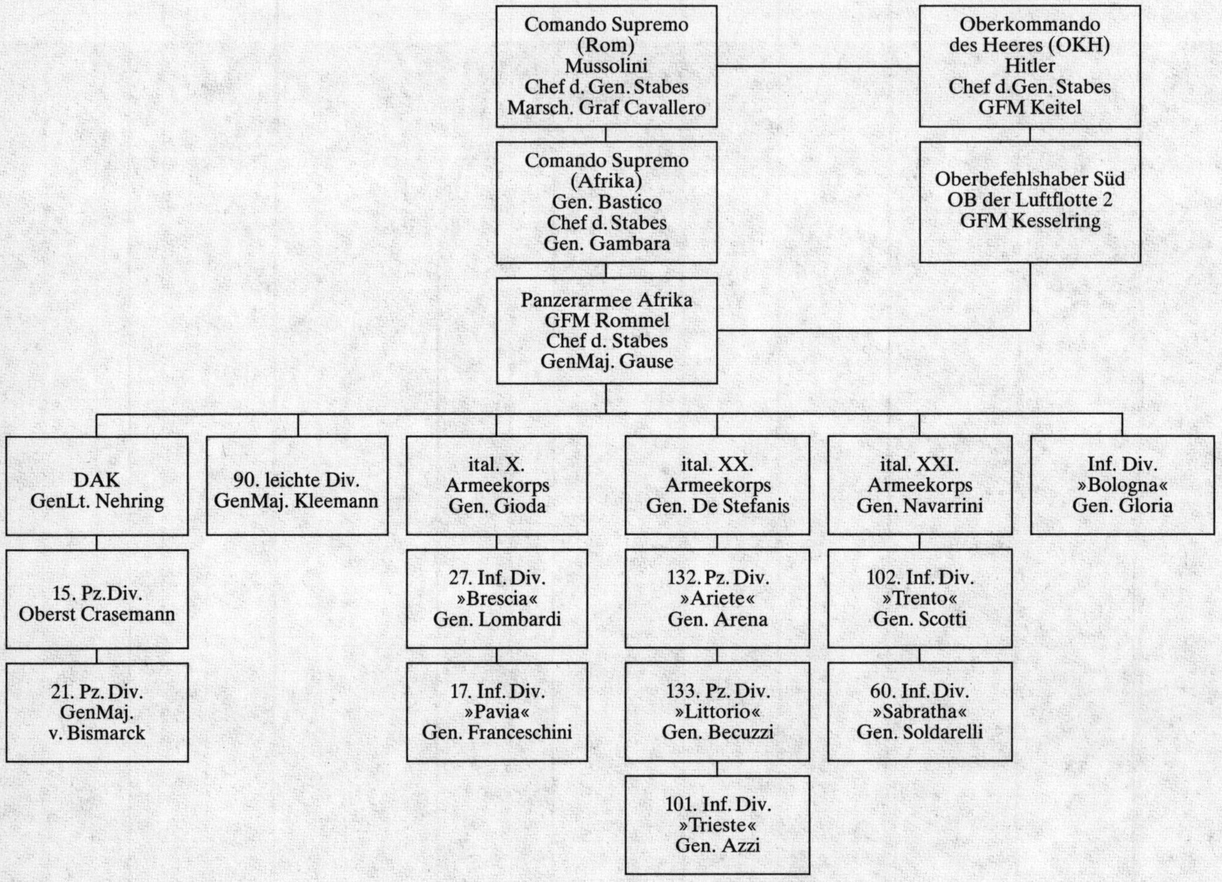

Gliederung der britischen Truppen

Stand: 1. Juli 1942

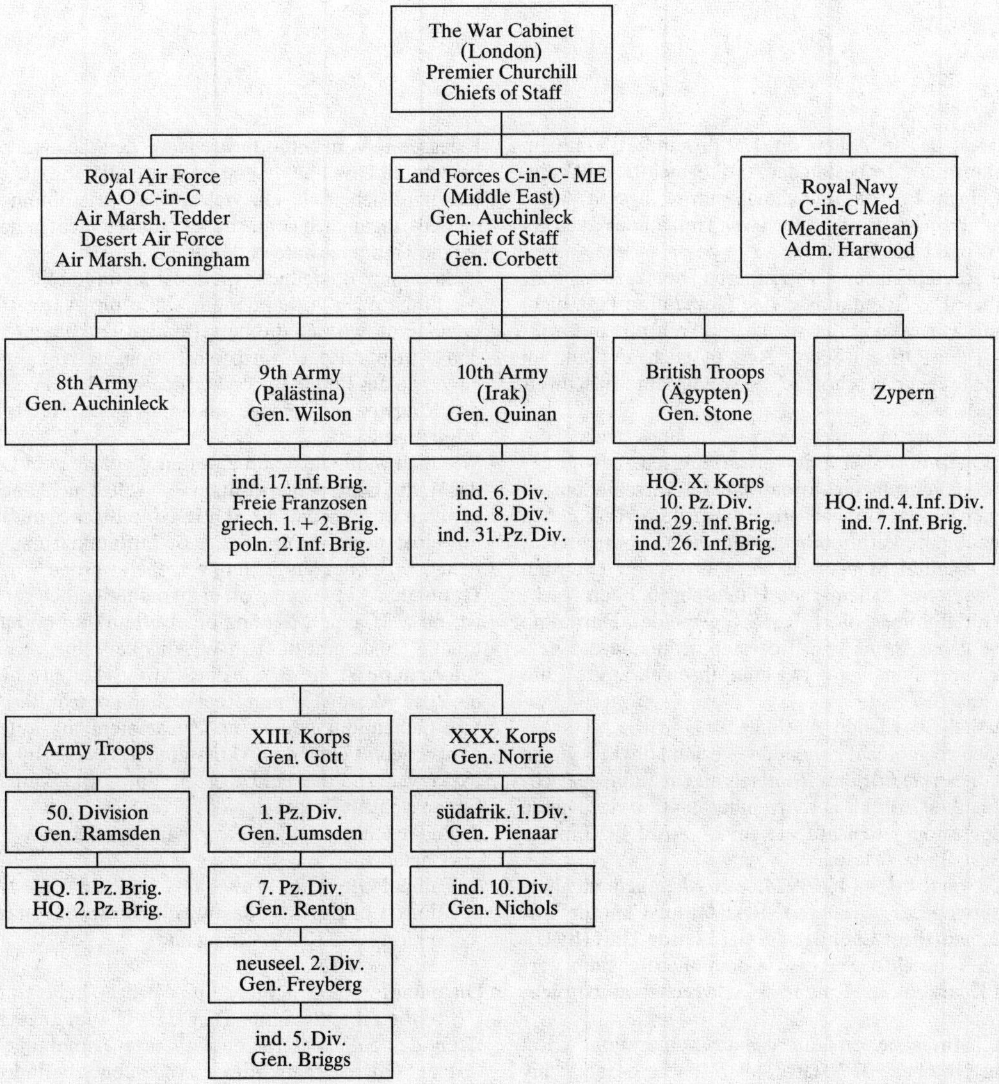

ANMERKUNGEN

Schon Thukydides, der in Athen im 4. Jahrhundert vor Chr. lebende Historiker, einer der besten der Antike, meinte, daß »diejenigen, die an einem Feldzug teilnehmen, am wenigsten davon wüßten«. Dies muß stimmen, schließlich war Thukydides auch ein Feldherr, und er sprach aus Erfahrung.

Daß aber die Oberbefehlshaber – von anderen Dienstgraden ganz abgesehen – über ihre Erkenntnisse eine Generation lang nicht sprechen durften, war wohl in der westlichen Welt nur in Großbritannien durch den Official Secret Acts möglich, der alle im Dienst der Krone Stehenden schriftlich zu strengstem Stillschweigen verpflichtete.

Fast bis zum Ende der siebziger Jahre – solange wurde das Geheimnis der Operation »Ultra Secret« strengstens gewahrt – geisterten um den Feldzug in Nordafrika die verschiedensten Gerüchte, in denen von »Verrat« gesprochen wurde. So erschienen z. B. in Italien glaubhafte Veröffentlichungen, die u. a. berichteten, der italienische Admiral Maugeri habe in britischen Diensten gestanden und jeden aus italienischen Häfen abgehenden Nachschubtransport für Rommel sofort dem SIS gemeldet. Daraufhin lief in Rom eine ganze Reihe von Prozessen, in denen die Verdächtigten oder deren Familien versuchten, ihre gekränkte Ehre wiederherzustellen.

Selbst Fieldmarshal Sir Claude Auchinleck – in der »Ultra«-Sache an seine Schweigepflicht gebunden – erfand die Story vom Verrat (eines Italieners?), der ihm Rommels eigenhändig gezeichneten Angriffsplan auf Tobruk im November 1940 in die Hände spielte. Diese Sensationsgeschichte war am 25. April 1953 in der Londoner »Picture Post« zu lesen.

Den Durchbruch wagte erst im Juli 1974, wahrscheinlich mit allerhöchster Zustimmung, der pensionierte RAF Group Captain F. W. Winterbotham, ehemaliger Chef der Special Liaison Unit (SLU), mit seinem Buch »The Ultra Secret«, in dem allerdings die Vorgeschichte vom Knacken des »Enigma«-Code recht widersprüchlich dargestellt ist.

Die erste offizielle Freigabe von Unterlagen zur Operation »Ultra Secret« fand im Oktober 1977 statt. Das britische Staatsarchiv Public Record Office (PRO) in dem Londoner Vorort Kew, Richmond, macht seit dieser Zeit die Texte von entzifferten »Enigma«-Meldungen der Öffentlichkeit zugänglich. Ein erheblicher Teil der freigegebenen Dokumente befindet sich aber immer noch in den Verliesen des Cabinet Office und im Ministry of Defence.

Die entzifferten Funksprüche entstammen jedoch in erster Linie dem mittleren Befehlsbereich, da die oberste Führung der Achse vorwiegend über die einbruchssicheren Drahtverbindungen wie Fernschreiber und Telefon verkehrte.

Es handelt sich eigentlich derzeitig nur um einen Bruchteil der zur Operation »Ultra Secret« gehörenden Akten: Erstens ist die Freigabe der Dokumente noch bei weitem nicht abgeschlossen. Zweitens wurden ganze Archivteile mit unzähligen, in manchen Fällen nicht einmal näher bezeichneten Unterlagen kurz nach Kriegsende vernichtet. Drittens werden die als »Verschlußsache« benannten Dokumente erst im Jahre 2015 freigegeben. Und viertens wird sicherlich sehr vieles, was von größtem Interesse wäre, niemals zugänglich gemacht. Es ist auch nicht genau zu erkennen, wo die Trennungslinie verläuft.

Es kommt z. B. vielfach vor, daß man im Public Record Office auf die Frage nach vorhandenen Akten die Antwort erhält, »es sei unbekannt, wo sich die betreffenden Dokumente zur Zeit befinden«. In der Regel wird jede Kopie der freigegebenen Akten, bevor sie das Public Record Office verläßt, von einer Sonderstelle des Ministry of Defence nochmals genau überprüft und nachträglich zensiert.

Wie man weiß, durfte im Zweiten Weltkrieg auf Dokumenten nie das Wort »Ultra« oder »Enigma« – selbst nicht andeutungsweise – erwähnt werden, und die »Ultra«-Intelligence mußte obligatorisch mit einer Cover-Story, wie z. B. Luftaufklärung, Kriegsgefangenenaussage oder ähnlichem, versehen werden.

Da aus den Akten heute oft nicht mehr deutlich genug zu erkennen ist, ob z. B. eine Meldung der Luftaufklärung tatsächlich dieser Quelle entstammt oder in Wirklichkeit eine verkappte »Ultra«-Information ist, lassen sich die Schwierigkeiten erahnen, mit denen ein Historiker bei seinen Recherchen konfrontiert wird.

Die Geheimdokumente im Zusammenhang mit der Operation »Ultra Secret« und den Aktivitäten des Secret Intelligence Service (SIS) während des Feldzuges in Nordafrika von 1940–1943 befinden sich zur Zeit in den Archiven:

1. Public Record Office, Kew, Richmond Surrey TW9 4DU (England)
2. Cabinet Office, 70 Whitehall, London SW1A 2AS (England)
3. Ministry of Defence, Savoy Hill House, Savoy Hill Strand, London WC2R OBX (England)

Die entzifferten »Enigma«-Funksprüche haben im Public Record Office die Aktennummer DEFE/3. Die im Text zitierten Aktivitäten des SIS sind folgenden Aktensammlungen, die sich im Cabinet Office und im Ministry of Defence befinden, entnommen:

AIR 40/2322, Minute of 4 February 1941
AIR 40/2323, p 7
AIR 41/7, Photographic Reconnaissance, Vol II, p 105
AIR 41/44, pp 82-3, 88
AIR 41/50, p 141
ADM 223/75, Admry signals 1623/12 February 1941
ADM 223/102, Ultra signal 1803/22 July 1941
ADM 223/103, Ultra signal 0047/2 December 1941
ADM 223/103, Ultra signal 1740/19 November 1941
CAB 44/94, p 58
CAB 44/96, p 105
CAB 44/100, pp 19, 30, 33-38
CAB 44/104, p 525
CAB 44/115, pp 198-199

CAB 65/30 WM (42) 59 CA of 8 May 1942
CAB 80/20, COS (40) 820 (COS Résumé, No 58)
CAB 80/26, COS (41) 124 (COS Résumé, No 78)
CAB 105/3, No 28 of 2 April 1941
CAB 105/4, Hist (B) 4, No 29 of 4 May 1941
CAB 105/16, No 81, January 1942
CAB 105/19, Hist (B) (Crusader) 5, No 31 of 17 September 1942
CAB 105/19, No 103 of 9 November 1942
CAB 105/33, No 343 of 11 May 1943
CAB 121/500, JIC (43) 3 (o) of 4 January 1943
CX/JQ 914
CX/MSS/1001/T 15
CX/MSS/1029/T 18
CX/MSS/1030/T 22
CX/MSS/1071/T 22
CX/MSS/1141/T 3
DEFE 3/573
MK 3641 of 22 May 1942
MK 7935 of 1 July 1942
ML 305 of 25 April 1943
QT 2091 of 24 September 1942
VM 8984 of 10 April 1943
WO 169/19, GS Int GHQ ME, Intelligence Summary of 23 October 1940
WO 169/19, WRMS of 13 January 1941
WO 169/19, WRMS of 17 February 1941
WO 169/19, WRMS of 17 March 1941
WO 169/53, HQ Western Desert Force, Intsums 83 of 24 September 1940
WO 169/1005 of 24 May 1942
WO 169/1010 of 28 November 1941
WO 169/1010 of 9 December 1941
WO 169/3936, Eight Army Intelligence Summary No 220 of 30 May 1942
WO 169/3936, No 231 of 10 June 1942
WO 169/3936, No 232 of 11 June 1942
WO 169/8519, Eight Army Intelligence Summary No 440 of 23 February 1943
WO 169/8519, No 445 of 3 March 1943
WO 169/8519, No 499 of 4 May 1943
WO 169/8519, No 503 of 8 May 1943
WO 169/8519, No 507 of 13 May 1943
WO 190/891, No 147 of 23 August 1940
WO 201/2150, GSI (S) GHQ MEF, Captured Enemy Documents April 1942–March 1943, German Wireless Intercept Organization, 30 July 1942
WO 201/2154, Nos 251 to 255 of 6–10 July 1942
WO 201/2154, HQ Eight Army, Intelligence Summaries 255, 257, 278
WO 201/2154, No 288 of 12 August 1942
WO 201/2154, No 301 of 25 August 1942
WO 201/2155, No 330 of 2 October 1942
WO 201/2155, No 342 of 13 October 1942, Appendix A
WO 201/2155, No 343 of 19 October 1942
WO 201/2155, No 345 of 24 October (mistyped 25 October in original)
WO 204/978, AFHQ Daily Intelligence Summary No 102 of 17 February 1943
WO 208/2287, No 95 of 25 December 1942
WO 208/2914, War Office Periodical Notes on the German Army, No 30
WO 208/3573 of 20 April 1942
WO 208/3573 of 10 August 1942
WO 208/3581, No I/215 of 29 March 1943
WO 208/3581, 18th Army Group Intelligence Summary I/309 of 21 April 1943

Abkürzungen

B.P.	Bletchley Park
CBME	Combined Bureau Middle East
CIGS	Chief of the Imperial General Staff
C-in-C	Commander in Chief
CIU	Central Interpretation Unit
DDMI	Deputy Director Military Intelligence
GC and CS	Government Code and Cypher School
GOC	General Officer Commanding
GS Int	General Staff Intelligence
JIC	Joint Intelligence Sub-Committee (of the COS = Chiefs of Staff)
MI 6	Military Intelligence 6 (Branch of the War Office)
MSOAFSO	Mobile Section of Army's Field Sigint Organisation
OIC	Operational Intelligence Centre (Admiralty)
PR	Photographic Reconnaissance
PRU	Photographic Reconnaissance Unit
SCU/SLU	Special Communications Unit/Special Liaison Unit
SIM	Servizio Informazione Militari
SIS	Secret Intelligence Service
SLU	Special Liaison Unit
WRNS	Women's Royal Naval Service

Bibliographie

Alexander of Tunis: The Alexander Memoirs 1940–45 (Edited by John North), London 1961

Badoglio, P.: Italy in the Second World War, London 1976

Bartimeus: East of Malta, West of Suez, New York 1944

Beesly, P.: Very Special Intelligence. Geheimdienstkrieg der britischen Admiralität 1939–1945, Berlin 1978

Behrendt, H.-O.: Rommels Kenntnis vom Feind im Afrikafeldzug, Bd. 25. Hrsg. vom Militärgeschichtlichen Forschungsamt, Freiburg 1980

Bell, E. L.: An Initial View of Ultra as an American Weapon, New Hampshire 1977

Bertrand, G.: Enigma ou la plus grande énigme de la guerre 1939–1945, Paris 1973

Blumenson, M.: Will »Ultra« Rewrite History? In: Army, August 1978, S. 43 bis 48

Burdick, Ch. B.: Unternehmen Sonnenblume. Der Entschluß zum Afrika-Feldzug, Neckargemünd 1972 (= Die Wehrmacht im Kampf, Bd. 48)

Butcher, H. C.: Three Years with Eisenhower, London 1946

Bragadin, M.: The Italian Navy in World War II. U.S. Naval Institute, 1957

Caccia-Dominioni, P.: Alamein, an Italian Story, London 1969

Calvocoressi, P.: The Secrets of Enigma. In: The Listener, London 20.–27. 1. 1977

Calvocoressi, P.: Top Secret Ultra, London 1980

Churchill, W. S.: Der Zweite Weltkrieg, 5 Bde., Zürich 1949–1953

Clifford, A.: Three Against Rommel, London 1943

Cocchia, A.: The Hunter and the Hunted, London 1975

Clayton, A.: The Enemy is listening – the Story of the Y Service, London 1980

Connell, J.: Auchinleck. A Biography of Field-Marshall Sir Claude Auchinleck, London 1959

Connell, J.: Wavell, London 1964

Cruickshank, Ch. G.: Deception in World War II, London 1979

De Guingand, Major-General Sir Francis: Operation Victory, London 1947

Deutsch, H. C.: The Historical Impact of Revealing the Ultra-Secret. In: Parameters 8 (1978), Nr. 4, S. 2–15

Dixon, N. F.: On the Psychology of Military Incompetence, London 1976

Gause, A.: Der Feldzug in Nordafrika im Jahre 1941/42/43. In: Wehrwissenschaftliche Rundschau, 1962, H. 10, S. 594 bis 618, H. 11, S. 652–680, H. 12, S. 720 bis 728

Goebbels, J.: Tagebücher 1942–1943. Hrsg. L. P. Lochner, Zürich 1948

Good, I. J.: Early Work on Computers at Bletchley. In: National Physical Laboratory, Division of Computer Science. NPL Report Com Sci 82, September 1976, 12 S.

Halder, F.: Kriegstagebuch, Bd. 5, Stuttgart 1962–1964

Hart, B. H. Liddell: The Rommel Papers, London 1953

Haswell: J.: British Military Intelligence, London 1973

Hinsley, F. H., Thomas, E. E., Ransom, C. F. G., Knight, R. C.: British Intelligence in the Second World War. Its Influence on Strategy and Operations. Vol. I. London: H. M. Stationery Office 1979. Vol. II. London 1981

Howard, M.: The Mediterranean Strategy in the Second World War, London 1968

Kesselring, A.: Soldat bis zur letzten Stunde, Bonn 1953

Kriegstagebuch des Oberkommandos der Wehrmacht (Wehrmachtführungsstab) 1940–1945, geführt von Helmuth Greiner und Percy Ernst Schramm, im Auftrage des Arbeitskreises für Wehrforschung herausgegeben von Percy Ernst Schramm in Zusammenarbeit mit Hans-Adolf Jacobsen, Andreas Hillgruber und Walter Hubatsch, 4 Bde, Frankfurt/M. 1961–1965

Lewin, R.: Entschied ULTRA den Krieg? Alliierte Funkaufklärung im 2. Weltkrieg, Bonn 1981

Montagu, E.: Beyond Top Secret U., London 1977

Montgomery, B. L.: Memoiren, München 1958

Nalder, R. F. H.: The History of British Army Signals in the Second World War, London 1953

Norman, B.: Secret Warfare. The Battle of Codes and Ciphers, Newton Abbot, 1973

Paillole, P.: Services Speciaux 1935–1945, Paris 1978

Potter, E. B.: Nimitz, Annapolis: U.S. Naval Institute 1976

Piekalkiewicz, J.: Ju 52 im 2. Weltkrieg, Stuttgart 1976

Piekalkiewicz, J.: 8,8 Flak im Erdkampf-Einsatz, Stuttgart 1976

Piekalkiewicz, J.: Luftkrieg 1939–1945, München 1978

Piekalkiewicz, J.: Seekrieg 1939–1945, München 1980

Piekalkiewicz, J.: Krieg der Panzer 1939 bis 1945, München 1981

Playfair, Major-General I.S.O.: The Mediterranean and the Middle East – Volumes III and IV (HMSO, London 1960)

Praun, A.: Über Klartext und Geheimschriften. In: Wehrwissenschaftliche Rundschau 18 (1968), S. 399–415

Randall, B.: The Colossus. Paper presented at the International Research Conference on the History of Computing, Los Alamos Scientific Laboratory, Univ. of California June 10–15th, 1976

Rhoer, Edward von der: Deadly Magic. A Personal Account of Communications Intelligence in World War II in the Pacific, New York 1978

Rintelen, E. v.: Mussolini als Bundesgenosse. Erinnerungen des deutschen Militärattachés in Rom 1936–1943, Tübingen 1951

Rohwer, J.: War »Ultra« kriegsentscheidend? In: Marine-Rundschau 76 (1979), S. 29–36

Rohwer, J.: Die alliierte Funkaufklärung und der Verlauf des Zweiten Weltkrieges. In: Vierteljahreshefte für Zeitgeschichte 27 (1979), Heft 3, S. 325–369

Rohwer, J. und Jäckel, E. (Hrsg.): Die Funkaufklärung und ihre Rolle im 2. Weltkrieg, Stuttgart, 1979

Rommel, E.: Krieg ohne Haß, Heidenheim 1950

Sambuy, V. di: Un segreto svelato: In segreto »Ultra«. In: Rivista Marittima 109 (1976), No. 1, S. 103–108

Santoni, A.: Il Vero Traditore, Rom 1980

Spiller, R. J.: Some Implications of Ultra. In: Military Affairs, April 1976, S. 49–54

Trenkle, F.: Die deutschen Funkpeil- und Horch-Verfahren bis 1945. AEG-Telefunken AG, Ulm 1982

Ultra Secret. The Ultra Documents. 52.000 Messages. 104 reels of microfilm, New York: Clearwater 1979

Walker, R.: Alam Halfa and Alamein. Historical Publications Branch, New Zealand Department of Internal Affairs, 1967

Warlimont, W.: Die Entscheidung im Mittelmeer. In: Entscheidungsschlachten des Weltkrieges, hrsg. von Hans Adolf Jacobsen und Jürgen Rohwer, Frankfurt/M. 1960

Welchmann, G.: The Hut Six Story, London 1982

Winterbotham, F. W.: Secret and Personal, London 1969

Winterbotham, F. W.: Aktion Ultra. Deutschlands Codemaschinen helfen den Alliierten siegen, Berlin 1976

Woytak, R. A.: The Origins of the Ultra-Secret Code in Poland. 1937–1938. In: The Polish Review, New York, Vol. XXIII, 1978, Nr. 3

Archive

Archivio Centrale dello Stato, Rom
Britannic Majesty's Stationery Office, London
Bundesarchiv, Koblenz
Cabinet Office, London
Institut für Zeitungsforschung, Dortmund
Ministry of Defence, London
National Archives, Washington D.C.
Public Record Office, London
State Maggiore dell'Aeronautica, Rom
Stato Maggiore della Marina, Rom
Weltkriegsbücherei, Stuttgart
Zentralbibliothek der Bundeswehr, Düsseldorf

Bildquellen

Bundesarchiv, Koblenz
E.C.P.A., Fort D'Ivry
Imperial War Museum, London
National Archives, Washington D.C.
US-Army, Washington D.C.
Archiv M.R. de Launay, Paris
Archiv J.S. Middleton, London
Archiv A. Stilles, New York
Archiv K. Kirchner, Erlangen
Archiv J.K. Piekalkiewicz

Ein Wort des Dankes

Ich möchte für ihre freundliche Hilfe meinen herzlichen Dank sagen:

Herrn Dr. A. Hofmann, Herrn Nilges, Herrn W. Held, Bundesarchiv Koblenz

Oberstleutnant i.G. Dr. H. Rohde, Militärgeschichtliches Forschungsamt, Freiburg

Frau Dr. M. Lindemann, Frau H. Rajkovic, Institut für Zeitungsforschung, Dortmund

Herrn Professor Dr. J. Rohwer, Herrn W. Haupt und ihren Mitarbeitern, Weltkriegsbücherei, Stuttgart

Herrn Dr. J. Sack und seinen Mitarbeitern, Zentralbibliothek der Bundeswehr, Düsseldorf

Herrn G. Weles, AEG-Telefunken, Ulm

Herrn H. Rehder, Berlin

Herrn K. Kirchner, Verlag D + C, Erlangen

Oberst (Bw) a.D. Dr. phil. C. H. Hermann, Euskirchen

Herrn K. Lewitz, Rösrath

Oberstleutnant i.G. W. G. V. Kenney, Britische Botschaft, Bonn

Mr. J. S. Lucas und allen Herren des Dept. of Photographs, Imperial War Museum, London

Mr. P. H. Reed, Dept. of Documents, Imperial War Museum, London

Mr. J. Westmancoat, The British Library, Newspaper Library, London

Maj. R. Dembinski, Präses des Polski Institut i Muzeum im gen. Sikorskiego, London und Capt. St. Zurakowski

Mrs. J. C. North, Ministry of Defence, London

Mr. C. Smith, Cabinet Office, London

Mrs. J. Howard (GC&CS), London

Colonel W. D. Kasprowicz, London

Colonel Dr. M. Mlotek, London

Lt.Col. Dousset, Mr. G. Rolland (E.C.P.A.), Paris

Service Historique de l'Armée, Paris

Col. E. Ripamonti, Stato Maggiore dell'-Aeronautica, Rom

KAdm. R. Fadda, Stato Maggiore della Marina, Rom

M. P. Mariana, Archivio Centrale dello Stato, Rom

Captain C. L. Blische, Dept. of the Army, US-Army Audio-Visual Activity, Pentagon, Washington D.C.

Mr. W. H. Leary, National Archives, Washington D.C.

Colonel B. J. Morden, Center of Military History, Dept. of the Army, Washington D.C.

Herrn R. von Zabuesnig, Herrn F. Nellissen, Verlagsgruppe Langen-Müller/Herbig, München

Herrn H. Limmer, München

Mein besonderer Dank gilt den Herren:

Herrn Dr. phil. D. Bradley, Münster
Brigadier R. L. Walton, O.B.E., London
Colonel B.D. Samuelson, Washington D.C.

für ihre großzügige Bereitschaft, mir mit ihrem umfangreichen Wissen zur Seite zu stehen.

Namensregister